Geschichte lehren und lernen

Schriftenreihe für Forschung und Unterricht

7324

Geschichte lehren und lernen
Schriftenreihe für Forschung und Unterricht

Deutschland und Polen nach 1945

Vorschlag für eine Unterrichtseinheit ab 9. Schuljahr

Von Gerhard Heck und Manfred Schurig

Verlag Moritz Diesterweg
Frankfurt am Main · Berlin · München

Dr. Gerhard Heck, Assistenz-Professor für Pädagogik an der Universität Mainz

Manfred Schurig, OStR, Leiter der Außenstelle Groß-Gerau im Hessischen Institut für Lehrerfortbildung

Ein erster Entwurf dieser Unterrichtsvorschläge zum Thema „Deutschland und Polen nach 1945" wurde auf einer Tagung für Schulbuchautoren des Ostkollegs der Bundeszentrale für politische Bildung zur Diskussion gestellt.
Die Verfasser verdanken dem Ostkolleg und dem verantwortlichen Leiter der Tagung, Herrn *Rüdiger Thomas*, die Anregung, diese unterrichtspraktische Ausarbeitung auf der Grundlage der deutsch-polnischen Schulbuchempfehlungen vorzulegen.

Mainz, Groß-Gerau im Mai 1977 *Gerhard Heck, Manfred Schurig*

CIP-Kurztitelaufnahme der Deutschen Bibliothek

Heck, Gerhard
Deutschland und Polen nach 1945 [neunzehnhundertfünfundvierzig] :
Vorschlag für e. Unterrichtseinheit ab 9. Schuljahr / von Gerhard Heck u.
Manfred Schurig.
1. Aufl. – Frankfurt am Main, Berlin, München : Diesterweg, 1977.

(Geschichte lehren und lernen)
ISBN 3-425-07324-9

NE: Schurig, Manfred.

ISBN 3-425-07324-9

1. Auflage 1977

Umschlagentwurf: Hetty Krist-Schulz, Frankfurt am Main
Gesamtherstellung: Ernst Kaufmann, Lahr

Inhaltsverzeichnis

Vorwort

Die von Gerhard Heck und Manfred Schurig erarbeitete Unterrichtseinheit „Deutschland und Polen nach 1945“ ist ein gelungener Versuch, Schüler an zeitgeschichtliche und aktuelle politische Probleme der deutsch-polnischen Beziehungen heranzuführen. Ihrem Versuch kommt umso mehr Bedeutung zu, als der Vertrag zwischen der Bundesrepublik Deutschland und der Volksrepublik Polen über die Grundlagen der Normalisierung ihrer gegenseitigen Beziehungen vom 7. Dezember 1970 eine vertiefte historische Kenntnis der leidvollen Geschichte des früheren deutsch-polnischen Verhältnisses voraussetzt, wenn die Normalisierung auch zu Annäherung und Versöhnung zwischen den beiden Völkern führen soll.
Es ist bekannt, daß die polnische Jugend sehr viel mehr über Deutschland, die Deutschen und die Bundesrepublik Deutschland weiß als umgekehrt und daß der tiefe Gegensatz, der die deutsche und die polnische Sicht der beiderseitigen Beziehungen bis in unsere Tage hinein bestimmt hat, im geschichtlichen Ablauf selbst begründet ist. Aufarbeitung der gemeinsamen geschichtlichen Vergangenheit ist nötig, um eine bessere gemeinsame Zukunft für beide Völker zu gewinnen.
Die hier mit vielen didaktischen Anregungen mitgeteilten Unterrichtsmaterialien sind geeignet, die erforderlichen Kenntnisse für eine eigene Urteilsbildung der Schüler zu vermitteln. Die didaktische Konzeption trägt den Empfehlungen der deutsch-polnischen Schulbuchkommission, die 1972 von Professor Dr. Georg Eckert (†), Braunschweig, und Professor Dr. Wladislaw Markiewicz, Warschau, auf Grund einer Vereinbarung zwischen den UNESCO-Kommissionen beider Länder ins Leben gerufen wurde, voll Rechnung.
Die Empfehlungen, die hier als Anhang abgedruckt werden, können nur in großen Linien den Ablauf der deutsch-polnischen Beziehungen in der Geschichte nachzeichnen. Sie bedürfen an jeder Stelle der Ergänzung durch mehr Fakten und durch weitere Differenzierung der Zusammenhänge, vor allem aber auch durch die historischen Quellen selbst.
Die Verfasser leisten diese notwendige Ergänzungsarbeit, ohne Anspruch auf Vollständigkeit aller für die deutsch-polnischen Nachkriegsbeziehungen wichtigen Ereignisse zu erheben. Den Autoren ist für das Verständnis zu danken, das sie einer so wichtigen und zugleich so sehr vernachlässigten Unterrichtsaufgabe entgegengebracht haben.

Professor Dr. Walter Mertineit
Vorsitzender des Erziehungs- und Schulbuchausschusses der Deutschen UNESCO-Kommission und der Deutsch-Polnischen Schulbuchkommission

Glücksburg, 1. Mai 1977

I. Allgemeine Vorbemerkungen zur Unterrichtseinheit

1. Probleme und Rahmenbedingungen einer Unterrichtseinheit über Deutschland und Polen

Auf den ersten Blick scheint die Beschäftigung mit „deutsch-polnischen Beziehungen" keiner Begründung zu bedürfen: die Bedeutung der gegenwärtigen politischen Beziehungen, insbesondere die Veränderungen, die sich in den letzten Jahren abzeichneten und die markiert sind durch intensiv diskutierte Vertragsabschlüsse, aber auch die Intensität historischer Zusammenhänge, die zu weitreichenden wirkungsgeschichtlichen Spekulationen führen, läßt die Bedeutsamkeit unseres Gegenstandes unbestritten erscheinen. Vorab soll deshalb lediglich auf einige Schwierigkeiten aufmerksam gemacht werden, die beim Unterricht zu diesem Thema auftreten. Bereits hier sollen die unterschiedlichen Perspektiven sich artikulierender Einschätzungen berücksichtigt werden.

1.1 Man wird annehmen können, daß Kenntnisse über deutsch-polnische Beziehungen kaum verbreitet sind, und zwar nicht nur bei Schülern, bei denen solche Kenntnisse nicht mehr durch eigene „biographische" Erfahrungen vermittelt wurden. Dies – darauf kommt es hier an – dürfte in einem deutlichen Kontrast stehen zu entsprechenden Absichtserklärungen offizieller Instanzen und zur Schärfe der innenpolitischen Auseinandersetzungen in der Bundesrepublik. Zu einer Vorklärung gehört sicher auch die Feststellung, daß der Adressat solcher innenpolitischen Auseinandersetzungen nicht die bundesrepublikanische Öffentlichkeit allgemein ist, sondern daß es aufgrund unmittelbaren Betroffenseins unterschiedliche Aufmerksamkeitsschwellen zu konstatieren gilt. Politisch angesprochen sind z.B. in besonderer Weise die Vertriebenen als Gruppe – durchaus auch als Wählerpotential.
Mit dieser Beobachtung in Zusammenhang steht, daß – wie es wiederum als Voraussetzung für „Interesse" und (didaktisch) zur Einleitung von Lernprozessen sinnvoll wäre – Schüler im allgemeinen nicht unmittelbar von der Auseinandersetzung um die deutsch-polnischen Beziehungen berührt sein dürften, sondern sich eine Verbindung zu ihrer Erfahrungswelt allenfalls in vermittelter und abgeleiteter Weise herstellen läßt. Das Prinzip der Qualifikation für Lebenssituationen reicht hier – jedenfalls aus der angenommenen Perspektive von Schülern – nicht für die Begründung einer Beschäftigung mit „Polen" aus.

1.2 Zu bereits vorhandenen Vorstellungen über Polen, wie sie von Schülern auf vielfältige Weise (z.B. in der Familie, über Massenmedien etc.) erworben sein können, werden neben bestimmten stereotypen Voreinstellungen, wie sie auch gegenüber anderen Nationen anzutreffen sind, explizit politisch motivierte Voreinstellungen treten, die ihre „reale" Basis in der Zugehörigkeit Polens zum Ostblock haben, genauer: in der Bewertung der außenpolitischen Situation Polens als eines „Satelliten" der UdSSR. Wäre ein Ziel der Behandlung Polens im Unterricht die Aufarbeitung von politischen Voreinstellungen, so ist bereits der Begriff „Vorurteil" kontrovers: denn die antikommunistischen Aspekte werden für uns nicht unbedingt als „Vorurteile" identifizierbar, da sie politisch funktional zur Stabilisierung eines nicht-kommunistischen Gesellschaftssystems und seiner Selbsteinschätzung beitragen.
Die Beurteilung der verschiedenen Aspekte der deutsch-polnischen Beziehungen in Vergangenheit und Gegenwart wird sich in ihren Konkretionen deshalb nicht ohne weiteres in konsensfähige Kriterien auflösen lassen. Denn die Setzung bestimmter Kriterien (etwa z.B. moralorientierte Bewertung des deutsch-polnischen Verhältnisses

oder Anerkennen machtpolitischer Entscheidungen um eines Friedens willen) ist selbst Gegenstand politischer Prozesse sowie Anlaß und Mittel für Parteiungen. Dies gilt auch für den nächsten Gesichtspunkt, den wir hier benennen.

1.3 Die Formulierung „deutsch-polnische" Beziehungen könnte Mißverständnisse auslösen, indem sie nämlich unterstellt, daß sozusagen eine nationale Konfrontation üblich ist und war: nicht nur in geschichtlichen Verläufen, sondern etwa auch in den Tagungen der deutsch-polnischen Schulbuchkommissionen. Die vorherige Festlegung der Perspektiven bei der Betrachtung geschichtlicher Vorgänge gilt dann als ebenso selbstverständlich wie eine jeweilig nationale Beurteilung und die Sammlung und Organisation von Informationen im je eigenen nationalen Interesse. Eine einfache Betrachtung der deutschen oder polnischen Historiographie zu Problemen, die zwischen den „Nationen" strittig sind, belegt diesen Sachverhalt. (So unterscheiden sich bezüglich der Endgültigkeit der Oder-Neiße-Grenze die antikommunistischen Exilpolen keineswegs von dem Standpunkt der polnischen Regierung.) Er ist eine Voraussetzung auch für die jeweiligen Bemühungen um Annäherung der gegensätzlichen Standpunkte. Ist jedoch „der Politikverlauf ... ein Nebeneinander von Integration und Desintegration" (Offe 1975), haben wir es mit divergierenden, unterschiedlichen Interessen innerhalb eines politischen Systems und innerhalb einer Gesellschaft zu tun, so wird man prinzipiell annehmen können, daß eine bestimmte Ordnungsleistung (ein Vertrag etwa) nicht ohne Spuren konflikthafter Prozesse präsentiert und erbracht werden kann und sich nicht alle gesellschaftlichen Gruppen mit ihr identifizieren können. (Dies zeigte sich z.B. im Februar 1976 in den Auseinandersetzungen um das Renten- bzw. Aussiedlungsabkommen von Helsinki.) Inter- und intrasystematische Konflikt- und Konsenskonstellationen müssen deshalb bei der Produktion und Rezeption einer „außenpolitischen" Maßnahme ebenso beachtet werden wie die diesbezüglichen Argumentationsketten, Ideologeme und Appelle. Die Formulierung „deutsch-polnische Beziehungen" stellt deshalb eine Vereinfachung und Problemreduktion dar, die „interne"Konfliktzonen ausklammert.

1.4 Die Betrachtung der „Geschichte Polens aus deutscher Sicht" – und umgekehrt – kann in Gefahr geraten (und zwar auch dann, wenn ihr ausdrückliches Ziel die Aufklärung politischer Voreinstellungen ist), nationale Interessen (Grenzen, wirtschaftliche Ressourcen, Bevölkerungszahl) zu verdinglichen und historisch-gesellschaftliche Auseinandersetzungen zu verengen und zuzurichten. Abgesehen von Faktoren, die sich als Momente nationaler Bedeutung charakterisieren lassen, können solche Interessen aus dem Blickfeld geraten, die politische Bündnisse konstituieren, sich aber nicht einer vordergründigen nationalen „Verpflichtung" einpassen lassen; z.B. forderten deutsche und polnische Demokraten 1848 gemeinsam mehr Freiheit und Gleichheit und traten gemeinsam für den Abbau feudaler Privilegien ein (vergleichbare Beispiele: Kulturkampf, die Bewertung der polnischen Teilungen).
In der allenthalben feststellbaren Einbeziehung historischer Argumentationen im (angeblich) nationalen Interesse geht es auch um die Schaffung und Beibehaltung einer starken Position etwa bei deutsch-polnischen Verhandlungen. Auf deutscher Seite wird jedoch die Situation dadurch kompliziert, daß es eine einheitliche „deutsche" Sicht nicht gibt, da in den beiden deutschen Staaten bekanntlich erhebliche Unterschiede in der Sicht geschichtlicher Vorgänge, speziell aber derjenigen der deutsch-polnischen „Beziehungen" anzutreffen sind (vgl. z.B. die Darstellung des Deutschen Ordens in Schulbüchern der DDR und der Bundesrepublik).

1.5 Wofür immer eine Parteinahme erfolgen wird – für die Vernunft, für die Interessen der Mehrheit der Bevölkerung, für die „großen" Persönlichkeiten –: Die Interpretation geschichtlicher und politischer Ereignisse wird von Kategorien und Merkmalen entsprechender Urteilsstrukturen bestimmt. Die Reflexion solcher „Standortgebunden-

heit“ kann aber dazu dienen, sie in einem bestimmten Rahmen aufzulösen, indem sie nämlich in ihrer Funktion durchschaubar wird. Jedoch ist prinzipiell – wenn ihre Relevanz als Kriterium akzeptiert wird – keineswegs einzusehen, warum die Betrachtung sozusagen von „Interessen“ gereinigt werden sollte. Im Gegenteil, denn die Möglichkeit der Identifikation würde eingeschränkt, und politische Auseinandersetzungen würden nicht nur vereinfacht, sondern verfälscht.
Der Einbeziehung interessenorientierter politischer Kontroversen und dem Versuch der Ermittlung ihrer Bedingungen dient auch die Auswahl der Materialien einschließlich ihrer Interpretationen durch die Verfasser. Um der potentiellen „Eigentümlichkeit“ der vorgestellten Materialien willen erfolgt diese Interpretation keineswegs jedoch ausführlich: sie ist – neben der Auswahl selbst – in den kurzen didaktisch-methodischen Kommentaren und in den vorgeschlagenen Fragestellungen auszumachen.

1.6 Den Schülern wird zugemutet, die Fragestellungen, die Materialien, die Gegenstände dieser Unterrichtseinheit für sinnvoll und lernrelevant zu halten. Diese Zumutung, so meinen wir, kann nur dann gerechtfertigt werden, wenn sie im Unterricht mit aufgearbeitet und als solche thematisiert wird. Der methodische Zwang, bestimmte Verfahren rechtfertigen zu müssen, ist sicherlich nicht ohne Risiko. Es liegt nahe, gerade bei der Unterrichtseinheit „Polen“, die Interessen und Bedürfnisse der Schüler zur Seite zu schieben, verwundert den Kopf über fehlende Kenntnisse zu schütteln und pathetisch auf die Notwendigkeit einer Beschäftigung mit Geschichte zu verweisen. Nun könnte aber gerade an solche Diskrepanzen angeknüpft werden, nicht zuletzt um die Funktion von Geschichtsbewußtsein, subjektiven Neigungen und Interessen zu untersuchen. Ob einige wenige Stunden Unterricht ausreichen, eingeschliffene Voreinstellungen zu verändern, muß bezweifelt werden. Erst recht muß man der voreiligen Versicherung, daß „wir“ inzwischen keine Vorurteile mehr hätten, mit Mißtrauen begegnen, denn sie macht es sich zu leicht und fragt nicht nach den Gründen, die sie jeweils ausgelöst haben.

2. Grundsätze für Planung und Durchführung der Unterrichtseinheit

Einige allgemeinere Grundsätze für die Planung des Unterrichts zum Thema „deutsch-polnische Beziehungen“ fassen wir vorweg zusammen:

2.1 Die verschiedenen Teile des geplanten Unterrichts haben Angebotscharakter. Es wird nicht die Notwendigkeit unterstellt, die Vorschläge in ihrer Gesamtheit zu realisieren, sondern einzelne Teile können herangezogen werden, wenn es aufgrund der Situation in einer Lerngruppe sinnvoll erscheint. Das bedeutet nicht, daß die Vorschläge in ihrer Gesamtheit nicht auch als zusammenhängende Einheit (z.B. auch als Kursthema) benutzt werden könnten. Das Schwergewicht unserer Planung liegt jedoch nicht auf der Herstellung einer möglichst stringenten Konsistenz zwischen den einzelnen Teilen, sondern auf der „Gestaltung“ dieser einzelnen, thematisch gegliederten Teile selbst.

2.2 Politische Voreinstellungen sind selbst Gegenstand des Unterrichts, jedoch sollte man sich hüten, dabei in eine andere, durch das Thema selbst nahegelegte vordergründige Beurteilung zu verfallen (z.B.: „Die Polen sind gar nicht so schlecht”). Vielmehr kommt es darauf an, die Geschichte und die Funktion solcher Voreinstellungen zu klären. Sowohl eine vorgeschaltete Erkundung der politischen Voreinstellungen und Kenntnisse in einer bestimmten Lerngruppe als auch ihre Ermittlung und Reflexion während des Unterrichtsprozesses kann vorgesehen werden.

2.3 Es kann nicht Sinn eines offenen Unterrichtskonzepts sein, daß eine Lerngruppe zum Abschluß einer bestimmten Unterrichtssequenz zu einer einheitlichen Bewertung bestimmter historischer oder gegenwärtiger politischer Verhältnisse und Beziehungen kommt; vorrangiges Ziel ist es vielmehr, die Bereitstellung und Organisation von Impulsen, Frageansätzen und Materialien so aufzubereiten, daß sowohl ein möglichst rationales als auch ein selbständiges Urteil zu bestimmten Fragen möglich wird.

2.4 Integrierter Bestandteil des Unterrichts ist dann auch, die Begründung der Auswahl bestimmter Materialien zu versuchen, Initiativen zur Einleitung bestimmter Lernschritte zu reflektieren und den Verlauf des Lernens selbt aufzuarbeiten, so daß ein möglichst hohes Maß an bewußter und begründeter Einschätzung des eigenen Lernprozesses erreicht wird (Bedingungen schulischen Lernens; Situation in der Lerngruppe; etc.).

2.5 Keineswegs ignoriert werden dürfen kontroverse Einschätzungen eines Problems, historische Argumentationen als Beleg aktueller Schlußfolgerungen, die Kriterien der Auswahl von Daten, Informationen, Statistiken, Texten usw. Im Gegenteil: Sie gehören zur Planung und Durchführung des Unterrichts, und zwar sowohl als Mittel der Anregung von Fragestellungen als auch als permanente Anforderung an die Bearbeitung von Fragestellungen im Unterrichtsprozeß.

2.6 Eine vordergründig „nationale“ Sicht wird, prinzipiell problematisiert, aber nicht vor dem Hintergrund der Auffassung, daß sie unbedeutend wäre, sondern mit dem Ziel der Untersuchung der nationalen Perspektive im Vergleich und in ihrer Vermittlung durch gesellschaftliche Interessen in ihrer jeweiligen Konstellation.

2.7 Es wird davon ausgegangen, daß das Ziel, zur „Völkerverständigung“ beizutragen, nicht dadurch erreicht wird, daß Phasen von Konflikten in ihrer Bedeutung heruntergespielt oder wechselseitige Voreinstellungen und kontroverse Interessen ignoriert werden. Vielmehr kommt es darauf an, Bedingungen und Funktion solcher Konflikte bzw. Bedingungen und Funktion bestimmter politischer Voreinstellungen der Schüler zu untersuchen mit der Zielvorstellung, die Grundlagen für Interessen, die einer anzustrebenden Völkerverständigung im Weg stehen, zu verändern, indem sie – als möglicher Beitrag des Unterrichts – ihre Bedeutung aufgrund kritischer Reflexion tendentiell verlieren.

2.8 Und noch ein Wort zur Beteiligung von Schülern an der Planung von Unterricht. Es mangelt nicht an Vorschlägen mit der Aufforderung, Schüler an der Planung des Unterrichts zu beteiligen. Wichtig ist jedoch die Einlösung eines solchen „Versprechens“ und die Art der Realisierung eines solchen Vorhabens. Man kann z. B. dazu auffordern, daß eine bestimmte Lerngruppe einen „Apparat“ zusammenstellt, die einzelnen Schüler Informationen sammeln (in Zeitungen, durch Befragung der Eltern usw.), eine Mappe anlegen, die Bilder, Ausschnitte, Texte, Protokolle, Meinungsäußerungen usw. enthält. Dagegen ist wenig einzuwenden. Fraglich bleibt nur der Anspruch einer solchen „Beteiligung“ und des sich daraus ableitenden „Engagements“, das sich – zur Freude der Beteiligten – sogar sichtbar (und einsehbar) niederschlägt. Fraglich deshalb, weil beides allzu schnell von den Beteiligten als „selbständiger Lernprozeß“ angesehen und demzufolge überbewertet werden kann. Wir haben Zweifel: Selbständige Lernprozesse und – als deren Resultat – die Hafttiefe neugewonnener Einsichten hängen u. E. wesentlich davon ab, inwieweit Schüler an inhaltlichen Entscheidungen beteiligt werden und ob die Bedingungen ihres Lernens selbst Teil dieser Lernprozesse sind.
Unsere Hinweise auf die Komplexität von Lernprozessen – die nicht mit Kompliziertheit identisch sein muß – mögen als Warnung an die eigene Adresse gelten und zugleich Anforderungen setzen, die mit der Zielvorstellung „Methodenbewußtsein“ und der Organisation von „Selbstreflexion“ kurz umschrieben sind. Zu warnen ist vor allem

vor einem allzu leichtfertigen Wunschdenken, das beispielsweise von folgender Vorstellung ausgeht: Wenn das Material „x“ im Unterricht analysiert wird, kann der Voreinstellung „y“ entgegengewirkt werden, und eine neue „objektive“ Einstellung „z“ tritt an ihre Stelle und bleibt im Gedächtnis des Schülers haften.
Auch soll an dieser Stelle an die Möglichkeit des „Umkippens“ von bestimmten Intentionen in ihr Gegenteil erinnert werden. Oktroyierter Abbau von Voreinstellungen gelingt auch bei Schülern selten, stößt auf ihren Widerstand, festigt nur ihre Vorurteile und fördert letztlich nur ihre Anpassungsleistungen.

3. Bemerkungen zu den Lernzielen

Die Formulierung allgemeiner Lernziele tendiert dazu, den Eindruck zu erwecken, daß es möglich sei, sie vollständig und ohne weitere Schwierigkeiten einzulösen oder zu „operationalisieren“, wie der übliche Terminus lautet.

3.1 Wir glauben keineswegs, daß es möglich ist, die von uns formulierten allgemeineren Lernziele vollständig und bruchlos einzulösen – zumal innerhalb nur einer Unterrichtseinheit. Wir gehen dennoch davon aus, daß es sinnvoll ist, solche allgemeinen Lernziele zu formulieren. In der Planung von Unterricht dienen sie dazu, Auseinandersetzungen und Gespräche über allgemeine Zielsetzungen zu strukturieren; sie können ein Medium der Kommunikation, ein Mittel der Verständigung – natürlich auch über unterschiedliche Auffassungen – sein. Allgemeine Lernziele können weiterhin die Funktion haben, eine Orientierungshilfe bei der Auswahl von Materialien zu geben. Sie können als Kriterien gelten, die entweder zur ständigen Überprüfung des Unterrichts in didaktisch-methodischer Hinsicht oder zur Vergewisserung einer mehr oder weniger erreichten „Vollständigkeit“ herangezogen werden. Sie enthalten demnach die inhaltlichen Zielvorstellungen, an denen sich die Planungskonzeptionen von Unterricht orientieren. Sie bieten, indem sie Zielvorstellungen explizit vorgeben, die Möglichkeit zu einer prinzipiellen Kritik. Nicht zuletzt können sie auch für Schüler ein Mittel der Überprüfung des (meist ausschließlich vom Lehrer konzipierten) Unterrichts sein.

3.2 Unterstellt wird keineswegs, daß eine eindeutige und logisch konsistente Ableitung von Lernzielhierarchien möglich sei. Im Gegenteil: Weder dürfte eine konsistente Deduktion von Fein- und Teillernzielen aus sogenannten allgemeineren Lernzielen denkbar sein, noch kann davon ausgegangen werden, daß eine bruchlose Entsprechung von „Lernziel“ und „Gegenstand“ des Unterrichts denkbar ist. Ganz abgesehen einmal von einem didaktisch nicht zu vertretenden Zwang zu Standardisierungen, kann allenfalls ein Schein von Rationalität solcher Ableitungs- und Zuordnungstechniken erreicht werden, deren technizistischer Spielcharaker letztlich im realen Lernprozeß endgültig auseinanderfällt – es sei denn, er verselbständigt sich und wird im Interesse seiner eigenen Reproduktion in sogenannten Lernerfolgskontrollen mit Zwang durchgesetzt. Vielmehr kommt es uns auf die Offenlegung von Begründungszusammenhängen an: die Überprüfung didaktisch-methodischer Entscheidungen einerseits und die Aufarbeitung der zur Diskussion stehenden Sachverhalte andererseits sowie deren wechselseitige „Rückkoppelungen“ sollen transparenter und zugleich als Anforderungen in Erinnerung zurückgerufen werden. Sowohl in der Phase der Planung als auch während des Unterrichts müßten die durch allgemeine Lernziele vermittelten Begründungszusammenhänge und ihre Rückkoppelung plausibel und ihre Entscheidungen durchsichtig sein – so unsere Zielvorstellung. Eine Revision der Planungskonzeption darf deshalb zu keiner Zeit ausgeschlossen werden, vielmehr gilt es – auch hinsichtlich der Überprüfung von Lernzielen – die im praktischen Umsetzungsprozeß erkennbaren Hinweise auf notwendige Veränderungen produktiv aufzugreifen.

3.3 Die nachstehenden allgemeinen Lernziele können ohne Schwierigkeiten in zweierlei Hinsicht spezifiziert werden: Einmal in bezug auf unser Thema „deutsch-polnische Beziehungen", zum anderen hinsichtlich eines wesentlichen Aspekts politischer Bildung, nämlich der Sensibilisierung für den Umgang mit der Geschichte als Mittel der Legitimation politischer Handlungen und Entscheidungen. Dabei kann daran erinnert werden, daß in den Prozeß der Unterrichtsplanung, also auch der Formulierung von Lernzielen, die Erfahrungen im Umgang mit dem „Gegenstand" eingehen – wie umgekehrt Kategorien, die Zielsetzungen politischer Bildung bestimmen, die Perspektiven einer solchen konkreten Auseinandersetzung beeinflussen.

3.4 In diesem Sinne akzeptieren wir folgende allgemeine Lernziele:
a) lernen, außenpolitische Entscheidungsprozesse und zwischenstaatliche Konflikte auf die ihnen zugrunde liegenden wirtschaftlichen und politischen Interessen zu befragen;
b) lernen, außenpolitische Beziehungen als Ausdruck und Ergebnis von voneinander abhängigen wirtschaftlichen und gesellschaftlichen Entwicklungen zu untersuchen;
c) lernen, Normen, Zielvorstellungen und Prioritäten außenpolitischer Entscheidungen auf ihre politische Funktion hin zu befragen;
d) lernen, bei der Betrachtung anderer Gesellschaften deren jeweils andersartige Perspektiven mit einzubeziehen;
e) lernen zu prüfen, inwieweit Einstellungen gegenüber anderen Gesellschaften durch Vorurteile bestimmt sind, und lernen, nach der Entstehung, der Bedeutung und den Folgen solcher Voreinstellungen zu fragen;
f) lernen, alternative Modelle zur Lösung außenpolitischer Probleme zu beurteilen.

4. Zum Aufbau der Unterrichtseinheit

Die Unterrichtseinheit, die sich in Struktur, Aufbau und Materialauswahl als „offenes Curriculum" versteht, umfaßt insgesamt sieben Sequenzen, in denen jeweils ein ausgewählter Problembereich des deutsch-polnischen Verhältnisses schwerpunktmäßig behandelt und für mehrere Stunden Unterricht vorbereitet wird. Jede der sieben Sequenzen besteht aus einer bestimmten Anzahl von Materialien, die dem jeweiligen Problembereich zuzuordnen sind, und einem einleitenden methodisch-didaktischen Kommentar. Dieser hat folgende Gliederung: Einigen allgemeinen Anmerkungen zu den jeweils wesentlichen Intentionen folgen (nach einer Zusammenstellung der einzelnen Unterrichtsmaterialien) Hinweise zur Verwendung und Anordnung dieser Unterlagen im Unterricht, sowie einige Anmerkungen zur Interpretation.
In die Sequenzen wurden ausschließlich bereits veröffentlichte Texte (z.B. Reden, Erklärungen, Verträge, Tagebuchaufzeichnungen, Bilder, Zeitungsberichte, Skizzen etc.) aufgenommen, deren Auswahl sich an den allgemeinen Lernzielen und ihrer Konkretisierung über Fragestellungen in den Sequenzen orientierte.
Alle zu einer Sequenz gehörenden Materialien sind fortlaufend durchnumeriert. Die Bezeichnung M36 bedeutet beispielsweise, daß es sich um das Material Nr. 6 der Sequenz 3 handelt.
Wir haben versucht, nach Möglichkeit kontroverses Material anzubieten. Das entspricht unserer Auffassung, wonach dem Lernenden bestimmte Probleme, Entwicklungen und Entscheidungen aus unterschiedlicher, wenn nicht kontroverser Sicht, vorgestellt werden müssen, um zu verhindern, daß ein bestimmter Zeitraum oder ein bestimmtes Beziehungsverhältnis nur in einer – häufig nicht als solcher erkennbaren – Perspektive gesehen werden.
 Auch wenn die Ziffernfolge der Sequenzen eine Reihenfolge suggerieren sollte: Zwar

ist diese nicht zufällig, aber dennoch kann ihre Anordnung entsprechend der jeweiligen aktuellen Lernsituation umgestellt, können alternative Lernwege eingeschlagen werden – ohne daß sich damit die Konzeption ändern würde. In die erste und in die letzte Sequenz haben wir Materialien aufgenommen, die die Lernsituation der Schule aktualisieren. Diese Aktualisierung ist bedingt durch die Einsicht, daß die Aufarbeitung von Bewußtseinsstrukturen integrierter Bestandteil von Unterricht sein muß. Der Unterricht soll so Voraussetzungen für eine differenzierte Reflexion schaffen, um eine Klärung der Lernsituation selbst in Zusammenhang mit materialem Lernfortschritt zu ermöglichen.
In Konfrontation mit einzelnen Aspekten solcher Lernvoraussetzungen wird zunächst die aktuelle (Sequenz 1), dann die historische Bedeutung (Sequenz 2) des „Themas" entfaltet, deren Dimensionen in den Sequenzen 3 bis 5 nachgegangen wird. Diese eher traditionelle Auffassung einzelner Bereiche hat zum Ziel, einfache Urteilsstrukturen, die prinzipiell den Status der Addition einzelner Phänomene hätten, aufzuheben und neue Einsichten argumentativ zu sichern. Die Stichhaltigkeit des bis dahin ermittelten Problembewußtseins kann sich an der Überprüfung der Materialien der Sequenzen 6 und 7 bewähren.

5. Überlegungen zur Lernzielkontrolle

Bei den Überlegungen zu einer Lernzielkontrolle wird eine Schwierigkeit deutlich: Jede vorweggenommene Unterrichtsplanung – auch wenn sie nur in der Vorauswahl der Materialien besteht – gerät in ein Dilemma, wenn sie mit dem Anspruch einhergeht, Schüler an den lernrelevanten Entscheidungen zu beteiligen.
Auch in dieser Unterrichtseinheit wird der Lernprozeß vorstrukturiert, aber die Beteiligung der Betroffenen wird nur verschoben, nicht ausgesetzt. Das mit der Unterrichtseinheit angestrebte Ziel des „Methodenbewußtseins" oder „bewußten Lernens", das sich während des Unterrichts konkretisieren könnte in der Rückversicherung des Lernfortschrittes, in der Untersuchung der angewandten Methoden und/oder in der Bestimmung von Kriterien der Auswahl von „Inhalten", soll auch in der Lernzielkontrolle verfolgt werden.
Um den Schüler bis zum Ende der Unterrichtseinheit „Subjekt" – und nicht auszufragendes Objekt – des Lernprozesses sein zu lassen, kann es hier nicht um simples Abfragen eines Informationszuwachses oder um die Reproduktion einzelner Daten gehen.Konsequent ist vielmehr die Ermittlung des erworbenen Problembewußtseins, der Fähigkeit, angemessene Fragen zu stellen – jeweils vor dem Hintergrund der Lernvoraussetzung als Bezugsgröße. Wir meinen, daß Lehrer und Schüler mehr über Qualität und Erfolg ihres Unterrichts erfahren können, wenn sie am Ende selbständig, begründet und ideologiekritisch Aussagen oder Texte zum deutsch-polnischen Verhältnis analysieren und einordnen können.
Deshalb schlagen wir vor, daß Schüler als „Lernzielkontrolle" zum Beispiel aktuelle Kommentare aus Tageszeitungen, bekannte und verbreitete Geschichtsdarstellungen oder eine Karikatur nach ihrem Informationswert, ihrem Standort, ihrem Anliegen, ihren verdeckten Interessen etc. befragen und beurteilen. Als ein bei den verschiedenen Sequenzen nach Bedarf zu veränderndes Beispiel sind unter Ziff. 6 einige Materialien zusammengestellt, die eine Lernzielkontrolle in der oben beschriebenen Weise ermöglichen können.
Wenn die Schüler z. B. in der Lage sind, die einzelnen Hinweise und Andeutungen des Textes S. 9 in ihrer Bedeutung zu identifizieren – also selbst erkennen, daß es bei den Auseinandersetzungen um das Abkommen von Helsinki auch (oder vor allem?) um

wahltaktische Vorbereitungen im Vorfeld der Bundestagswahl im Oktober 1976 ging –, dann verfügen sie u. E. über jenes Problemwissen, das zur Bewältigung spätere Lebenssituationen sinnvoller zu sein scheint als ein Lernen von isolierten Daten und Fakten!

6. Materialvorschläge zur Durchführung der Lernzielkontrolle

1

Auszüge aus einer bekannten polnischen Tageszeitung, die aus Anlaß des dreißigsten Jahrestages der deutschen Kapitulation schreibt:

Am 8. Mai wurde die bedingungslose Kapitulation des faschistischen Deutschlands unterzeichnet. Der 9. Mai, der Tag des Sieges der verbündeten Völker, brach an. Der größte und schrecklichste Krieg seit Menschengedenken war zu Ende gegangen. Er griff auf das Gebiet von 40 Ländern über, die von 80 Prozent der Bevölkerung auf der Welt bewohnt waren. Mehr als 50 Millionen Menschen kamen ums Leben, davon hatten die Faschisten 20 Millionen Personen in den Lagern ermordet.
Für uns Polen war die Beendigung des Krieges nicht nur eine strategisch-militärische oder politische Tatsache. Waren doch die Polen jenes Volk, das prozentmäßig die größten Verluste hinnehmen mußte; in den Jahren von 1939 bis 1945 kam jeder fünfte Bürger unseres Landes ums Leben, es gibt fast keine polnische Familie, die nicht jemanden von den Allernächsten verloren hätte. Und wieder waren es die Polen, die im Vergleich zur Bevölkerungszahl ihres Landes, an allen Fronten, wo gegen das faschistische Deutschland gekämpft wurde, den größten militärischen Beitrag leisteten.
Heute blicken wir auf diese Tatsachen aus der Perspektive eines 30jährigen Lebens im Frieden zurück, auf 30 Jahre, in denen wir das Vaterland aus den Ruinen emporhoben, auf 30 Jahre Arbeit, damit das neue Polen erstarkt.

Geistliche fordern Sühne für Unrecht

Am 30. Jahrestag der Befreiung des Konzentrationslagers Dachau fand in Polen in Kalisz ein Treffen von Pfarrern, ehemaligen Häftlingen von Konzentrationslagern statt, an dem sich ca. 300 Geistliche beteiligten.
Außer den polnischen Geistlichen kamen auch die ehemaligen Häftlinge in Nazi-Lagern, Bischof Buchkremer aus Aachen und Erzbischof Manziana aus Rom, nach Kalisz. Während der Begegnung, an der sich Kardinal Wyszynski beteiligte, wurde eine Erklärung beschlossen, in der u. a. festgestellt wird:
Wir haben die Pflicht, daran zu erinnern, daß in den 30 Jahren, die seit Kriegsende vergangen sind, die Schuld des schrecklichen Unrechts gegenüber weltlichen und geistlichen Bürgern des polnischen Volkes nicht beglichen wurde. Obwohl in allen Konzentrationslagern eine äußerst hohe Anzahl von Polen litt und den Tod fand, sind sie bisher die einzige Gruppe ehemaliger Häftlinge, denen gegenüber die Schuld nicht beglichen wurde. Die schnell zusammenschmelzende Zahl der Opfer erinnert und steigert die Beweiskraft des erlittenen Unrechts und unterstreicht auch das Recht der Nachkommen, für das sich nie verjährende und unbezahlbare Unrecht an ihren Eltern, Entschädigung zu erhalten.
Wir bringen unsere Anerkennung für die Kirchenbehörden und christlichen Organisationen zum Ausdruck, die sich für einen Ausgleich der riesigen Schuldrechnung einsetzen. Wir vertreten ihre Ansicht, daß das Problem der Entschädigungen nicht nur durch politische, rechtliche oder finanzielle Hinsichten bestimmt werden kann, es ist vor allem eine Sache von sehr hohem moralischem Rang.

 Aus: Zycie Warszawy (Ausgabe in deutscher Sprache) vom 7. – 13. Mai 1975

Kommentar in einer deutschen Tageszeitung aus Anlaß der Bundestagsdebatte über das deutsch-polnische Renten- und Ausreiseabkommen (1976)

2

Überschätzungen

g-n. In dem Duell zwischen Schmidt und Kohl haben beide Kämpfer schwere Schläge einstecken müssen: Schmidt hatte sich vorgenommen, nicht nur über den Polen-Vertrag zu debattieren, sondern die Gelegenheit zu nutzen, seinen Wahlkampfgegner in öffentlichem Schauspiel in kleine Stückchen zu zerreißen. Er gebrauchte dazu Andeutungen, Anspielungen und Hinweise auf diplomatische Berichte und vertrauliche Gespräche, die das Publikum nicht kennt, nicht kennen kann und auch nicht kennen muß. Wo käme man hin, wenn die Vertraulichkeit von Vier- oder Sechs-Augen-Gesprächen unter führenden Politikern nicht mehr möglich wäre. Das Publikum ist sportlich genug, um Verstöße gegen die Fairneß übelzunehmen. Kohl zeigte sich außerdem als schlagfertiger Debatter.
Doch ist er blessiert worden. Der mörderisch scharfen Frage Schmidts nach seiner Autorität in der eigenen Partei konnte er nur ausweichen. Sie trifft nicht nur ihn, sondern die ganze Union, und ganz besonders den Vorsitzenden der CSU, Strauß, der zu meinen scheint, die Unionsparteien würden ohne Kohl und mit einer „Vierten Partei" leichter die Mehrheit der Wähler gewinnen. Die größten Schäden scheint sich die Opposition im inneren Streit um den Polen-Vertrag selbst zufügen zu wollen. Die Mehrheit der Opposition überschätzte wohl ihre Chance, im nichtkommunistischen Teil der politischen Öffentlichkeit richtig verstanden zu werden. Es fragt sich, ob sie gut genug informiert ist über die zwiespältigen Loyalitäten, die polnische Kommunisten wecken können, wenn sie ihre eigene Sache, die Stabilisierung des Regimes, nur polnisch genug vorbringen und das ja nicht gegenstandslose moralische Argument voll ausspielen.
In der CDU/CSU-Fraktion überschätzte man auch die eigenen Möglichkeiten, am Exempel des Polen-Vertrages eine neue Debatte über die Ost-Politik Brandt-Scheel führen zu können. Die Bundesrepublik kann nicht mehr zu dem Anfang zurückkehren. Was 1969 krumm begonnen worden war, kann nur nach und nach geradegezogen werden. „Wir brauchen Ihre Kritik" war ein Stichwort Schmidts in dieser Debatte. Die Mehrheit der Opposition war freilich nicht darauf gestimmt. Noch immer bleibt Zeit, im Bundesrat eine Fehlentscheidung zu vermeiden und sich aus der Opposition heraus eine Chance zu beschaffen, in der Ost-Politik mitsprechen zu können. Künftig kann das noch sehr wichtig werden. Es muß verhindert werden, daß dem Polen-Vertrag eines Tages Präzedenzwirkung zukommt. Für die Manöverkritik ist nun der Parteivorstand der CDU, mehr als die Fraktion, der entscheidende Ort.

Aus: Frankfurter Allgemeine Zeitung vom 21. Februar 1976

Auszug aus einer wissenschaftlichen Darstellung[1] der deutschen Ostsiedlung

3

Der Siegeszug der Deutschen gründet sich vor allem auf die kulturelle Überlegenheit der Deutschen, so daß Slawenfürsten, die von dem Hauch der europäischen Bildung berührt waren, Deutsche ins Land riefen, um ihr Land zu heben und zu bessern. Die Deutschen bauten Wohnstätten aus Backsteinen statt ärmlicher Hütten, die man allein im Slawenland neben barbarisch-luxuriösen Schlössern sah. In der slawischen Wüste entstanden Kirchen und Rathäuser. Auf einem Hof siedelten jetzt die Angehörigen einer deutschen Bauernfamilie, während früher vier Slawenfamilien ein schmutziges Gewimmel auf demselben Stück Land abgegeben hatten ...

---

1 Michael Freund, Professor für Wissenschaft und Geschichte der Politik an der Universität Kiel.

Die kulturelle und soziale Überlegenheit der Deutschen war ihre Hauptwaffe. Erst im 19. und 20. Jahrhundert wandelten sich die Armut und das Elend und die Fähigkeit der Polen, hungern zu können, in eine Waffe, als die ostelbischen Grundbesitzer – die Stützen von Thron und Altar – die damals schmutzigen Polen den sauberen Deutschen vorzogen, weil die ersteren billiger arbeiteten ...
Die deutschen Eroberer ließen es sich einen Tag lang gut sein, nachdem sie einen Ort erobert hatten, und mordeten und schändeten, wie sie Lust hatten. Aber von einer Ausrottung der eingeborenen Bevölkerung kann kaum die Rede sein. Was den ersten Tag überdauerte, blieb auch länger leben. Man brauchte Knechte, die die Arbeit taten ...

Aus: Michael Freund, Deutsche Geschichte (Lexikon Bibliothek, Bertelsmann), Gütersloh 1965, Sp. 211 ff.

4

„Die Unterschrift des Jahres"

Aus: Frankfurter Allgemeine Zeitung vom 8. Dezember 1970

II. Die didaktische Konzeption und ihre Realisierung

SEQUENZ 1

Kenntnisstand und allgemeine Vorstellungen von Jugendlichen in der Bundesrepublik über Polen und über deutsch-polnische Beziehungen

Die Heftigkeit und Intensität der innenpolitischen Auseinandersetzung über den Vertrag und die Vereinbarungen zwischen der Bundesrepublik Deutschland und der Volksrepublik Polen

Die Vorgaben dieses Problemkomplexes und seine Unterteilung in zwei (auf den ersten Blick unverbundene) Bereiche gehen von der Vermutung aus, daß einerseits der Kenntnisstand über Polen und über die deutsch-polnischen Beziehungen relativ gering ist, daß andererseits aber die Auseinandersetzungen um die deutsch-polnischen Verträge in der Bundesrepublik insbesondere von den Politikern mit großer Heftigkeit und anhaltender Intensität geführt werden. Unser Vorschlag, mit dieser Kontrastierung zu beginnen, würde folgende Perspektiven eröffnen:

a) Es könnte bei den Schülern der Wunsch entstehen, ihren Kenntnisstand angemessen zu verbessern, und sei es nur, weil das Problem anderen anscheinend (wie die Heftigkeit der Auseinandersetzung zeigt) viel bedeutet.
b) Es könnte – über die vermutete Diskrepanz zwischen Unkenntnis in der Bevölkerung und Heftigkeit der politischen Auseinandersetzung hinaus – das Verhältnis zwischen der „realen“ Bedeutung eines Problems und seiner Behandlung auf der politischen Ebene thematisiert werden.
c) Es könnten Vermutungen über die Zufälligkeit oder die bestimmte Funktion der wenigen Kenntnisse angeregt werden.
d) Es könnten in der politischen Auseinandersetzung auch vordergründige Momente (z. B. Mobilisierung von Wählerreserven) und Interessen, die hinter bestimmten Argumenten stehen (z. B. Mobilisierung von nationalen Emotionen), erkannt werden.
e) Es könnte ein erster Eindruck von unterschiedlichen Perspektiven und Meinungen über deutsch-polnische Beziehungen vermittelt werden.

Die Materialien (M_1)

Zu: Kenntnisstand und allgemeine Vorstellungen von Jugendlichen über Polen und über deutsch-polnische Beziehungen

1 Fragebogen, der den Schülern zur Ermittlung ihres Informationsstandes dient
2A Der Kenntnisstand saarländischer Schüler (Umfrageergebnis)
2B Kommentar des Fragestellers zum Ergebnis der Umfrage

Zu: Die Heftigkeit und Intensität der innenpolitischen Auseinandersetzung über den Vertrag und die Vereinbarungen zwischen der Bundesrepublik Deutschland und der Volksrepublik Polen

3A Auszug aus der Rede des Abgeordneten Friedrich (SPD) vom 26. 11. 1975
3B Auszüge aus der Rede des rheinland-pfälzischen Ministerpräsidenten Kohl (CDU) vom 26. 11. 1975
4A Der Kniefall Willy Brandts vor der Gedenkstätte im ehemaligen Warschauer Getto
4B Umfrageergebnis: War der Kniefall Brandts angemessen oder übertrieben?
5A Fakultativ einzusetzender Text: Auszug aus den Ausführungen des Abgeordneten Friedrich (SPD) zu den deutsch-polnischen Vereinbarungen im Bundestag am 26. 11. 1975

5B Fakultativ einzusetzender Text: Auszug aus den Ausführungen des rheinland-pfälzischen Ministerpräsidenten Kohl (CDU) zu den deutsch-polnischen Vereinbarungen im Bundestag am 26. 11. 1975

5C Fakultativ einzusetzender Text: Auszug aus den Ausführungen des Abgeordneten Mischnick (FDP) zu den deutsch-polnischen Vereinbarungen im Bundestag am 26. 11. 1975

Überlegungen zum Einsatz der Materialien

Es bietet sich an, mit der Bearbeitung von M1 1 zu beginnen, weil durch seinen Aufforderungscharakter die gesamte Lerngruppe zu Beginn zu einer relativ konkreten Arbeit angehalten wird, wobei bereits in der Phase der Auswertung erste Problembereiche andiskutiert werden. Der in der Auswertung des Fragebogens zu Tage tretende Kenntnisstand der Lerngruppe wird vermutlich in vielen Fällen dem der saarländischen Schüler entsprechen (M1 2A und M1 2B).
Die Konfrontation des eigenen Kenntnisstandes mit dem Kenntnisstand Gleichaltriger darf dann aber nicht in entschuldigender Gleichgültigkeit gegenüber der eigenen Uninformiertheit enden. Vielmehr soll durch die Materialien M1 2A und M1 2B der Lerngruppe bewußt werden, daß ihr Informationsstand keine Ausnahme ist, sondern von einer allgemein verbreiteten Uninformiertheit über Polen und – wie die Antworten der saarländischen Schüler zu Frage 2 und 3 zeigen – auch über andere Länder des Ostblocks gesprochen werden kann[1]. Diese Verallgemeinerungsfähigkeit der eigenen Situation gilt es, den Schülern erkennbar zu machen – zusätzliche Möglichkeiten: den Fragebogen den eigenen Eltern oder erwachsenen Bekannten zum Ausfüllen vorlegen oder auf der Grundlage des Fragebogens Interviews mit Passanten durchführen –, um später die „Funktion“ dieser „Uninformiertheit“ zu hinterfragen.
Demgegenüber dokumentieren die Materialien M1 3A und M1 3B, daß in der Bundesrepublik andererseits heftige Auseinandersetzungen über Polen und die deutsch-polnischen Beziehungen stattfinden. Das Engagement der Redner und Zwischenrufer im Bundestag signalisiert, daß in diesen Auseinandersetzungen mehrere Argumentations- und Interessenebenen berührt werden, die ihren Ausdruck auch in der emotionalen Bewegtheit der Debatte finden. Hier knüpfen unmittelbar die Materialien M1 4A und M1 4B an: das Bild des knienden Bundeskanzlers und seine Rezeption in der deutschen Öffentlichkeit.
Sollte dieser Kontrast zwischen relativer Uninformiertheit einerseits und emotionaler Besetztheit andererseits als Problem offengelegt sein, scheint uns eine wesentliche Voraussetzung dafür sichergestellt, daß in der Lerngruppe nicht nur Polen und die deutsch-polnischen Beziehungen, sondern auch die Vorgaben, Schwierigkeiten und Bedingungen, sich mit Polen und den deutsch-polnischen Beziehungen in der Bundesrepublik zu beschäftigen, zum Gegenstand von Unterricht gemacht werden können.
Um von der Sache her in dieser ersten Phase der Unterrichtseinheit auch die Erarbeitung von Informationen und der kontroversen Beurteilung des Gegenstandes weiter fortzuführen, können die Materialien M1 5A, M1 5B und M1 5C fakultativ eingesetzt werden.
Der Text des Vertrags zwischen der Bundesrepublik Deutschland und der Volksrepublik Polen über die Grundlagen der Normalisierung ihrer gegenseitigen Beziehungen ist als M5 10 auf S. 75f. abgedruckt. Seine Behandlung kann gegebenenfalls bereits hier erfolgen, um die Auszüge aus der Bundestagsdebatte für Schüler verständlicher werden zu lassen.

---

[1] Die Aussagen des Materials M1 2 werden in ihrer Tendenz bestätigt von Fritz Marz: Ost-West-Einstellungen Jugendlicher, in: Gegenwartskunde 1974/3, S. 301–312.

Fragebogen

M1 1

(Arbeitsvorschlag: getrennt ausfüllen und anschließend den Informationsstand in der Lerngruppe gemeinsam ermitteln)

1. Was versteht man unter der Oder-Neiße-Linie?
   ....
   ....

2. Was ist der Warschauer Pakt?
   ....
   ....

3. Nenne polnische Politiker!
   ....

4. Nenne Schwierigkeiten, die der Normalisierung der deutsch-polnischen Beziehungen im Wege standen oder noch stehen!
   ....
   ....
   ....

5. Welche Ereignisse fallen Dir aus der Geschichte Polens ein?
   ....
   ....

6. Unterstreiche die Deiner Meinung nach richtige Angabe: Ist Polen etwa doppelt / genauso / halb / viertel so groß wie die Bundesrepublik?

7. Was sind die wichtigsten Ausfuhr-Güter Polens?
   ....
   ....

8. In welchem Jahr fand der deutsche Überfall auf Polen statt?
   ....

Kenntnisstand saarländischer Schüler (1974)

M1 2 A

616 saarländische Schüler der neunten Klassen, die unter Repräsentationskriterien (z.B. soziale Herkunft, Geschlecht, Konfession, Schulform) ausgesucht wurden, sollten im Januar 1974 u.a. die folgenden Fragen beantworten:

Frage 1: Was versteht man unter der Oder-Neiße-Linie?

richtig	18,0 v.H.
Grenze Bundesrepublik Deutschland–DDR	20,3 v.H.
Grenze Bundesrepublik Deutschland–Polen	2,3 v.H.
Grenze DDR–UdSSR	1,6 v.H.
sonstiges	21,1 v.H.
nicht beantwortet	36,7 v.H.

Frage 2: Nenne einige Politiker der Gegenwart und / oder der Vergangenheit aus folgenden Ländern!

	eine Nennung	2 Nennungen	mehr als 2 Nennungen	nicht beantwortet
UdSSR	30,4 v.H.	17,9 v.H.	19,3 v.H.	32,6 v.H.
Polen	1,9 v.H.	–	–	97,9 v.H.
Frankreich	41,9 v.H.	26,3 v.H.	9,0 v.H.	22,9 v.H.
Jugoslawien	27,3 v.H.	–	–	72,7 v.H.
Ungarn	0,8 v.H.	–	–	99,2 v.H.
ČSSR	10,9 v.H.	2,1 v.H.	0,5 v.H.	86,5 v.H.

Frage 3: In welchen Jahren fanden folgende Ereignisse statt: ... ?

	richtig	falsch	nicht beantwortet
Oktoberrevolution	29,2 v.H.	10,9 v.H.	59,9 v.H.
Sturm auf die Bastille	22,1 v.H.	26,8 v.H.	51,1 v.H.
Ungarnaufstand	3,2 v.H.	10,4 v.H.	86,4 v.H.
Einmarsch in die ČSSR	17,2 v.H.	12,5 v.H.	70,3 v.H.
Deutscher Überfall auf Polen	17,0 v.H.	12,0 v.H.	70,9 v.H.
Gründung der VR Jugoslawien	3,2 v.H.	11,0 v.H.	85,7 v.H.

Aus: Arbeitsgruppe Saarbrücker Geschichtsstudenten: Einstellungen saarländischer Schüler gegenüber Osteuropa, in: Aus Politik und Zeitgeschichte B 46/74 vom 16. November 1974, S. 26–28

M12 B

Auszug aus dem Kommentar des Fragestellers zum Ergebnis der Umfrage

Zur Frage 1: Was versteht man unter der Oder-Neiße-Linie?
„... Nur 18 Prozent der Schüler wußten, was die Oder-Neiße-Linie ist, die übrigen hatten entweder gar keine oder sehr vage Vorstellungen: 24 Prozent gaben zumindest an, daß es sich um eine Grenze handelt; dabei verwechselten 20 Prozent die Oder-Neiße-Linie mit der Grenze zwischen der Bundesrepublik Deutschland und der DDR. Die in der Diskussion um die neue Ostpolitik wieder hochgespielte Frage um die Anerkennung der Oder-Neiße-Linie als polnischer Westgrenze scheint angesichts dieser Ergebnisse bei den Schülern keine große Resonanz gefunden zu haben.
Völlig apolitisch rezipiert immerhin ein Fünftel der neuen Generation den Begriff Oder-Neiße-Linie (als Kanal, Schleuse etc.).“

Zur Frage 2: Nenne einige Politiker der Gegenwart und/oder der Vergangenheit aus den folgenden Ländern!
„... Obwohl zumindest von den Massenmedien her die Spitzenpolitiker der einzelnen Länder bekannt sein müßten, zeigt sich ein ähnliches desolates Bild wie bei der vorhergehenden Frage ... Zu Polen ist zu bemerken, daß (wegen des Abschlusses des deutsch-polnischen Vertrages) zumindest einige der beteiligten Politiker bekannt sein müßten; dies ist aber nicht der Fall...“

Zur Frage 3: In welchen Jahren fanden folgende Ereignisse statt?
„... Nur jedem 6. Schüler sind der Einmarsch der Truppen des Warschauer Paktes in die ČSSR und der Überfall der deutschen Wehrmacht auf Polen bekannt! ...“

Aus: Arbeitsgruppe Saarbrücker Geschichtsstudenten: Einstellung saarländischer Schüler gegenüber Osteuropa, in: Aus Politik und Zeitgeschichte B 46/74 vom 16. November 1974, S. 28

Auszug aus der Bundestagsdebatte über die deutsch-polnischen Vereinbarungen am 26. 11. 1975

M13 A

Friedrich (SPD):

. . .

Deshalb nur einige wenige Sätze zur Haltung der CDU/CSU.
(Jäger, Wangen CDU/CSU: Jetzt kommt wieder die Haßtirade!)
– Sie sprechen von Haß. Ich werde dazu gleich zitieren. – Es gibt eine breite, in ihren äußeren Positionen weit auseinanderliegende Skala von Positionen der CDU/CSU-Fraktion. An dem einen Ende, dort, wo die schrillen Töne liegen, ist der Abgeordnete Reddemann, der den ersten Mann des Landes, in dem Millionen Menschen wie Ungeziefer vergast worden sind, Edward Gierek, mit Hitler und seinem Lastwagengeschäft – dem Geschäft mit den Lastwagen und den Juden – verglichen hat.
(Wehner, SPD: Hört! Hört!)
Wir müssen es angesichts der noch vorhandenen Öfen in Ausschwitz ablehnen, mit dem CDU-Geschäftsführer Reddemann über diesen Vorwurf auch nur zu diskutieren.
(Beifall bei der SPD und der FDP)
Mir selbst bleibt nur die Feststellung, daß ich mich als Mitglied des Deutschen Bundestages des CDU/Abgeordneten Reddemann schäme.
(Beifall bei der SPD und der FDP – Zurufe von der CDU/CSU)
Auf der entgegengesetzten Seite der Union haben wir die Abgeordneten, die zustimmen wollen: die Abgeordneten Barzel, Katzer, Blüm, Becker, Vogt, Mikat, Müller, Schröder, von Weizsäcker, Kiep und – von der CSU – Schulze-Vorberg. Was immer ihre Motive sein mögen, es ist gut, daß zumindest diesmal für die Vereinbarungen mit Polen auch einige Abgeordneten der CDU/CSU stimmen wollen.
(Beifall bei der SPD und der FDP)
Das politische Gewicht ihrer Namen ist größer als ihre Zahl, auch wenn im Parlament letzten Endes die Zahl entscheidet.
Bezüglich derjenigen, die ablehnen, sollen drei Positionen hervorgehoben werden, zuerst diejenigen, die sich die Sprecher der Vertriebenen nennen.
(Seiters, CDU/CSU: Tolle Analyse!)
Sie nehmen in Kauf, daß beim Scheitern der Vereinbarungen auf dem Ratifizierungsweg 125 000 Deutsche zunächst für lange Zeit die Hoffnung auf Ausreise begraben müssen.
(Jäger, Wangen: Das ist eine böswillige Unterstellung!)
Diese Haltung, eingenommen von denen, die sich als Vertreter derer erklären, die dadurch in Polen festgehalten würden, ist schon schwer zu erklären; zu begreifen ist sie nicht.
(Beifall bei der SPD und der FDP – Jäger, Wangen: Haßtiraden!)
Die Absurdität, die Verhärtung, die Versteinerung ihres Denkens kann man am ehesten an einem alttestamentarischen Beispiel verdeutlichen: Auf das Drängen des Moses will der Herr um 50 Gerechter willen der Stadt Sodom vergeben. Und dann bohrt, feilscht Moses, wendet diese Zahl: Wenn es fünf weniger wären oder vierzig, dreißig, zwanzig, schließlich zehn. Der Herr antwortete: Ich will sie nicht verderben um der zehne willen. – Doch die Vertriebenensprecher Czaja, Becher, Hupka sind um ihrer versteinerten Selbstgerechtigkeit willen bereit, 125 000 ihrer Landsleute, die aus Polen zu ihren Familien wollen, abzuschreiben und aufzugeben.
(Beifall bei der SPD – Jäger, Wangen: Bösartige Verleumdung! Bösartiger Stil! – Weitere anhaltende Zurufe von der CDU/CSU: Haßtiraden!)
Diese Haltung bedarf keiner weiteren Bewertung. Eine große Zahl von CDU/CSU-Abgeordneten lehnt die Vereinbarung mit Polen ab, weil der – –
(Seiters: Die Haßstrategie von Brandt! – Dr. Jenninger: Sie wollen nur Haß säen, Haß

säen, Haß säen, nichts anderes! – Weitere Zurufe von der CDU/CSU: Haßtiraden! – Abtreten! – Glocke des Präsidenten)
Präsident Frau Renger: Fahren Sie in Ihrer Rede fort.
(Anhaltende Zurufe von der CDU/CSU)
Friedrich (SPD): Eine große Zahl von CDU/CSU-Abgeordneten lehnt die Vereinbarung mit Polen ab, weil der CSU-Vorsitzende Strauß sie ablehnt.
(Seiters: Giftspritzer! – Dr. Jenninger: Nur Haß säen Sie!)
Strauß, der, wenn er nur will, in die verschiedensten Richtungen entscheiden kann, bringt nationalistische Polemik; Gründe nennt er nicht.
(Jäger, Wangen: Wer polemisiert denn hier?)
Das hat seine Ursache in der geistigen Position des von Strauß vertretenen konservativen Nihilismus.
(Lachen bei der CDU/CSU)
Wer genau hinsieht, erkennt, daß das einzig Schöpferische des Abgeordneten Strauß in seinem politischen Leben die ständige Erneuerung der Verneinung ist. Deshalb gibt es in diesem Parlament zwei Gruppen: entweder ist man ein Strauß-Gegner oder sein Mitläufer.
(Beifall bei der SPD und der FDP – Vogel, Ennepetal, CDU/CSU: Schwätzer! – Dr. Hupka, CDU/CSU: Zur Sache! – Dr. Jenninger: Dummes Geschwätz! – Dr. Mertes, Gerolstein: Das ist doch unter Niveau!)
. . .

Zitiert nach: Das Parlament vom 6. Dezember 1975, S. 4

M13 B

Auszüge aus der Bundestagsdebatte über die deutsch-polnischen Vereinbarungen am 26. 11. 1975

Kohl (CDU):
. . .
Aber, meine Damen und Herren, wer über die Werke des Friedens spricht, wer über Versöhnung spricht, der darf Versöhnung nicht nur dann in die Diskussion einbeziehen, wenn es um die Versöhnung nach außen geht; denn Versöhnung unter den Völkern ist nur möglich, wenn die Völker auch im Verhältnis untereinander die einzelnen Gruppen und die einzelnen Meinungen gemäß dem Wesen der politischen Kultur unserer freiheitlichen Demokratie zu Wort kommen zu lassen. Das, Herr Abgeordneter Friedrich, was Sie hier eben gesagt haben, war nicht eine politische Auseinandersetzung,
(Leicht, CDU/CSU: Eine Haßtirade!)
sondern das war der Versuch, Haß in dieses Volk hineinzutragen.
(Beifall bei der CDU/CSU)
Wer gibt Ihnen eigentlich das Recht, angesichts der Geschichte dieser Bundesrepublik seit 1949 einen einzelnen, eine Gruppe oder eine Partei, die anders denken als Sie, pauschal des Entzugs der politischen und nationalen Verantwortung zu bezichtigen?
(Zurufe von der SPD)
Wir haben in diesem Lande in 20 wichtigen Jahren die Hauptverantwortung für diese unsere Bundesrepublik getragen, und niemand hat das Recht, den Patriotismus unserer Gesinnung zu bestreiten, auch Sie nicht, Herr Abgeordneter Friedrich!
(Beifall bei der CDU/CSU – Zuruf des Abg. Leicht)
Es ist Ihre Sache, wenn Sie nun auf allen Ebenen der Politik Selbstgerechtigkeit und Hybris des Anspruchs als Mittel der Politik einführen. Nur, meine Damen und Herren, wir werden nicht hinnehmen, was heute früh auch von dieser Stelle aus geschah, daß

einzelne Gruppen oder Führer von Gruppen pauschal verdächtigt werden und ins Abseits gestellt werden sollen.
(Beifall bei der CDU/CSU – Zurufe von der SPD)
Herr Abgeordneter Friedrich, ich habe noch gut in Erinnerung, welche Äußerungen führende Vertreter der Sozialdemokratischen Partei Deutschlands vor den letzten Bundestagswahlen gegenüber jenen Führern der Vertriebenenverbände hinsichtlich ihrer Arbeit gemacht haben, die Sie hier soeben in einer solchen Form zu charakterisieren beliebten.
(Zuruf von der SPD: Da hat er recht gehabt!)
Ich war vor wenigen Wochen dabei, als der Herr Bundesinnenminister – ich kann nur Wort für Wort unterstützen, was er damals gesagt hat – bei der 25jährigen Wiederkehrfeier der Charta der Vertriebenenverbände in Stuttgart die Leistung der Vertriebenen und auch der Führer der Vertriebenenverbände gewürdigt hat. Die gleichen Männer diffamieren Sie hier in einer gänzlich unerträglichen Weise.
(Beifall bei der CDU/CSU – Zuruf des Abg. Wolfram, Recklinghausen, SPD)
Ich rate Ihnen, Herr Abgeordneter Friedrich, Sie sollten weniger die Heilige Schrift – ob das Alte Testament oder das Neue Testament – im Munde führen, sondern darüber nachdenken, welche Bemerkungen Sie hier in diesem Zusammenhang gemacht haben.
(Beifall bei der CDU/CSU)
Wer sind Sie eigentlich, Herr Abgeordneter Friedrich,
(Zuruf von der SPD: Wer sind Sie denn!)
daß Sie den Kollegen Strauß oder auch mich hier öffentlich auf unsere moralisch-ethische Position ansprechen!
(Beifall bei der CDU/CSU – Dr. Ehrenberg, SPD: Sind Sie sakrosankt oder wie? – Weitere Zurufe von der SPD)
Woher nehmen Sie eigentlich das Recht, woher nehmen Sie die Kompetenz und woher nehmen Sie die Legitimation,
(Seiters, CDU/CSU: Von Brandt!)
gegenüber einem Manne wie Franz Josef Strauß die Behauptung eines —
(Anhaltende Zurufe von der SPD)
– Meine Damen und Herren, das weiß ich: Wenn die Argumente nicht mehr ausreichen, dann schreien Sie. Das ist dann Ihr Beitrag.
(Beifall bei der CDU/CSU – Zurufe von der SPD)
Herr Abgeordneter Friedrich, ich muß Sie fragen, ernsthaft fragen – ich will Ihnen dabei nicht zu nahe treten –, ob Sie wirklich wissen, was Sie sagen, wenn sie einem Mitglied dieses Hauses, einem Mann, der seinen Beitrag, wie immer Sie ihn beurteilen mögen, zur deutschen Politik geleistet hat, hier ganz primitiv konservativen Nihilismus unterstellen.
(Zurufe von der SPD)
Ich fürchte, Sie wissen gar nicht,
(Dr. Marx, CDU/CSU: Er ist zu dumm dazu!)
wovon Sie reden.
(Beifall bei der CDU/CSU)
. . .

Zitiert nach: Das Parlament vom 6. Dezember 1975, S. 5

M14 A

Totenehrung

Bundeskanzler Brandt vor dem Ehrenmal im ehemaligen Warschauer Getto (1970)

Aus: Der Spiegel Nr. 51 vom 7. Dezember 1970, S. 29

M14 B

Kniefall angemessen oder übertrieben?

Spiegel-Umfrage über Willy Brandts Totenehrung am Ehrenmal im früheren Warschauer Getto

Fast jede Zeitung in der Bundesrepublik brachte das Bild des knienden Kanzlers. Aber fast keine Zeitung schrieb dazu einen Kommentar.
Es gibt keine veröffentlichte Meinung darüber, ob Willy Brandts Ehrung der Toten im ehemaligen Warschauer Getto angemessen oder übertrieben war. Aber es gibt nur wenige Bundesbürger, die nicht irgendwo, irgendwann und irgendwem ihre Ansicht hierüber gesagt haben. Der Kniefall des deutschen Regierungschefs war, so scheint es, das heimliche Thema der Woche.
Die Volksmeinung, die nicht laut wurde, ließ der Spiegel vom Allensbacher Institut für Demoskopie mit einer Blitzumfrage erforschen. Telegraphisch hatten 125 Interviewer in 103 Orten die Fragen erhalten und die Antworten geschickt.
Befragt wurden 500 Bundesbürger, repräsentativ für 46 Millionen über 16 Jahre. Wie sonst bei umfangreichen Umfragen schwärmte die Interviewer-Hundertschaft aus, um zwei Fragen zu stellen.
Für das Urteil über Brandts Totenehrung in Warschau ist die Haltung gegenüber Polen und seiner Westgrenze nur ein Kriterium von mehreren. Bis ins Religiöse hinein wurden Emotionen geweckt, als das Brandt-Bild aus dem ehemaligen Getto die Schatten der Vergangenheit heraufbeschwor.

Nicht allen geht es darum, wie tief deutsche Schuld noch immer beugen muß oder wie erhaben über fremdes Leid die Landsleute Himmlers und Heydrichs sein dürfen. Viele erinnern den wie ein Katholik knienden evangelischen Kanzler an religiöse Riten, die seit Jahrhunderten Protestanten von Katholiken scheiden.
Deutsche Schuld und katholischer Brauch, polnische Grenze und jüdisches Leid: Jede dieser Fragen polarisiert die Ansichten unter den Deutschen. Zwar ist, wie viele Umfragen erhärten, die Mehrheit zumeist bemüht, Lehren aus der Vergangenheit zu ziehen. Doch unmeßbar sind die Emotionen, die jedes dieser Themen und nun, multipliziert, das Bild Brandts vor dem Getto-Denkmal wecken.
Sicher ist, daß der kniende Kanzler für seine Landsleute das Bild des Jahres bot. Die Allensbacher Interviewer fragten: „Haben Sie im Fernsehen gesehen oder in der Zeitung gelesen, daß Bundeskanzler Brandt in Warschau vor dem Denkmal für die ermordeten Juden im Getto niedergekniet ist?" 84 Prozent der Befragten bejahten diese Frage – weit mehr, als zum Beispiel 1967 die Trauerfeier für Konrad Adenauer sahen (70 Prozent). Von den Männern ist nur jeder zehnte nicht informiert, von den Frauen jede fünfte.

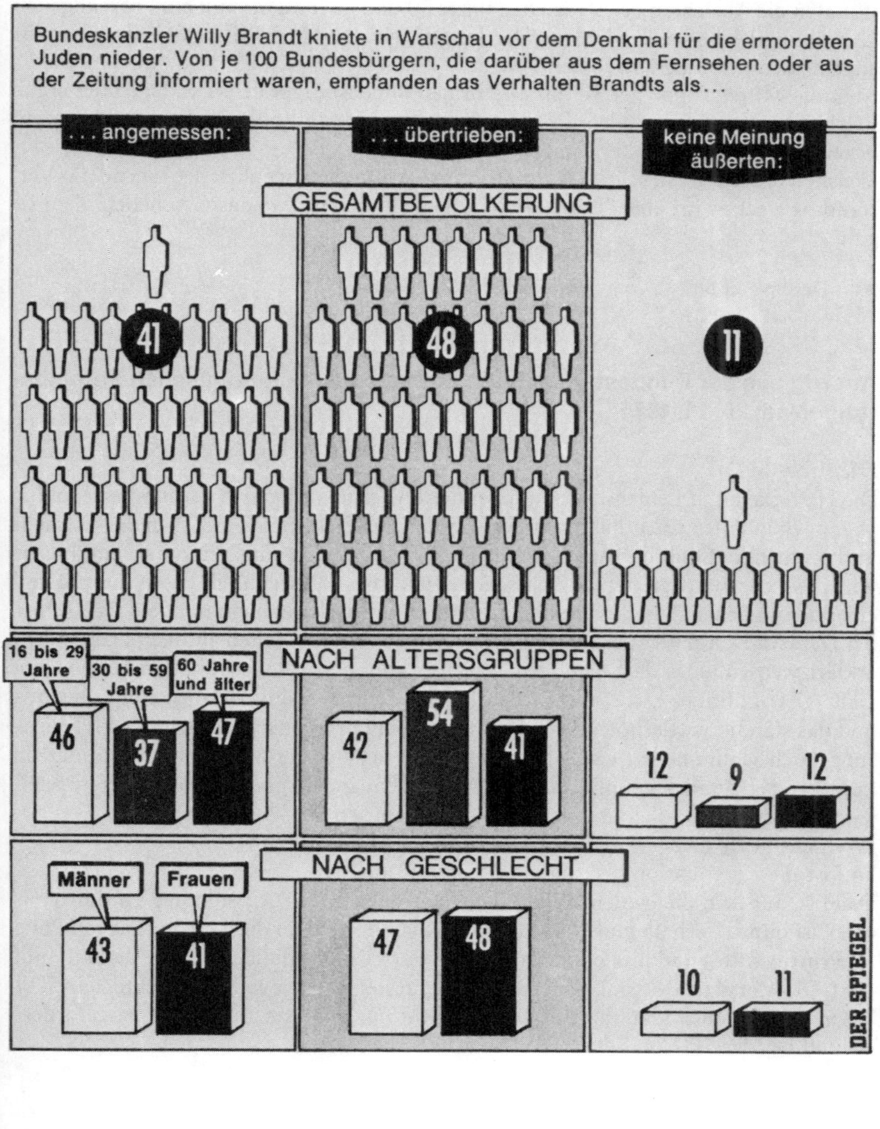

Wie sehr das Warschauer Photo die Gefühle der Deutschen bewegt hat, zeigt die relativ kleine Zahl derer, die zwar den knienden Brandt gesehen, aber die Frage nicht beantwortet haben: „Wie empfanden Sie das Verhalten von Willy Brandt – als angemessen oder als übertrieben?“ Von den Befragten, die das Photo gesehen haben, wollten oder konnten darauf nur elf Prozent nicht antworten.
Hauptergebnis der Spiegel-Umfrage: Für angemessen halten das Verhalten Brandts am Getto-Ehrenmal 41 Prozent der Befragten, als übertrieben bezeichnen es 48 Prozent. Werden die Befragten nach ihrer Konfession aufgeteilt, so ergeben sich – vermutlich als Folge des Lebens fern der Kirche, das heutzutage die meisten führen – keine allzu großen Unterschiede zwischen katholischen und evangelischen Bundesbürgern. Für angemessen halten 39 Prozent der Katholiken und 43 Prozent der Protestanten das Verhalten Brandts, für übertrieben jeweils knapp die Hälfte der einen wie der anderen (48 und 49 Prozent). Unter den Katholiken ist lediglich die Zahl derer größer, die sich nicht äußern wollten.
Obwohl das Thema gefühlsbetont ist, weichen die Ansichten der Frauen kaum von denen der Männer ab. Erheblich aber differieren die Meinungen je nach Alter. Zwar stimmen die Ansichten der Deutschen unter 30 und über 60 fast auf ein Prozent genau überein, und jeweils die Mehrheit der Jungen wie der Alten hält das Niederknien für angemessen (46 und 47 Prozent).
Aber die Mittelgruppe der 30- bis 59jährigen Bundesbürger denkt anders. Hier ergab sich bei der Auswertung der Spiegel-Umfrage die einzige absolute Mehrheit: 54 Prozent bezeichneten das Verhalten Brandts als übertrieben.
Weisheit des Alters, so scheint es, kann ebenso wie Unbefangenheit der Jugend das Verständnis wecken für eine Geste, die so ungewöhnlich ist wie das Geschehen, dem sie galt.

Aus: Der Spiegel Nr. 51 vom 7. Dezember 1970, S. 27

M15 A

Auszug aus der Bundestagsdebatte über die deutsch-polnischen Vereinbarungen am 26. 11. 1975

Friedrich (SPD):
Die Heftigkeit und Leidenschaft, mit der diese Vereinbarungen in der Bundesrepublik, aber auch in Polen öffentlich diskutiert werden, lassen keinen Zweifel an der Tatsache aufkommen, daß mit der Abstimmung über diese Verträge auch darüber entschieden wird, wie die Bundesrepublik Deutschland und die Volksrepublik Polen künftig miteinander umgehen. Soll der überlieferte Satz: Der Pole kann nicht mit dem Deutschen, der Deutsche kann nicht mit dem Polen, zu einem für alle Zeiten gültigen Naturgesetz erklärt werden? Das darf nicht sein. Aber es könnte fortdauern, hätten bei uns jene CDU/CSU-Politiker recht, die zu den letzten deutsch-polnischen Vereinbarungen – und das ständig wiederholend – nur zu sagen wußten: Menschenhandel durch Erpressung, auch Schlimmeres; was auf der Gegenseite in Polen den Vorwurf auslöste, daß die Politiker der Bundesrepublik, die von Menschenhandel sprechen, nicht bereit seien, jene zu verurteilen, die die Polen in die Krematorien getrieben haben.
(Wehner, SPD: Leider wahr!)
So löst die Provokation den anderen Vorwurf aus.
Das Eis, auf dem die beiden Völker die ersten Schritte zur Aussöhnung zu tun versuchen, ist dünn. Deshalb muß, wer von sich behauptet, daß er die Aussöhnung mit Polen im Prinzip will – und dies erklären alle drei Parteien des Bundestages –, deshalb muß der CDU-Vorsitzende Kohl, der ein prinzipienfester Kanzler werden möchte, sein Wollen in der Tat auch glaubhaft beweisen. Nicht nur das Prinzip, die Tat ist gefordert.
(Beifall bei der SPD und der FDP)

Die Bundestagsfraktion der SPD, die soziallliberale Koalition weigern sich, davon auszugehen, das polnische und das deutsche Volk seien von der Geschichte auserwählt, als ständige Feinde und unfähig zu gegenseitiger Freundschaft nebeneinander, Grenze an Grenze, dahinzuleben.
(Dr. Mertes, Gerolstein, CDU/CSU: Wer sagt das denn?)
Das wäre verhängnisvoll für beide Völker. Es hat ihnen Elend und Krieg, es hat den einen millionenfachen Tod und den anderen millionenfache Vertreibung gebracht, auch das, was dies alles wieder neu erzeugt, nämlich Haß und blindwütigen Chauvinismus. Es war verhängnisvoll, daß es in der Politik der beiden Staaten, aber auch im Denken der Völker selbst zu lange dominierende Kräfte gegeben hat, die sich nur allzu willig der Überzeugung einer unauslösbaren Feindschaft zwischen Polen und Deutschland hingegeben haben,
(Beifall bei der SPD und der FDP)
mit dem einen, aber doch wohl wesentlichen Unterschied, daß von der Teilung Polens, eines Staates, der damals von der Ostsee bis zum Schwarzen Meer reichte, von 1772 an bis zum Untergang Warschaus 1944 die Deutschen, wir, die Mächtigeren, die Stärkeren waren. Ein deutscher Fürst, Friedrich II., war es, der den Anstoß zur Teilung Polens gab. Himmler gab 1943 den Befehl zur Vernichtung des Warschauer Gettos und Hitler ein Jahr später den zur Zerstörung Warschaus.
(Dr. Mertens: Vorher war es der deutsch-sowjetische Vertrag von 1939!)
Als bleibende Denkmäler – davon muß heute in diesem Hause gesprochen werden – ließ das nationalsozialistische Deutschland die Vernichtungslager von Auschwitz und andere Konzentrationslager in Polen zurück.
Es wäre eine für unser Volk gefährliche Selbsttäuschung, zu meinen, dies dürfte allen Betroffenen heute nur noch Historie sein. . .
Wer genau hinsieht, wem das Wort von der Wichtigkeit der deutsch-polnischen Aussöhnung nicht als bequem-gängige Floskel über die Lippen geht, der erkennt, daß die Kluft zwischen Polen und Deutschen zumindest genauso tief ist wie zwischen Deutschen und Juden; denn in Polen war die Vernichtung des einzelnen verbunden mit der geplanten Vernichtung einer jahrhundertealten staatlichen Existenz, die nach dem Willen Hitlers nie wieder entstehen sollte. Deshalb als erste Maßnahme die planmäßige Ausrottung der polnischen Intelligenz.
Hier soll keine einseitige Rechnung eröffnet werden. Als das Pendel der Macht am Ende des Zweiten Weltkrieges zurückschlug, als die Deutschen die Unterlegenen und die Polen auf der anderen Seite die Stärkeren und die Sieger waren, als Polen dann seine staatliche Einheit in neuen Grenzen auf bis dahin deutschem Boden suchte, haben Millionen Deutsche für die 177 Jahre andauernde Vergewaltigung büßen müssen: durch Tod, durch Vertreibung, durch Verlust der Heimat, durch Verlust ihres Vermögens, auch durch den Zwang, als Minderheit in einem fremden Volke leben zu müssen.
Wer angesichts dieser Wirklichkeit den Mut hat, über die deutsch-polnische Aussöhnung zu sprechen, fasse dieses Gebirge aus Gewalt und Brutalität, aus Menschenopfer und mißhandelten Menschen, aus Rassenhaß und aus Völkerhaß fest ins Auge. Dieses Gebirge abzutragen, verlangt Mut und Geduld, fordert Hoffnung und Verantwortung, zugleich am Anfang auch um Vergebung bittende Demut von der Art, wie sie Bundeskanzler Willy Brandt den Opfern des Warschauer Gettos kniend erwiesen hat.
(Beifall bei der SPD – Dr. Jenninger CDU/CSU: „Sicherheitsrisiko"!)
Dieses Gebirge der bitteren Erfahrungen und der schlimmen Vorurteile ganz abzutragen, wird die Arbeit von Generationen verlangen. Das Werk der Aussöhnung wird nur gelingen, wenn beide Völker es wollen und wenn sie beide behutsam dafür arbeiten. Das nenne ich die Aufgabe deutscher Polen-Politik.
(Beifall bei der SPD und der FDP)

Zitiert nach: Das Parlament vom 6. Dezember 1975, S. 5

M15 B **Auszug aus der Bundestagsdebatte über die deutsch-polnischen Vereinbarungen am 26. 11. 1975**

Kohl (CDU):

. . . .

Meine Damen und Herren, nun zum eigentlichen Thema.

(Lachen und Zurufe bei der SPD)

– Ich weiß, meine Damen und Herren, daß Sie groß sind in der Verleumdung anderer, aber sehr schwach im Entgegennehmen einer ganz natürlichen Reaktion auf diese Ihre Verteufelungspolitik.

(Beifall bei der CDU/CSU)

Meine Damen und Herren, wer die Rede des Herrn Bundesaußenministers heute früh, auch die im Bundesrat, aufmerksam gehört oder gelesen hat, der hat einen weiteren Beweis dafür erhalten, daß die vorliegende deutsch-polnische Vereinbarung ein beredtes Dokument der verfehlten Ostpolitik der Bundesregierung seit 1970 ist.

(Sehr gut! bei der CDU/CSU)

Den Beweis für diese Tendenz kann niemand besser antreten als die Bundesregierung selbst. Allzusehr gleichen sich die Argumente für die Vereinbarung von heute und die vom Dezember 1970, als der Vertrag von Warschau unterzeichnet wurde. Wieder einmal heißt es, Herr Bundesaußenminister, daß die Verhandlungsergebnisse dem Ziel dienen, die deutsch-polnischen Beziehungen von Belastungen aus der Vergangenheit zu befreien. Am 7. Dezember 1970 hatte der damalige Bundeskanzler Brandt über alle Rundfunk- und Fernsehstationen der Bundesrepublik dem deutschen Volk erklärt: Der Vertrag von Warschau soll einen Schlußstrich setzen unter Leiden und Opfer einer bösen Vergangenheit. Er fuhr dann fort, daß dieser Vertrag „den Weg dafür öffnen soll, daß getrennte Familien wieder zusammenfinden können. Und daß Grenzen weniger trennen als bisher."

Meine Damen und Herren, Millionen unserer Mitbürger haben doch die Diskussion um den Vertrag von Warschau, auch die tiefen geschichtlichen Einschnitte, die dieser Vertrag bedeutet, so verstanden, wie es der damalige Bundeskanzler selbst formuliert hat: als einen Schlußstrich. Wenn deutsche Sprache noch deutsche Sprache ist, ist doch „Schlußstrich" der Begriff für etwas Abschließendes im Vorgang des Lebens eines Volkes.

(Beifall bei der CDU/CSU)

Mit keinem Wort wurden damals zahlenmäßige Beschränkungen erwähnt.

(Dr. Carstens, Fehmarn: So ist es!)

Im Gegenteil, die Bundesregierung sprach von der polnischen Versicherung, daß die auf Grund der derzeit den polnischen Behörden vorliegenden Unterlagen genannten Ziffern keine obere Begrenzung der Umsiedlungsmöglichkeiten bedeuten sollen.

(Dr. Marx: Sehr wahr! – Dr. Mertes, Gerolstein: Genauso war es!)

Meine Damen und Herren, das sind doch keine Erfindungen von uns, das sind Ihre eigenen Äußerungen,

(Dr. Marx: Vor dem Bundestag!)

die Sie jetzt fünf Jahre danach einfach nicht wahrhaben wollen.

(Beifall der CDU/CSU)

Das Ergebnis waren 58 000 Deutsche, die seit 1970 Polen verlassen durften. Die polnische Regierung hat dann wiederholt erklärt, daß sie damit ihre Zusage im Rahmen der „Information" voll erfüllt habe. Heute, meine Damen und Herren, nach vier Jahren, liegt ein neues Abkommen vor, das 125 000 Deutschen die Umsiedlung ermöglichen soll. Aber auch dieses Abkommen – das muß deutlich ausgesprochen werden – enthält keine endgültige Regelung. Erneut muß die Bundesregierung erklären, daß sie „es lieber gesehen hätten, wenn sie mit dem Ausreiseprotokoll" – ich zitiere Sie gerade, Herr Kollege Genscher – „eine endgültige Erledigung aller Ausreisewünsche in einem festgesetz-

ten Zeitraum hätte vereinbaren können". Dieses Eingeständnis ist hier gemacht worden. Nur, es nützt den betroffenen Deutschen in Polen wenig.
Wir können nur feststellen, daß auch die neuen Vereinbarungen noch immer keinen Schlußstrich unter die ungelösten Probleme der Vergangenheit bedeuten. Obwohl die Bundesregierung erneut erhebliche Leistungen gegenüber der polnischen Regierung erbringt, werden wir auch in Zukunft mit den gleichen ungelösten Problemen zu tun haben. Und nach all den Erfahrungen seit 1970 ist man kein Prophet, wenn man sagt, daß dies zu neuen Belastungen im deutsch-polnischen Verhältnis führen wird.
(Beifall bei der CDU/CSU)
Vergleicht man die Ergebnisse von heute mit den Erklärungen und Ankündigungen der Bundesregierung von 1970, so bleibt eben nur der eine Schluß möglich, daß die Bundesregierung und der Bundeskanzler des Jahres 1970 – das muß hier ausgesprochen werden – das deutsche Volk getäuscht haben.
(Beifall bei der CDU/CSU)
Sie haben Erwartungen und Hoffnungen geweckt,
(Dr. Marx: Propaganda gemacht!)
die zu keinem Zeitpunkt den wirklichen Ergebnissen dieser Politik entsprochen haben. Nur fünf Jahre später müssen neue Leistungen für Ergebnisse erbracht werden, die nach der Aussage des damaligen Bundeskanzlers Brandt schon 1970 hätten erreicht sein sollen.
(Sehr wahr! bei der CDU/CSU)
Wenn überhaupt etwas, dann beweist dieser Vorgang, wie berechtigt der Vorwurf in jenen Jahren war, daß diese Verträge mit einer ungewöhnlichen Leichtfertigkeit ausgehandelt wurden.
(Beifall bei der CDU/CSU)
Er beweist auch die These, daß selbst gesetzter, aus innenpolitischen Gründen verfügter Zeitdruck zu schlechten Texten führen muß und daß ein Dissens im Text immer auch den Weg für neue Spannungen öffnet. Er beweist, daß die Bundesregierung – aus welchen Gründen auch immer – die polnische Beurteilung des Vertrages von 1970 nicht zur Kenntnis nahm oder nicht zur Kenntnis nehmen wollte.
Die Vereinbarungen von heute sind die Konsequenz der schlechten Vertragspolitik von 1970. Die Bundesregierung hat aber aus den Fehlern von damals nichts gelernt, sondern ist dabei, diese Fehler fortzusetzen.
(Dr. Carstens, Fehmarn: Sehr richtig! – Jäger, Wangen, CDU/CSU: So ist es!)
Ich will dazu eine ganz und gar ungewöhnliche Stimme zitieren: „Damals, in den Jahren 1970, 1971, 1972, folgte eine Periode der Euphorie und der Begeisterung, die, wie es sich erweist, keine Deckung mit der Wirklichkeit gefunden hat. Später begannen Tauziehen und Kuhhandel." Der das sagte, ist – auch aus Ihrer Sicht – kein kalter Krieger, sondern einer der Chefkommentatoren von Radio Warschau. Gesprochen wurde dies im Juni dieses Jahres im Blick zurück auf die letzten fünf Jahre.
Das ist beispielhaft für die Periode der deutsch-polnischen Beziehungen seit 1970; denn diese Periode war auf Grund von unterschiedlichen Erwartungen der Vertragspartner von neuen Enttäuschungen und Spannungen geprägt. Die polnische Regierung hatte in dem Vertrag von Anfang an nur die Grundlage gesehen, auf der die bestehenden Probleme erst noch gelöst werden sollten. Dieser Beurteilung stand die entgegengesetzte Wertung der Bundesregierung gegenüber. Auf die höchst nachteiligen Folgen der Mehrdeutigkeit der Verträge haben wir seitens der CDU/CSU im Bundestag und Bundesrat immer wieder hingewiesen.
(Beifall bei der CDU/CSU)
Diese Auslegung setzt sich ja fort bis hin zur Frage der Oder-Neiße-Grenze. Die gemeinsame Entschließung aller im Bundestag vertretenen Parteien vom 17. Mai 1972, in der unmißverständlich festgestellt wurde, daß der Vertrag mit Polen keine Rechtsgrundlage für die heute bestehenden Grenzen schaffe, wird ja aus Gründen dieses Dis-

senses vom Vertragspartner, von der polnischen Regierung, bis heute entschieden abgelehnt. Ja, wir müssen sogar fragen, ob unser Gesprächspartner in Polen hinreichend informiert ist. Ich frage dies, meine Damen und Herren, weil es doch unerträglich ist...

Zitiert nach: Das Parlament vom 6. Dezember 1975, S. 5.

M15 C Auszug aus der Bundestagsdebatte über die deutsch-polnischen Vereinbarungen am 26. 11. 1975

Mischnick (FDP)
„Wenn wir den Sinn des Vertrages in der Aussöhnung mit Polen sehen, dann müssen wir uns im klaren darüber sein, daß es mehr auf das Verhalten der Deutschen als auf den Wortlaut des Vertrages ankommt."
Dies hat der, wie ich meine, auch sicherlich bei der CDU hochangesehene Publizist Klaus Mehnert als Mahnung im November 1970 geschrieben, als der „Vertrag zwischen der Bundesrepublik Deutschland und der Volksrepublik Polen über die Grundlagen der Normalisierung ihrer gegenseitigen Beziehungen" zur Diskussion stand. Klaus Mehnert, der sich ausdrücklich als „patriotischer Deutscher" bezeichnete, warnte vor wilden Reden, warnte vor erbitterten Kämpfen gegen den Vertrag und warnte vor einer lediglich knappen Mehrheit im Deutschen Bundestag für das Vertragswerk. Seine Warnung war damals leider vergebens.
Es wurden damals wie heute Emotionen geschürt; das ist heute früh wieder der Fall gewesen. Es wurde von der Opposition gegen diese Verträge, ganz gleich, wo und wie sie organisiert waren, kleinlich hin und her taktiert, und es wurde die Chance verspielt, durch eine eindrucksvolle Mehrheit im Deutschen Bundestag den doch von allen Parteien immer wieder beschworenen Willen zur Aussöhnung mit dem polnischen Volk auch in weitgehender Geschlossenheit zu manifestieren.
Der bisherige Verlauf der Debatte und vor allen Dingen die Entwicklung der vergangenen Wochen nähren die Befürchtung, daß erneut eine Chance vertan wird, daß gerade noch das Notwendigste gerettet werden kann. Die Ursache dafür, meine sehr verehrten Damen und Herren, ist doch nicht zuletzt in dem von der CDU/CSU sorgsam gepflegten Mißverständnis zu suchen, daß die Politik der Entspannung – in diesem Fall speziell die Aussöhnung mit Polen – der rechte Stoff für innenpolitische Kontroversen sei. Dieser grundlegende Irrtum, der durch die unionsinternen Machtkämpfe noch zusätzliche Nahrung erhält, macht die Diskussion doch so schwer.
Dieses alles läßt das Signal über die deutsch-polnische Grenze hinweg eben nicht so deutlich ausfallen, wie es sein könnte und in unser aller Interesse sein müßte. Ich weiß nicht, ob die Verantwortlichen in CDU und CSU das nicht sehen wollen oder nicht sehen können. Beides spräche gegen sie.
(Wehner, SPD: Sehr wahr!)
Ich stelle für die Freien Demokraten unmißverständlich fest: Wir wollen die Aussöhnung und die Verständigung mit Polen, und wir setzen diesen Willen auch in praktische Entscheidungen um; darauf kommt es an.
(Beifall bei der FDP und der SPD)
Meine Damen und Herren, die Haltung „Alles oder nichts" ist unpolitisch. Das Warten auf ein besseres Morgen hat doch die Deutschland- und die Ostpolitik immer nur zu einer Verschlechterung ihrer Position gebracht.
(Dr. Mertes, Gerolstein, CDU/CSU: Wer sagt denn das?)
Die Zeit während der Hauptverantwortung der CDU/CSU-geführten Regierung hat eben nicht für uns, sondern gegen uns gearbeitet. Heute brächte uns Zuwarten auch nicht weiter, sondern nur in schwierigere Positionen. Das ist doch ein Tatbestand.

(Beifall bei der FDP und der SPD – Dr. Mertes, Gerolstein, CDU/CSU: Sie argumentieren gegen ein Gespenst!)
Wir sollten doch nicht vergessen, daß eine ähnliche Diskussion, wie wir sie hier führen, auch in Polen geführt wird. Die Probe auf die Fähigkeit zum fairen Interessenausgleich mußte und muß hüben wie drüben jetzt durchgestanden werden. Niemand in diesem Hause sollte so tun, als ob hier nur einseitige Leistungen erbracht würden. Niemand sollte so tun, als ob die Ausreise von mehr als 120 000 Menschen aus Polen für diesen Staat so einfach wäre. Und niemand sollte so tun, als ob es keine leidvolle deutsch-polnische Vergangenheit zu bewältigen gilt, zu überwinden gilt, die doch für uns alle eine moralische Herausforderung darstellt.
Als der deutsch-polnische Vertrag unterzeichnet wurde, schrieb die „Wiener Kronen-Zeitung" – ich zitiere -:

> Kämpfen und töten, beherrschen und morden, hassen und rächen und wieder töten – diese Vokabeln dienten allzu lange zur sogenannten Verständigung zwischen Deutschen und Polen. Unzählige Menschen verloren Leben oder Heimat. Sie litten und starben, egal in welcher Sprache ihre letzten Worte geflüstert wurden.

(Dr. Mertes, Gerolstein, CDU/CSU: Das ist allgemein bekannt!)
Nur der Haß, der starb nicht.
Wir haben uns zum Ziel gesetzt, diesen Haß zu überwinden.
(Dr. Mertes. Gerolstein, CDU/CSU: Das haben wir doch alle gemacht!)
Wir haben es uns zur Aufgabe gemacht, die in der Vergangenheit aufgerissenen Abgründe zu überbrücken und einander näherzukommen.
(Dr. Mertes, Gerolstein, CDU/CSU: Das haben wir doch alle getan, Herr Kollege, und nicht nur Sie!)
– Ich spreche im Augenblick von „wir". Ob wir von der Koalition dies alleine sind, wird sich bei den Entscheidungen ja erweisen.
(Beifall bei der FDP und der SPD)
Das ist ein Gebot der Moral, der Menschlichkeit wie auch der politischen Vernunft. Aber, Herr Kollege Mertes, es genügt eben nicht, nur Worte zu machen, nur zu reden.
(Dr. Mertes, Gerolstein, CDU/CSU:Man muß doch über die Qualität von Verträgen diskutieren können!)
– Aber natürlich kann man über die Verträge diskutieren. Aber wenn man schon die Fraktion, bevor überhaupt in den Ausschüssen diskutiert wird, auf eine einheitliche Haltung einschwört, damit ja niemand ausbricht, so zeigt das doch, was Sie von der Diskussion halten. Das ist doch der Punkt.
(Beifall bei der FDP und der SPD)

Zitiert nach: Das Parlament vom 6. Dezember 1975, S. 9

SEQUENZ 2

„Feindschaft"

Deutsch-polnische Beziehungen 1939–1945
Deutsch-polnische Beziehungen 1945–1950

Die Auseinandersetzungen um eine vertragliche Veränderung der Beziehungen zwischen der Bundesrepublik Deutschland und der Volksrepublik Polen werden in ihrer Bedeutung für Schüler kaum verstehbar, wenn ihnen das große Ausmaß an Inhumanität unbekannt bleibt, das diese Beziehungen von 1939 bis 1945 und – dadurch ausgelöst – von 1945 bis 1950 bestimmte. (Die Angaben der Jahreszahlen sind als Notbehelf zu sehen: sie geben ungefähr die Zeiträume an, für die Materialien vorgelegt werden. Darüber hinaus enthalten die Unterrichtsmaterialien auch Angaben, die nicht eindeutig

diesem zeitlichen Rahmen eingepaßt werden können.) Die Einbeziehung von „Geschichte" zum Verständnis gegenwärtiger Problemsituationen ist bei unserer Themenstellung selbstverständlich. Allerdings mag die Beschränkung auf nur einen – den jüngsten – Abschnitt der Vergangenheit bei der Vielzahl historischer Berührungspunkte in der langen gemeinsamen „Geschichte" der beiden Staaten willkürlich erscheinen. Wenn aber hier auf eine umfassende Aufarbeitung der Geschichte der deutsch-polnischen Beziehungen verzichtet wird, so nicht nur deshalb, weil dies den Rahmen des vorliegenden Heftes sprengen würde, sondern auch weil ganz bestimmte Fragestellungen (vgl. Sequenz 4: Historische Argumente zur Begründung von Gebietsansprüchen) die Auseinandersetzung speziell mit der jüngsten Geschichte dieser Beziehungen rechtfertigen. Die Thematisierung der Funktion dieser Beziehungen ist aktuell. Schließlich kann darauf hingewiesen werden, daß die Auseinandersetzungen zwischen Polen und Deutschen gerade im gewählten Zeitraum in einem erheblichen Ausmaß von „Erinnerung" bestimmt waren. Die innenpolitischen Auseinandersetzungen um die 1970 geschlossenen Verträge und um die späteren Vereinbarungen sind kaum verständlich, wenn die Erinnerung an jene mit viel Inhumanität ausgetragene „Feindschaft" nicht einbezogen würde, nicht zuletzt, um auch die Zielsetzung und den Sinn dieser Verträge und Vereinbarungen plausibel machen zu können. Hinzu kommt als ein weiteres Argument, daß noch heute in beiden Staaten von dieser „jüngsten" Geschichte Betroffene leben, bzw. daß Erinnerungen an sie noch lebendig sind und Voreinstellungen und Argumente in der gegenwärtigen Diskussion wesentlich mitbestimmen.
Die Zweiteilung des von „Feindschaft" geprägten Zeitraums durch die Zäsur 1945 geschieht nicht mit der Zielsetzung einer Aufrechnung gegenseitiger Inhumanität. Vielmehr soll für die Schüler klar sichtbar werden, daß – bestimmt von Rassen- und Völkerhaß – am Anfang des hier gewählten Zeitraums der von deutscher Seite staatlich organisierte Völkermord stand, dem auf polnischer Seite rächende Übergriffe und Zwangsumsiedlung folgten. Nicht die zeitliche Abfolge für sich ist relevant, sondern vor allem die von seiten des faschistischen deutschen Staates begonnene, planmäßig und bewußt durchgeführte Vernichtung.
Sollen Lernende zur Einsicht gelangen, daß es notwendig ist, Möglichkeiten und Bedingungen für Inhumanität in den deutsch-polnischen Beziehungen abzubauen, so kann dies nicht durch Verschweigen gewaltsamer, brutaler Handlungen oder durch Klittern der historischen Ereignisse geschehen, sondern nur in ihrer Offenlegung und Aufarbeitung. Dabei wird in Kauf genommen werden müssen, daß die entsprechenden Texte und Berichte oftmals von schockierender „Anschaulichkeit" sind. Möglichen Emotionen durch rationale Aufarbeitung zu begegnen und die Lerngruppe zu vernunftgelenkten Entscheidungen zu führen, ist eine der wesentlichen Perspektiven dieser Sequenz.

Die Materialien (M2)

Für den Zeitraum 1939–1945

1A Grundsätze und Vorstellungen für Maßnahmen in den von Deutschen 1939/1940 eroberten Ostgebieten: Auszug aus Himmlers Denkschrift über die Behandlung der Fremdvölkischen im Osten (1940)
1B Grundsätze und Vorstellungen für Maßnahmen in den von Deutschen 1939/1940 eroberten Ostgebieten: Auszug aus Bormanns Notizen (1940)
2 Deutscher Angriffskrieg und Verbrechen in Polen
3 Zuzug von Deutschen auf polnische Gebiete unter deutscher Okkupation 1939–1944 (Skizze)
4 Zehn Gebote für polnische Arbeiter (1940)
5 Das Ausmaß der nationalsozialistischen Verbrechen in Polen

Für den Zeitraum 1945–1950

6 Manifest des Polnischen Komitees der Nationalen Befreiung vom 22. Juli 1944
7A Zwangsumsiedlungen: Erlebnisberichte der E.D. aus Rützow in Pommern
7B Zwangsumsiedlungen: Erlebnisbericht der Frau Isabella von Eck, Rittergut Birkholz, in Brandenburg
8 Flüchtlingstrecks auf dem Weg nach Westen (Bilder)
9 Vertreibung und Flucht der Deutschen aus ihren Heimatgebieten (Karte)
10 Polen und Deutsche 1945–1950
11 Die Verluste der deutschen Zivilbevölkerung östlich der Oder-Neiße

Überlegungen zum Einsatz der Materialien

Ausgehend von den rassistischen Vorstellungen (M2 1A und M2 1B) können die an ihnen orientierten Verbrechen in Polen (M2 2), die Zwangs- „Besiedlung" polnischer Gebiete durch Deutsche (M2 3) und die Behandlung polnischer Arbeiter in Deutschland (M2 4) nacheinander verdeutlicht werden. Sprache und Schilderung dieser Materialien zeichnen sich durch ein hohes Maß an Anschaulichkeit aus, so daß die Ungeheuerlichkeit der nationalsozialistischen Eroberungspolitik und ihre Unvereinbarkeit mit allen menschlichen Grundrechten offensichtlich wird. Nach Möglichkeit sollten die rassistisch orientierten Maßnahmen von den ökonomisch motivierten unterschieden, jedoch auch über ihren Zusammenhang nachgedacht werden. In Sequenz 3 wird der ökonomische Aspekt noch einmal gesondert aufgegriffen. M2 5 dokumentiert abschließend das Ausmaß der von Deutschen begangenen Verbrechen in Polen.
Die Materialien, die die von polnischer Seite in Verbindung mit den Zwangsumsiedlungen nach 1945 erfolgten Übergriffe dokumentieren sollen, stellen eingangs das oft zitierte „Manifest des Polnischen Komitees der Nationalen Befreiung" (M2 6) vor, in dem sowohl die von Vergeltungsabsicht geprägten Handlungen der späteren Jahre als auch bestimmte Vorstellungen vom Wiederaufbau im wiedererrichteten Staat und von den neuen Grenzen Polens angelegt sind. Augenzeugenberichte (M2 7A und M2 7B) , Bilder von Flüchtlingstrecks (M2 8), eine Karte (M2 9) und zwei zusammenfassende Darstellungen einschließlich einer tabellarischen Übersicht über das Ausmaß der deutscherseits erlittenen Verluste (M2 11) sollen ein Bild über die Ereignisse dieser Jahre vermitteln. Auch hier bietet sich die Behandlung der Materialien in der angegebenen Reihenfolge an; sie ist aber keineswegs verbindlich.
Eine nationale „Identifikation" – deutsche Schüler identifizieren sich mit deutschen Vertriebenen – kann bei der Anschaulichkeit der Materialien nicht ausgeschlossen werden. Da andererseits für polnische Schüler eine vergleichbare Identifikation mit den Leiden der Polen (belegt in M2 1A bis M2 5) unterstellt werden kann, könnte deutlich werden, daß solche vordergründigen Identifikationen lediglich zu einer Wiederholung wechselseitiger Aufrechnungen führen, die die Unterschiedlichkeit der Motive bei vergleichbaren Phänomenen (Leiden der polnischen Bevölkerung, Leiden der deutschen Bevölkerung) verwischen. Diese *Unterschiedlichkeit der Motive* herauszuarbeiten, nicht das Bilanzieren wechselseitig begangenen Unrechts, soll als Ergebnis des Lernprozesses angestrebt werden.

Grundsätze und Vorstellungen für Maßnahmen in den von Deutschen 1939/1940 eroberten Ostgebieten

M2 1 A

Auszug aus Himmlers „Denkschrift über die Behandlung der Fremdvölkischen im Osten", die am 25. 5. 1940 an Hitler übergeben und von diesem als Richtlinie für die Polenpolitik anerkannt wurde.

Bei der Behandlung der Fremdvölkischen müssen wir darauf sehen, so viel wie möglich einzelne Völkerschaften anzuerkennen ... Ich will damit sagen, daß wir nicht nur das größte Interesse daran haben, die Bevölkerung des Ostens nicht zu einen, sondern im Gegenteil in möglichst viele Teile und Splitter zu zergliedern ... Spitzen in solchen Völkerschaften dürfen nur die Bürgermeister und die örtlichen Polizeibehörden sein ... Eine Zusammenfassung nach oben darf es nicht geben, denn nur dadurch, daß wir diesen ganzen Völkerbrei des Generalgouvernements von 15 Millionen und die 8 Millionen der Ostprovinzen auflösen, wird es uns möglich sein, die rassische Siebung durchzuführen, die das Fundament in unseren Erwägungen sein muß, die rassisch Wertvollen aus diesem Brei herauszufischen, nach Deutschland zu tun, um sie dort zu assimilieren ... Für die nichtdeutsche Bevölkerung des Ostens darf es keine höhere Schule geben als die vierklassige Volksschule. Das Ziel dieser Volksschule hat lediglich zu sein: Einfaches Rechnen bis höchstens 500, Schreiben des Namens, eine Lehre, daß es ein göttliches Gebot ist, den Deutschen gehorsam zu sein und ehrlich, fleißig und brav zu sein. Lesen halte ich nicht für erforderlich ... Die Eltern der Kinder guten Blutes werden vor die Wahl gestellt, entweder das Kind herzugeben – sie werden dann wahrscheinlich keine weiteren Kinder mehr erzeugen, so daß die Gefahr, daß dieses Untermenschenvolk des Ostens durch solche Menschen guten Blutes eine für uns gefährliche, da ebenbürtige Führerschicht erhält, erlischt – oder die Eltern verpflichten sich, nach Deutschland zu gehen und dort loyale Staatsbürger zu werden ... Es erfolgt jährlich insgesamt bei den 6-10jährigen eine Siebung aller Kinder des Generalgouvernements nach blutlich Wertvollen und Nichtwertvollen ... Die Bevölkerung des Generalgouvernements setzt sich dann zwangsläufig nach einer konsequenten Durchführung dieser Maßnahmen im Laufe der nächsten zehn Jahre aus einer verbleibenden minderwertigen Bevölkerung, die noch durch abgeschobene Bevölkerung der Ostprovinzen sowie all der Teile des deutschen Reiches, die dieselbe rassische und menschliche Art haben, zusammen. Diese Bevölkerung wird als führerloses Arbeitsvolk zur Verfügung stehen und Deutschland jährlich Wanderarbeiter und Arbeiter für besondere Arbeitsvorkommen (Straßen, Steinbrüche, Bauten) stellen; sie wird selbst dabei mehr zu essen und zu leben haben als unter der polnischen Herrschaft und bei eigener Kulturlosigkeit unter der strengen, konsequenten und gerechten Leitung des deutschen Volkes berufen sein, an dessen ewigen Kulturtaten und Bauwerken mitzuarbeiten und diese, was die Menge der groben Arbeit anbelangt, vielleicht erst ermöglichen.

Zitiert nach: Deutsche und Polen (Informationen zur politischen Bildung Nr. 143), Bonn 1970, S. 7

M2 1 B Grundsätze und Vorstellungen für Maßnahmen in den von Deutschen 1939/1940 eroberten Ostgebieten

Am 2. Oktober 1940 fand bei Hitler eine Besprechung statt. Nach privaten Notizen Bormanns führte Hitler u.a. aus:

Der Pole sei, im Gegensatz zu unserem deutschen Arbeiter, geradezu zu niedriger Arbeit geboren ... Das Lebensniveau in Polen müsse ... niedrig sein bzw. gehalten werden ... das Generalgouvernement sei unser Reservoir an Arbeitskräften für niedrige Arbeiten (Ziegeleien, Straßenbau usw.). Man könnte, so betonte der Führer, in den Slawen nichts anderes hineinlegen, als was er von Natur aus sei. Während unser deutscher Arbeiter von Natur aus im allgemeinen strebsam und fleißig sei, sei der Pole von Natur aus faul und müsse zur Arbeit angetrieben werden ... Es sei ... durchaus richtig, wenn im Generalgouvernement eine starke Überbesetzung an Arbeitskräften vorhanden sei, damit von dort aus wirklich alljährlich die notwendigen Arbeiter in das Reich kämen. – Unbedingt zu beachten sei, daß es keine polnischen Herren geben dürfe; wo polnische Herren vorhanden seien, sollten sie, so hart das klingen möge, umgebracht werden ...

Noch einmal müsse der Führer betonen, daß es für die Polen nur einen Herrn geben dürfe, und das sei der Deutsche ... Für die Polen sei es auch daher durchaus richtig, wenn sie ihren Katholizismus behielten; die polnischen Pfarrer bekämen von uns ihre Nahrung und dafür hätten sie ihre Schäfchen in der gewünschten Weise zu dirigieren ... Die Pfarrer müßten die Polen also ruhig dumm und blöd halten, dies läge durchaus in unserem Interesse; würden die Polen auf eine höhere Intelligenzstufe gehoben, dann seien sie nicht mehr die Arbeitskräfte, die wir benötigen ...

Zitiert nach: Deutsche und Polen (Informationen zur politischen Bildung Nr. 143), Bonn 1970, S. 7

Deutscher Angriffskrieg und Verbrechen in Polen

M2 2

...Hitler hatte überraschend seinen Pakt mit Stalin geschlossen, dessen Geheimklausel eine neue Teilung Polens vorsah. Am Vorabend des Angriffs gab Hitler seinen Generalen das Polen-Programm bekannt, daß „das Kriegsziel nicht im Erreichen von bestimmten Linien, sondern in der physischen Vernichtung des Gegners besteht". Die SS stünde bereit, „unbarmherzig und mitleidlos Mann, Weib und Kind polnischer Abstammung und Sprache in den Tod zu schicken. Nur so gewinnen wir den Lebensraum, den wir brauchen".

Auch in Polen raste der Mord. 5000 Deutsche wurden zu Beginn des Krieges erschlagen („Bromberger Blutsonntag"). Die deutsche Propaganda behauptet, es seien 58 000 gewesen. Über die Rache der Nazis beschwerte sich die Gutsbesitzersfrau Lily Jungblut, Parteigenossin seit 1930, bei Göring:

> Fußend auf der unwahren Behauptung, daß die „Verantwortung der Morde an Volksdeutschen ausschließlich zu Lasten der intellektuellen Führung des Polentums geht", ... sind Tausende und Abertausende unschuldiger Menschen dieser Kreise erschossen worden; sämtliche Lehrer und Lehrerinnen, Ärzte und Ärztinnen, Rechtsanwälte, Notare, Richter und Staatsanwälte. Großkaufleute und Gutsbesitzer – soweit sie noch lebten – sind zu Tausenden aus den Schulen vor den Augen der Kinder, aus den Stellen, in die die Wehrmacht sie wieder eingesetzt hatte, aus der Praxis, aus den Kliniken, von den Gütern, so wie sie gingen und standen, von der Danziger Gestapo verhaftet und in Zuchthäuser und Gefängnisse gesperrt ...und heute beginnt die gleiche Tragödie mit den Kleinbauern und den Arbeitern ...

Selbst der deutsche Oberbefehlshaber Ost, Generaloberst Blaskowitz, führte Klage:

> Es ist abwegig, einige 10 000 Juden und Polen, so wie es augenblicklich geschieht, abzuschlachten; denn damit werden angesichts der Masse der Bevölkerung weder die polnische Staatsidee totgeschlagen, noch die Juden beseitigt . . . Die Ansicht, man könne das polnische Volk mit Terror einschüchtern und am Boden halten, wird sich bestimmt als falsch erweisen. Dafür ist die Leidensfähigkeit des Volkes viel zu groß.

Die Ostprovinzen des Kaiserreichs wurden Deutschland wieder einverleibt und 1,2 Millionen dort lebender Polen enteignet, die Distrikte Warschau, Krakau, Radom, Lublin und Galizien zum „Generalgouvernement" zusammengefaßt ...

„Generalgouverneur" Hans Frank schrieb in sein Tagebuch:

> Kein Pole soll über den Rang eines Werkmeisters hinauskommen. Kein Pole wird die Möglichkeit erhalten können, an allgemeinen staatlichen Anstalten sich eine höhere Bildung anzueignen ... was wieder nachwächst, ist von uns sicherzustellen und in einem entsprechenden Zeitraum wieder wegzuschaffen ...

Selbst dem Statthalter Frank – später reuiger Angeklagter vor dem Nürnberger Gericht – wurde es schließlich zuviel. Sein Amt beschwerte sich 1943 bei der Reichskanzlei über eine SS-Razzia „auf asoziale Elemente". Es seien „offenbar, um zahlenmäßig mit möglichst hohen Ergebnissen aufwarten zu können, einfach Kinos und Kirchen umstellt und dann sämtliche Besucher ... ohne Auswahl festgenommen und in ein Konzentrationslager geführt worden".

Aus: Der Spiegel Nr. 47 vom 16. November 1970, S. 160–162

M2 3 **Zuzug von Deutschen auf polnische Gebiete unter deutscher Okkupation 1939 bis 1944**

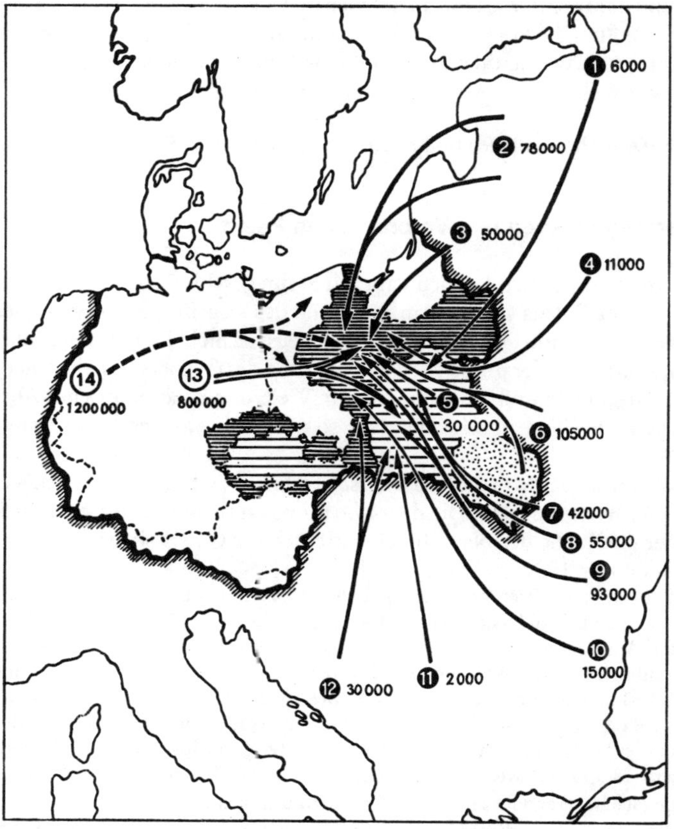

1	6 000	aus der Gegend von Leningrad
2	78 000	aus Estland und Lettland
3	50 000	aus Litauen
4	11 000	aus anderen Ostgebieten
5	30 000	aus der Gegend von Lublin
6	105 000	aus Wolhynien, Ostgalizien und dem sog. Narewgebiet
7	42 000	aus der Nordbukowina
8	55 000	aus der Südbukowina
9	93 000	aus Bessarabien
10	15 000	aus der Dobrudscha
11	2 000	aus Serbien
12	30 000	aus Kroatien, Bosnien und der Herzegowina
13	800 000	aus dem sog. Altreich (hauptsächlich deutsche Beamte mit ihren Familien)
14	1 200 000	aus bombengefährdeten Gebieten Deutschlands westlich der Oder und Neiße

- Siedler
- Verwaltungsbeamte
- Flüchtlinge und Evakuierte aus bombengefährdeten Gebieten
- Staatsgrenzen 1937
- Grenzen des „Großdeutschen Reiches“
- gegenwärtige Westgrenze Polens
- dem Deutschen Reiche während des Krieges einverleibte Gebiete
- Generalgouvernement und Protektorat Böhmen und Mähren
- dem Generalgouvernement angeschlossener Distrikt Galizien

Aus: Gerhard Kegel: Ein Vierteljahrhundert danach. Das Potsdamer Abkommen und was aus ihm geworden ist, Frankfurt 1971, S. 146f.

Zehn Gebote für polnische Arbeiter

M2 4

Im „Großdeutschen Reich" wurden bis Kriegsende über 2 Millionen Polen (Deportierte und Kriegsgefangene) als Zwangsarbeiter eingesetzt, von denen bei „Arbeitseinsätzen" rd. jeder zehnte sein Leben verlor. Einen Einblick in die Bedingungen unter denen sie im Großdeutschen Reich leben und arbeiten mußten, vermitteln die nachfolgenden „Regeln", die das Polizeipräsidium Leipzig (vermutlich am 28. März 1940) „Nur zum Dienstgebrauch! Lediglich zur mündlichen Eröffnung!" druckte und dienstintern verbreitete:

Pflichten der Zivilarbeiter und -arbeiterinnen polnischen Volkstums während ihres Aufenthaltes im Reich: Jedem Arbeiter polnischen Volkstums gibt das Großdeutsche Reich Arbeit, Brot und Lohn. Es verlangt dafür, daß jeder die ihm zugewiesene Arbeit gewissenhaft ausführt und die bestehenden Gesetze und Anordnungen sorgfältig beachtet.
Für alle Arbeiter und Arbeiterinnen polnischen Volkstums im Großdeutschen Reich gelten folgende besondere Bestimmungen:

1. Das Verlassen des Aufenthaltsortes ist streng verboten.
2. Während des von der Polizeibehörde angeordneten Ausgehverbots darf auch die Unterkunft nicht verlassen werden.
3. Die Benutzung der öffentlichen Verkehrsmittel bzw. Eisenbahn ist nur mit besonderer Erlaubnis der Ortspolizeibehörde gestattet.
4. Alle Arbeiter und Arbeiterinnen polnischen Volkstums haben die ihnen übergebenen Abzeichen stets sichtbar auf der rechten Brustseite eines jeden Kleidungsstükkes zu tragen. Das Abzeichen ist auf dem Kleidungsstück stets anzunähen.
5. Wer lässig arbeitet, die Arbeit niederlegt, andere Arbeiter aufhetzt, die Arbeitsstätte eigenhändig verläßt usw., erhält Zwangsarbeit im Arbeitserziehungslager.
6. Jeder gesellige Verkehr mit der deutschen Bevölkerung, insbesondere der Besuch von Theatern, Kinos, Tanzvergnügen, Gaststätten und Kirchen, gemeinsam mit der deutschen Bevölkerung, ist verboten. Tanzen und Alkoholgenuß ist nur in den den polnischen Arbeitern zugewiesenen Gaststätten gestattet.
7. Wer mit einer deutschen Frau oder mit einem deutschen Mann geschlechtlich verkehrt oder sich ihnen sonst unsittlich nähert, wird mit dem Tode bestraft.
8. Jeder Verstoß gegen die für die Zivilarbeiter polnischen Volkstums erlassenen Anordnungen und Bestimmungen wird in Deutschland bestraft, eine Abschiebung nach Polen erfolgt nicht.
9. Jeder polnische Arbeiter und jede polnische Arbeiterin hat sich stets vor Augen zu halten, daß sie freiwillig zur Arbeit nach Deutschland gekommen sind. Wer diese Arbeit zufriedenstellend macht, erhält Brot und Lohn. Wer jedoch lässig arbeitet und die Bestimmungen nicht beachtet, wird besonders während des Kriegszustandes unnachsichtig zur Rechenschaft gezogen.
10. Über die hiermit bekanntgegebenen Bestimmungen zu sprechen oder zu schreiben, ist strengstens verboten.

Zitiert nach: Vorwärts Nr. 9 vom 26. Februar 1976

Das Ausmaß der nationalsozialistischen Verbrechen in Polen

M2 5

Auf dem Territorium ihrer polnischen Kolonie – nicht im eigenen Reich – errichteten die Deutschen das Netz der Vernichtungslager. Polens heutiger Premier Cyrankiewicz war Häftling in Auschwitz. Nach polnischen Angaben wurden insgesamt über sechs Millionen Polen und Juden getötet, und zwar
– 644000 durch unmittelbare Kriegshandlungen,

- 1,286 Millionen durch Hunger, Epidemien und Erschöpfung in deutschen Gefängnissen und Lagern,
- 521 000 durch Hunger, Epidemien und Erschöpfung außerhalb der Lager,
- 100 000 Partisanen,
- 15 000 Aufständische und 200 000 Warschauer Zivilisten während des Aufstands in der Hauptstadt 1944,
- 3,577 Millionen kamen in Konzentrationslagern und Gettos um – vor allem Polens Juden,
- 56 700 polnische Soldaten, die auf sowjetischer Seite kämpften, und 16 000 Soldaten, die an den Westfronten kämpften, fielen oder wurden verwundet.

Unter den Getöteten waren 7 500 Ärzte, 700 Professoren, 3963 Volksschullehrer und 2647 Priester . . .

Aus: Der Spiegel Nr. 47 vom 16. November 1970, S. 162

M26

Manifest des Polnischen Komitees der Nationalen Befreiung vom 22. Juli 1944

An das polnische Volk!
Polen in der Heimat und in der Emigration!
Polen in deutscher Gefangenschaft!

Brüder! Die Stunde der Befreiung hat geschlagen. Die Polnische Armee hat an der Seite der Roten Armee den Bug überschritten. Der polnische Soldat kämpft auf unserer Heimaterde. Über dem gequälten Polen wehen wieder weiß-rote Fahnen.
Das polnische Volk grüßt die Soldaten der Volksarmee, die sich mit den Soldaten der Polnischen Armee in der UdSSR vereint haben. Gemeinsam ist der Feind, gemeinsam der Kampf und gemeinsam sind die Fahnen. Vereint zum Ruhme des Vaterlandes, unter einer gemeinsamen Führung marschieren alle polnischen Soldaten an der Seite der Roten Armee weiteren Kämpfen um die Befreiung der Heimat entgegen.
Durch ganz Polen geht ihr Marsch, um Rache an den Deutschen zu üben, solange bis die polnischen Fahnen in den Straßen der Hauptstadt des dreisten Preußentums, in den Straßen Berlins gehißt werden.

Brüder!
Die Nation hat bereits während des Kampfes mit dem deutschen Okkupanten um Freiheit und Unabhängigkeit ihre Repräsentation, ihr geheimes Parlament gebildet – den Landes-Nationalrat. Ihm gehören Vertreter der demokratischen Parteien an, Angehörige der Volkspartei, Demokraten, Sozialisten, Mitglieder der PPR (Polnische Arbeiter-Partei) und anderer Organisationen. Dem Landes-Nationalrat haben sich die Organisationen der Auslandspolen mit dem Verband Polnischer Patrioten und der von ihm gebildeten Armee an der Spitze untergeordnet.
Der vom kämpfenden Volk berufene Landes-Nationalrat ist die einzige legale Staatsgewalt in Polen.
Die „Regierung" der Emigration in London und ihre Delegatur in Polen sind usurpatorische, betrügerische Mächte und vollkommen illegal. Sie stützen sich auf die widerrechtliche faschistische Verfassung vom April 1935. Diese „Regierung" hemmte den Kampf mit dem deutschen Okkupanten, mit ihrer abenteuerlichen Politik versuchte sie, Polen in eine neue Katastrophe zu treiben.
Jetzt, im Zeitpunkt der Befreiung Polens, jetzt, da die Rote Armee und mit ihr das Polnische Heer den Okkupanten aus dem Lande treiben, in diesem Moment muß eine legale Staatsgewalt entstehen, die den Kampf des Volkes um die endgültige Befreiung führt.
Daher hat der Landes-Nationalrat in seiner Eigenschaft als vorläufiges Parlament des polnischen Volkes das

als legale vorläufige ausführende Gewalt zur Führung des Befreiungskampfes, zur Erringung der Unabhängigkeit und zum Wiederaufbau des polnischen Staates berufen. Der Landes-Nationalrat und das Polnische Komitee der Nationalen Befreiung handeln auf Grund der Verfassung vom 17. März 1921, die allein legal und rechtlich beschlossen wurde und daher bindend ist. Die Grundsätze der Verfassung vom 17. März 1921 bleiben so lange in Kraft, bis der aus allgemeinen, direkten, gleichen, geheimen und proportionalen Wahlen hervorgegangene Gesetzgebende Sejm einberufen wird, der dann als Vertreter des Volkswillens eine neue Verfassung beschließen wird.

Brüder!
Das Polnische Komitee der Nationalen Befreiung hält es für seine Hauptaufgabe, den Anteil des polnischen Volkes am Kampf um die Vernichtung Hitler-Deutschlands zu steigern.
Die Stunde ist gekommen, um die Leiden und Qualen, die verbrannten Dörfer und vernichteten Städte, die zerstörten Kirchen und Schulen, die Treibjagden auf Menschen, die Lager und Erschießungen, Auschwitz, Majdanek, Treblinka und die Vernichtung des Gettos an den Deutschen zu vergelten.

Brüder!
Die verbündete Rote Armee hat heldenhaft und opferbereit Hitler-Deutschland vernichtende Schläge erteilt. Die Rote Armee ist als Befreiungsarmee in Polen einmarschiert.
Das Polnische Komitee der Nationalen Befreiung fordert die ihm unterstellten Organe und die Bevölkerung auf, engstens mit der Roten Armee zusammenzuarbeiten und ihr weitgehende Hilfe zu erteilen. Je größer der Anteil der Polen am Krieg, desto geringer werden die Qualen der Nation sein und desto schneller kann der Krieg beendet werden. Ergreift die Waffen! Schlagt die Deutschen, wo immer Ihr sie trefft! Greift ihre Transporte an, erteilt den polnischen und sowjetischen Soldaten alle Auskünfte und helft ihnen! In den befreiten Gebieten erfüllt treu und gewissenhaft die Mobilisationsbefehle und eilt in die Reihen des Polnischen Heeres, das die Septemberniederlage rächen und vereint mit den Verbündeten Nationen den Deutschen ein neues Grunwald bereiten wird!
Auf zum Kampf um die Freiheit Polens, um die Rückkehr des alten polnischen Pommerns und des Oppelner Schlesiens zum Mutterland, um Ostpreußen und einen breiten Zugang zum Meer, um polnische Grenzpfähle an der Oder!
Auf zum Kampf um ein Polen, das nie wieder von einer germanischen Flut bedroht sein wird, um ein Polen, dem dauerhafter Frieden, die Möglichkeit schöpferischer Arbeit sowie ein Aufblühen des ganzen Landes gewiß sein werden!
Die Geschichte und die Erfahrungen des jetzigen Krieges beweisen, daß vor dem Drang des germanischen Imperialismus nur der Bau eines großen slawischen Walls Schutz bieten kann, dessen Grundlage eine polnisch-sowjetisch-tschechoslowakische Verständigung sein wird.
400 Jahre dauerte die Zeit der ununterbrochenen Konflikte zwischen Polen und Ukrainern, Polen und Weißrussen, Polen und Russen, die beiden Seiten nur Schaden zufügten. In diesen Verhältnissen ist nun ein historischer Wendepunkt eingetreten. An die Stelle der Konflikte treten Freundschaft und Zusammenarbeit, die durch beiderseitige Lebensinteressen bedingt sind. Freundschaft und Kampfgenossenschaft, die als Waffenbrüderschaft des Polnischen Heeres mit der Roten Armee begonnen haben, werden sich in ein dauerhaftes Bündnis und in nachbarliche Zusammenarbeit nach dem Kriege wandeln.

Der Landes-Nationalrat und das von ihm berufene Polnische Komitee der Nationalen Befreiung erkennen an, daß die Regelung der polnisch-sowjetischen Grenze im Wege einer gemeinsamen Übereinkunft erfolgen muß. Die Ostgrenze soll eine Linie der freundschaftlichen Nachbarschaft und kein Hindernis zwischen uns und unseren Nachbarn sein; sie soll daher nach dem Grundsatz geregelt werden: polnische Gebiete zu Polen und ukrainische, weißrussische und litauische Gebiete zur Sowjet-Ukraine, Weißrußland und Litauen. Ein dauerhaftes Bündnis mit unseren unmittelbaren Nachbarn, der Sowjetunion und der Tschechoslowakei, wird der wichtigste Grundsatz der vom Polnischen Komitee der Nationalen Befreiung geführten polnischen Außenpolitik sein.

Die Waffenbrüderschaft, die durch das gemeinsam im Kampf mit der deutschen Aggression vergossene Blut begründet wurde, vertieft noch mehr die Freundschaft und stärkt das Bündnis mit Großbritannien und den Vereinigten Staaten von Nordamerika.

Polen strebt zur Aufrechterhaltung der Freundschaft und des traditionellen Bündnisses mit dem wiedererstandenen Frankreich sowie zur Zusammenarbeit mit allen demokratischen Staaten der Welt.

Die polnische Außenpolitik wird demokratisch sein und sich auf die Grundsätze der gemeinsamen Sicherheit stützen.

Das Polnische Komitee der Nationalen Befreiung wird systematisch alle Verluste feststellen lassen, welche die polnische Nation durch die Deutschen erlitten hat, und wird alle Schritte unternehmen, um die Polen zustehenden Entschädigungen zu sichern.

Brüder!

Im Namen des Landes-Nationalrates ergreift das Polnische Komitee der Nationalen Befreiung in den befreiten Gebieten Polens die Macht. Keinen Augenblick lang darf auf dem von dem deutschen Einfall befreiten polnischen Boden eine andere als die polnische Verwaltung wirken. Das Polnische Komitee der Nationalen Befreiung wird die Staatsgewalt durch die Wojewodschafts-, Kreis-, Stadt- und Gemeinde-Nationalräte und durch seine hierfür ermächtigten Vertreter ausüben. Dort, wo die Nationalräte noch nicht bestehen, sind die demokratischen Organisationen verpflichtet, sie sofort ins Leben zu rufen und zu ihnen polnische Patrioten, die sich des Vertrauens der Bevölkerung erfreuen, ohne Rücksicht auf ihre politischen Überzeugungen, zu entsenden.

Das Polnische Komitee der Nationalen Befreiung befiehlt die sofortige Auflösung aller Verwaltungsorgane der Okkupanten.

Das Polnische Komitee der Nationalen Befreiung befiehlt die sofortige Auflösung der sogenannten Blauen Polizei.

Die Nationalräte bilden unverzüglich die ihnen unterstehende Bürgermiliz, deren Aufgabe es ist, Ordnung und Sicherheit aufrechtzuerhalten.

Aufgabe der unabhängigen polnischen Gerichte wird es sein, eine rasche Rechtspflege zu garantieren. Kein deutscher Kriegsverbrecher, kein Volksverräter darf der Strafe entgehen!

Brüder!

Das Polnische Komitee der Nationalen Befreiung verspricht zu Beginn des Wiederaufbaus des polnischen Staates die Wiedereinführung aller demokratischen Freiheiten, der Gleichheit aller Bürger ohne Rücksicht auf Rasse, Konfession und Nationalität, der Freiheit politischer und beruflicher Organisationen, der Presse und des Gewissens. Die demokratischen Freiheiten dürfen jedoch nicht den Feinden der Demokratie dienen. Faschistische und antinationale Organisationen werden daher mit der ganzen Schärfe des Rechts ausgerottet.

Brüder!

Das zerstörte und ausgehungerte Land wartet auf eine große schöpferische Anstrengung der ganzen Nation. Das Unrecht, welches der Okkupant zufügte, muß so schnell wie möglich wiedergutgemacht werden. Das durch den Okkupanten den einzelnen

Bürgern, Bauern, Kaufleuten, Handwerkern, kleinen und mittleren Industriellen, Institutionen und der Kirche geraubte Eigentum wird den rechtmäßigen Eigentümern zurückerstattet werden. Die deutschen Vermögen werden konfisziert. Den bestialisch vom Okkupanten verfolgten Juden werden der Wiederaufbau ihrer Existenz sowie rechtliche und tatsächliche Gleichberechtigung zugesichert.
Das Nationalvermögen, das sich heute in der Hand des deutschen Staates und der einzelnen deutschen Kapitalisten konzentriert, d. h. große Industrie-, Handels-, Bank- und Transportunternehmen sowie Forstgebiete werden von der Vorläufigen Staatlichen Verwaltung erfaßt. Sowie sich die wirtschaftlichen Verhältnisse regeln werden, erfolgt die Rückerstattung des Eigentums.

Brüder!
Um den Wiederaufbau des Landes zu beschleunigen und den uralten Drang der polnischen Landbevölkerung zum Eigentum an Grund und Boden zu befriedigen, wird das Polnische Komitee der Nationalen Befreiung in den bereits befreiten Gebieten sofort mit der Durchführung einer umfassenden Bodenreform beginnen.
Zu diesem Zweck wird ein Bodenfonds gegründet, der dem Ressort für Landwirtschaft und Agrarreformen untersteht. Zu diesem Fonds gehören landwirtschaftliche Grundstücke von Deutschen und Volksverrätern sowie von Großgrundbesitzern, deren gesamtes Bodeneigentum 50 ha bzw. in den Gebieten, die dem Reich angegliedert waren, 100 ha übersteigt, einschließlich des toten und des lebenden Inventars sowie der Gebäude. Die landwirtschaftlichen Grundstücke von Deutschen und Volksverrätern werden konfisziert. Das Eigentum der Großgrundbesitzer wird vom Bodenfonds ohne Entschädigung übernommen, wobei jedoch eine Versorgung der ehemaligen Eigentümer vorgesehen ist. Grundbesitzer, die patriotische Verdienste im Kampf gegen die Deutschen nachweisen können, erhalten eine höhere Versorgung. Die im Bodenfonds vereinten landwirtschaftlichen Grundstücke werden, mit Ausnahme des für die Errichtung von Musterwirtschaften bestimmten Bodens, an Kleinbauern, mittlere familienreiche Bauern, kleine Pächter und landwirtschaftliche Arbeiter verteilt. Die durch den Bodenfonds gegen (geringes) Entgelt zugeteilten Grundstücke sind ebenso wie die schon vorher eigenen Grundstücke individuelles Eigentum. Der Bodenfonds wird neue Wirtschaften bilden oder kleine Wirtschaften auffüllen, wobei die Norm 5 ha landwirtschaftlicher Nutzfläche mittlerer Qualität für jede zahlenmäßig mittlere Familie grundlegend sein soll. Wirtschaften, für welche die Auffüllung bis zu dieser Norm an Ort und Stelle nicht möglich ist, haben das Recht, an der mit Hilfe des Staates stattfindenen Umsiedlung in Gebiete mit freiem Boden, insbesondere in die von Deutschland wiedererlangten Gebiete teilzunehmen.

Brüder!
Das Polnische Komitee der Nationalen Befreiung sieht die Verbesserung der Lebensbedingungen der breiten Volksmassen als seine hauptsächlichste Aufgabe an.
Alle Zwangsablieferungen, welche dem Bauern die schwer verdienten Erträge seiner Arbeit raubten, sind ab sofort aufgehoben. Für die Bedürfnisse der Armee sowie für die Versorgung der Städte werden für die Zeit des Krieges auf Grund eines polnischen Gesetzes über die Kriegsleistungen genau festgesetzte Naturalabgaben erhoben, die die Dörfer im Verhältnis zu den deutschen Zwangsablieferungen wesentlich entlasten.
Die durch die Deutschen zwangsweise auf dem Vorkriegsniveau gehaltenen Arbeitslöhne werden auf eine das Existenzminimum sichernde Norm erhöht.
Der Wiederaufbau und Ausbau der Institutionen der Sozialversicherungen für den Fall der Krankheit, Invalidität und Arbeitslosigkeit sowie für die Altersversorgung wird sofort begonnen. Die Institutionen der Sozialversicherungen werden sich auf die Grundsätze der demokratischen Selbstverwaltung stützen. Eine neuzeitliche Gesetzgebung auf dem Gebiete des Arbeitsschutzes wird geschaffen und eine Milderung der Wohnungsnot eingeleitet werden.

Aufgehoben werden die verhaßten deutschen Verbote, die jegliche wirtschaftliche Tätigkeit und den Handelsverkehr zwischen Land und Stadt hemmten. Der Staat wird eine umfassende Entwicklung des Genossenschaftswesens fördern. Die Privatinitiative, die den Puls des wirtschaftlichen Lebens stärkt, wird ebenfalls die Unterstützung des Staates finden. Die Sicherstellung der normalen Versorgung wird eine der grundsätzlichen Sorgen sein.

Brüder!
Eine der vornehmlichsten Aufgaben des Polnischen Komitees der Nationalen Befreiung werden der Wiederaufbau des Schulwesens und die Zusicherung des unentgeltlichen Unterrichts in allen Schulstufen sein. Der allgemeine Schulzwang wird gewissenhaft beobachtet werden. Die polnische, von den Deutschen dezimierte Intelligenz, insbesondere Vertreter der Kunst und Wissenschaft, wird mit besonderer Sorge umgeben werden. Der Wiederaufbau der Schulen wird unverzüglich beginnen.

Brüder!
Das Polnische Komitee der Nationalen Befreiung wünscht die rasche Rückkehr der Emigration in die Heimat und wird alle Schritte unternehmen, um diese Rückkehr zu organisieren.
Lediglich für hitleristische Agenten und alle, die Polen im September 1939 verraten haben, bleiben die Grenzen der Republik gesperrt.

Brüder!
Gigantische Aufgaben liegen vor uns.
Unbeugsam und entschlossen werden wir sie realisieren. Wir werden alle Unruhestifter und Agenten der Reaktion abweisen, die durch die Erschütterung der nationalen Einheit und durch den Versuch, Kämpfe zwischen den Polen untereinander zu provozieren, dem Hitlerismus Vorschub leisten.
Die Befreiung Polens, der Wiederaufbau des Staates, die siegreiche Beendigung des Krieges, die Erringung eines für Polen würdigen Platzes in der Welt, der Beginn des Wiederaufbaus des zerstörten Landes – dies sind unsere Hauptaufgaben.
Diese Aufgaben können wir nicht ohne nationale Einheit meistern. Die Einheit aber wurde im schweren unterirdischen Kampf geschmiedet.
Die Berufung des Landes-Nationalrates war der Ausdruck ihrer Verwirklichung. Die Berufung des Polnischen Komitees der Nationalen Befreiung ist ein weiterer Schritt auf diesem Wege.

Brüder!
Das Polnische Komitee der Nationalen Befreiung ruft auf:
Alles für die schnellste Befreiung des Landes und die Vernichtung der Deutschen!

Brüder!
Auf zum Kampf! Ergreift die Waffen!
Es lebe das vereinte um Polens Freiheit kämpfende Polnische Heer!
Es lebe die Polen Befreiung bringende verbündete Rote Armee!
Es leben unsere großen Verbündeten – die Sowjetunion, Großbritannien und die Vereinigten Staaten von Nordamerika!
Es lebe die nationale Einheit!
Es lebe der Landes-Nationalrat, der Repräsentant der kämpfenden Nation!
Es lebe das freie, starke, unabhängige, souveräne und demokratische Polen!

Das Polnische Komitee der Nationalen Befreiung

Zitiert nach: Schieder, Theodor u. a. (Bearb.): Dokumentation der Vertreibung der Deutschen aus Ost-Mitteleuropa. Die Vertreibung der deutschen Bevölkerung aus den Gebieten östlich der Oder-Neiße, Bd. I/3, Bonn 1960, S. 1–7

Erlebnisbericht der E.D. aus Rützow, Kreis Dramburg (Pommern)

M27 A

Es war im Juni 1945. Als wir uns von den Aufregungen, Sorgen und Strapazen, welche der Feindeinbruch (6. März 1945) mit sich gebracht hatte, erholt hatten, die Felder bestellt, so gut Menschen- und Pferdekräfte es zuließen, da tauchte eines Tages das Gerücht auf, die Einwohner einer nahen Kleinstadt hätten Räumungsbefehl bekommen und wir müßten alle in Kürze die Heimat verlassen. Wir glaubten es nicht. Von der Feldarbeit kommend, sprach ich mit einigen Bauern, die mitten im Dorf alles Geschehen besser beobachten konnten als wir, die lachten und sagten: „Das polnische Zivilvolk muß nächstens raus, und nun verbreiten sie kurz vorher solche Gerüchte."
Leider traf aber doch das Schreckliche ein: Am Nachmittag des 28. Juni 1945 kamen zwei polnische Soldaten und forderten uns auf, binnen fünfzehn Minuten das Haus zu verlassen und zum Dorfplatz zu kommen. Wir glaubten immer noch, es handele sich um eine vorübergehende Angelegenheit, man würde aus den Häusern rauben, was ihnen gefiel, und dann könnten wir wieder hinein. Jeder packte schnell ein Kleidungsstück und Sachen, die den Polen nicht in die Hände fallen sollten und etliche Lebensmittel zusammen. Mein Vater, fast 72 Jahre alt, der dem Posten zu verstehen gab, soviel Zeit müsse doch sein, daß man sich etwas zusammenpackt, wurde mit dem Gewehrkolben bedroht.
So verließen wir am 28. Juni 1945, nachmittags 14.30 Uhr, unser Haus – Vater, meine Schwester Margarete und ich.
Es war ein äußerst kühler Tag mit Sturm und Regen. An der Straße trafen wir unsere Nachbarn, die alle die gleiche Aufforderung hatten. Auf dem Dorfplatz angekommen, wo sich fast alle Einwohner des Dorfes versammelt hatten, wurden wir weitergeschickt in Richtung Nuthagen. Da der Regen immer stärker einsetzte, wurde in Nuthagen in Scheunen Rast gemacht. Bald ging's weiter über Rosenow auf Bonin zu. Der Weg war beschwerlich, das Gepäck wurde immer schwerer, Rosenow war wie ausgestorben. Weiter ging die Wanderung. An der Chaussee hatte der Sturm mehrere Birken umgeschlagen. Mit vieler Mühe wurden sie beiseite geschleppt, um den wenigen Fuhrwerken Platz zu machen, auf denen Kranke und kleine Kinder Platz gefunden hatten. In der Dunkelheit kamen wir in Bonin an, wurden in Scheunen gewiesen, und die meisten von diesen armen Vertriebenen kippten übermüdet und durchnäßt auf ihrem Gepäck um zum Schlaf, ohne sich noch umzuziehen. Doch kaum eingeschlafen, kamen Polen und leuchteten mit Taschenlampen alles ab, aus andern Unterkünften hörte man Schreckschüsse und Geschrei von Jugendlichen, die sie aufgefordert hatten, ihnen zu folgen. Gott sei Dank wurde unsre Ecke nicht behelligt.
Am nächsten Morgen ging es nicht etwa eilig weiter. Der ganze Vormittag verging mit Kontrollieren des Gepäcks. Vielen wurde hier ein Teil ihrer wenigen Habe weggenommen. Auch meinem Vater wurden die Kleinigkeiten geraubt, die er selber dringend benötigte. Es durften uns aber noch anwesende Deutsche eine Tasse warmen Kaffees reichen.
Nun wurden wir nach Wangering geführt. Jedem fiel die mühselige Wanderung schwer, besonders aber den Alten und Schwächlichen. Sehr in Sorge war ich um meinen Vater und meine Schwester, die beide sagten, wenn es so weiterginge in diesem Tempo, hielten sie es nicht aus. (Ich habe drei ermüdete Menschen sterbend am Wegrande liegen sehen, das hat mir genügt, und ein stiller Seufzer, daß wir doch von solchem Schicksal bewahrt bleiben möchten, stieg zu Gottes Thron).
Noch wußten wir nichts über das Ziel. Gelegentlich sprach ein polnischer Soldat das Wort: „Na Odder" – also über die Oder. Da ging uns ein Licht auf. – In Wangerin wurden die Fuhrwerke weggenommen, nur einem Schwerkriegsbeschädigten sein Wägelchen belassen. Schon hier machten sich allerlei Mängel bemerkbar, der eine hatte kein Brot mehr, der andere besaß kein Messer. Wer's konnte, half aus; es ging weiter. Immer

größer wurde der Leidenszug; aus vielen Ortschaften gesellten sich bekannte und unbekannte Menschen hinzu.
Ab Wangerin konnten wir dann bis Stargrad ohne Führung gehen. Als wir uns am Spätnachmittag des 29. Juni 1945 einmal umschauten, bemerkten wir, daß eine ganze Anzahl Rützower Bauern und andere nicht mit dabei waren. In der Ferne sahen wir sie noch; sie hatten einen Feldweg eingeschlagen, gingen rückwärts und sind auch tatsächlich von den Polen in Rützow als Arbeiter leidlich gut aufgenommen worden.
Wir erreichten bis zum Abend Winningen, dort schliefen wir in einem großen Stall. Kaum war Ruhe, da kamen polnische Unholde und störten und ängstigten die Menschen. Erstmalig machten sie sich hier an die Kinderwagen heran, da sie bemerkt hatten, daß in denselben hin und wieder Sachen von Wert verborgen waren. Das gab natürlich ein großes Geschrei der Kleinen und Jammern der Mütter. Jeder, der vom Durchsuchen der Polen verschont blieb, war froh.
Am Morgen des nächsten Tages (30. Juni 1945) beschlossen vier Rützower Familien und wir, es auch mit der Rückkehr zu versuchen. Als wir drei Kilometer gegangen waren, begegneten uns Verwandte und Bekannte aus Labenz. Die sagten uns: „Gebt euch keine Mühe, es ist zwecklos, die Deutschen werden an allen Orten ausgewiesen.“ Da kehrten wir wieder um, und so hatten die andern Rützower einen Vorsprung von sechs Kilometer. Im Laufe des Tages – mein Vater trug eine kurze Strecke meinen Koffer – ging ein Russe über die Straße, riß ihm denselben aus der Hand, und weg war die Hälfte meines Gepäcks. Als wir am Abend in einem Haus in Freienwalde übernachten wollten, kamen Russen, verboten uns den Aufenthalt dort und raubten bei dieser Gelegenheit den Koffer meines Vaters.
Wie durch ein Wunder hatte ich in dem Hause einen Topf mit Schlachtfett (ca. eineinhalb Pfund) gefunden, das uns sehr willkomen war. Erheblich erleichtert durch den Kofferraub, gingen wir in das Städtchen und fanden als Quartier einen Boden über einer Tischlerwerkstatt. Wir nahmen mit allem vorlieb, nur froh, wenn die Nacht einigermaßen ruhig verlief. Wir durften uns im Nachbarhaus unsere bescheidene Mahlzeit kochen. Eine Nachbarin schenkte mir etwas Kaffee-Ersatz, Sirup und Stricknadeln, welch eine große Gabe!
Dann wanderten wir auf Stargrad zu. Wir beobachteten, daß in den wenigen überfüllten Zügen einzelne Deutsche mitfuhren, und so wollten auch wir mit zwölf Personen es versuchen, wurden aber vom Bahnhof heruntergerissen. Nun ging es unter Führung weiter. In Dahlow-Pegelow angekommen, sahen wir Flüchtlinge mit Gefäßen voll Milch gehen. Es wurde gerade eine große zusammengetriebene Herde gemolken. Wir bemühten uns auch und erhielten von den Polen entrahmte Milch, eine Labe, die uns auf der ganzen Tour nur wenige Male zuteil wurde. Auf einem Bauernhof wurde uns die Scheune als Nachtquartier zugewiesen. In dem verlassenen Hause räumte ich die Küche etwas auf und brachte den Herd in Gang, um eine bescheidene Mahlzeit zu bereiten. Kaum etwas abwesend, stürzten sich so viele auf den Herd, daß ich beinahe zur Seite gedrängt wurde.
Als wir von Stargard weiter wandern wollten, wurden wir am Ausgang der Stadt angehalten und in ein Haus verwiesen. Hier sammelte sich eine große Menschenmenge. Wir gingen zeitig zur Ruhe, streckten uns in einem Zimmer auf den Fußboden aus, Rucksack und Schuhe unter den Kopf gepackt voller Sorge, was der nächste Tag bringen würde. Am Morgen nahm ein polnischer Soldat meinen Vater abseits, er hatte es wohl auf seine Schuhe abgesehen. Ich wandte mich an einen polnischen Offizier, der dafür sorgte, daß er nicht beraubt wurde.
Eine schlimme Nacht war dann die Nacht in Rosengarten an der Reichsautobahn. Eine unübersehbare Menschenmenge hatte sich auf dem großen Parkhof versammelt: sie hockten dicht an dicht auf ihrem Gepäck. Die Nacht war kalt. Vater und ein Bekannter versuchten, ob es im nahen Walde erträglicher wäre, trotzdem das Betreten desselben wegen Blindgängergefahr verboten war. Sie kamen aber bald wieder. Manche Leute

hatten sich ein kleines Feuer angemacht, um sich aufzuwärmen. Unaufhörlich stelzte ein polnischer Kriegsbeschädigter zwischen den müden Menschen herum. Sein Vorhaben war wohl, Jugendliche aufzustöbern. Uns kam er vor, als käme er aus der Hölle, um hier die armen Menschen zu peinigen. Unsere Gruppe hatte sich vor einer Hausfront auf ein paar Brettern ausgestreckt; die wenigen Decken und Mäntel waren unzulänglich bei der Kühle. Kaum eingeschlafen, wurden wir durch lautes Schreien aufgeschreckt. Ein junges Mädchen kam ans Fenster geflogen zu unseren Häuptern, gehetzt, gejagt von polnischen Eindringlingen. Wir glaubten, die Fenster würden im nächsten Moment zertrümmert, über uns zerstreut. Doch blieb es bei dem Schrecken, nur mit dem Schlaf war es vorbei. Wir wärmten uns an einem der Feuer auf und erwarteten den Morgen. Die Kartoffeln für eine Mahlzeit suchten wir uns in einem Keller unter Möbeln heraus.
Am nächsten Morgen ging es unter Führung auf die von Deutschen gesprengte riesige Autobahnbrücke zu, die über die Oder führt. Diesen gähnenden Abgrund mußten wir uns ansehen, und die größten Pessimisten sagten: „Paßt auf, da stoßen sie uns alle hinunter.“ Dies geschah aber nicht, es ging weiter nach Ferdinandstein. Dort war das Pflaster furchtbar ausgefahren: Kinder- und Ziehwagen hatten Pannen. Wir kamen an der Notbrücke über die Oder vorbei, durften aber noch nicht herüber, sondern wurden in ein Wäldchen geführt, wo vielen noch wieder ein Teil ihrer Habe geraubt wurde. Dann ging es eine Strecke rückwärts an der Oder entlang auf einem sehr schlechten, wallähnlichen Weg. Recht kühl war der Julitag. Es war Spätnachmittag. Wir sahen uns einen Unterstand an, streuten etwas Heu hinein und hatten so ein gutes Nachtquartier. Wir versuchten, im Dorf etwas Lebensmittel zu bekommen und kamen glücklich mit ein wenig Brot, Milch und Johannisbeeren zurück.
Nach verhältnismäßig guter Nachtruhe wurden wir dann am nächsten Vormittag über die Oder gesetzt und konnten nun auf eigene Faust weitergehen.

Zitiert nach: Schieder, Theodor u. a. (Bearb.): Dokumentation der Vertreibung der Deutschen aus Ost-Mitteleuropa. Die Vertreibung der deutschen Bevölkerung aus den Gebieten östlich der Oder-Neiße, Bd. 1/2, Bonn 1954, S. 667–670

Erlebnisbericht von Frau Isabella von Eck, Rittergut Birkholz, Kreis Züllichau-Schwiebus (Brandenburg)

M27 B

Auf den ersten Seiten berichtet Vfn., daß sie als 75jährige Frau die Flucht der Kälte wegen nicht antrat und als Besitzerin eines Rittergutes besonders schwer unter russischen Gewalttaten zu leiden hatte.

Im Frühjahr kamen Polen in unser Dorf, sie standen unter dem Befehl des russischen Kommandanten. Sie kamen ganz zerlumpt an und trugen die in Birkholz gefundenen Uniformen der Freiwilligen Feuerwehr. Diese Leute stahlen auch, nahmen, was sie fanden, sogar aus der katholischen Kapelle Teppiche usw. Die nicht verschleppten Bewohner mußten von 6.00 Uhr früh bis 8.00 Uhr abends mit einer Stunde Pause auf den Feldern arbeiten, einen Sonntag gab es nicht, sogar Ostern und Pfingsten wurde gearbeitet, als Entgelt erhielten sie etwas Brot.
Am 25. Juni änderte sich unser Schicksal. Um 5.00 Uhr früh wurden wir herausgeklopft; alle Deutsche müssen in einer halben Stunde zum Abmarsch fertig sein und sich auf der Dorfstraße sammeln! In aller Hast suchte man das wenige zusammen, was man tragen konnte. Nach dem Verlassen der Wohnungen fingen Russen und Polen sofort an zu plündern was sie noch fanden; dann kam der Befehl an uns, alle Gold- und Wertsachen abzugeben. Man trieb jeden von uns einzeln in ein Gehöft, wo das Gepäck durchsucht und alles genommen wurde, was den Soldaten gefiel. Ich selbst wurde wegen meiner 75 Jahre auf einen Ackerwagen gesetzt mit zwei sterbenden Frauen und zwei geschlechtskranken Mädchen von zehn und zwölf Jahren, die nicht laufen konnten. Vor

dem Gehöft schlug mich ein polnischer Offizier mit einer schweren Reitpeitsche solange, bis ich meinen Pelz auszog. Dann sprang ein Soldat auf den Wagen und riß mir meine Kleider bis aufs Hemd auf, er fand meinen Brustbeutel mit Schmuck und nahm ihn sich. Das deutsche Papiergeld warf er mir vor die Füße. Sehr viele Männer und Frauen wurden bei der Untersuchung blutig geschlagen, ihre Gesichter waren voll Striemen und die Augen blutunterlaufen.

Gegen 1.00 Uhr mittags zog der traurige Zug gen Westen, begleitet von polnischen Soldaten. Außer uns, zwei Wagen mit Säuglingen und alten Leuten, mußte alles zu Fuß gehen. Wo wir auf dem Wege hinsahen, waren alle Straßen bevölkert von den gleichen Elendszügen, Schubkarren wurden von Frauen geschoben – beladen mit Gepäck und kleinen Kindern –, Alte und Kranke saßen auf Kisten mit Rädern. Unterwegs nahm man uns noch die Säcke ab und warf sie auf uns entgegenkommende Wagen, die nach Osten fuhren. Drei Tage und zwei Nächte dauerte der Marsch bis Frankfurt a. d. O. durch zerstörte, gespensterhaft leere, schon vor uns von den Bewohnern geräumte Städte und Dörfer, wie Sternberg, Bottschow und Reppen. Wir schliefen im Wald; da die Polen uns die letzten Decken und Mäntel noch im Dorf genommen hatten, besaßen wir nichts, um uns zuzudecken. Wer nachts starb, wurde früh im Walde verscharrt; oft war es nicht sicher, daß sie tot waren, denn man wartete nur, bis sie sich kurze Zeit nicht bewegten. Die polnischen Posten beraubten uns noch in der letzten Nacht um beinahe das letzte unserer Habe, indem sie uns in der Nacht Überfälle der Russen vortäuschten.

An der Oderbrücke in Frankfurt angelangt, überließ man uns unserem Schicksal. Die Polen gingen zurück nach Osten. Wir schleppten unsere Säckchen über die Brücke und kamen in die überfüllte Stadt. Hunderttausende von Flüchtlingen waren angekommen, und immer neue Trecks überfluteten die Straßen. Die Stadt war diesem Zustrom gegenüber hilflos, es gab keine Quartiere und kein Brot für diese hilflosen Menschen, die nun obdachlos auf den Straßen blieben. Als wir ankamen, standen viele beladene Karren und Kisten an der Oderbrücke. Wir hörten, daß kurz vor unserer Ankunft dort ca. 70 Familien eines Trecks ihrem Leben ein Ende gemacht hatten, indem sie sich in die Oder stürzten, denn diese Bauern konnten den Verlust ihrer Höfe nicht fassen und begingen aus Verzweiflung Selbstmord. Vier Nächte lagen wir in den Tunnels des Hauptbahnhofes, wo Fräulein Sowa mir ein Lager auf einer Karre mit unseren Säcken gemacht hatte. Wir warteten darauf, in einen der überfüllten Kohlenwagen der Züge nach Berlin einsteigen zu können. Sie wurden aber von Tausenden gestürmt, und es war mir unmöglich, da heraufzusteigen.

Wir hatten nichts mehr zu essen, und als Fräulein Sowa ihr letztes Kleid auf dem Bahnhof an einen russischen Soldaten für ein Brot gegeben hatte, entschlossen wir uns, zu Fuß weiterzugehen. Wir fanden einen alten herrenlosen Wagen, auf den wir unser Gepäck verluden, und fuhren noch mit einigen Birkholzer Bauern gen Westen in der Richtung Berlin. Frau und Fräulein Sowa zogen den Wagen, und ich lief hinterher. wir machten den Tag 15 bis 20 Kilometer, immer in der Furcht, von Russen, die überall auftauchten, überfallen zu werden. Nachts schliefen wir im Walde oder in verlassenen Scheunen und suchten uns Mohrrüben und Kartoffeln auf den Feldern. Manchmal bekamen wir auch von mitleidigen Menschen etwas zu essen, oder sie erlaubten uns, unsere Kartoffeln bei ihnen zu kochen. Sonst machten wir uns zwischen einigen Steinen eine Feuerstelle.

Nach einigen Tagen blieben unsere Bauern in den dortigen Dörfern zurück, während wir allein weiterzogen. Ich wollte mit Frau und Fräulein Sowa in meine Heimat Elberfelde zu meinen Verwandten, da meine nächsten Angehörigen sich alle von Oberschlesien aus – wie ich – auf der Flucht befanden.

Zitiert nach: Schieder, Theodor u. a. (Bearb.): Dokumentation der Vertreibung der Deutschen aus Ost-Mitteleuropa. Die Vertreibung der deutschen Bevölkerung aus den Gebieten östlich der Oder-Neiße, Bd. I/2, Bonn 1954, S. 686–688

Deutsche Flüchtlingstrecks auf dem Weg nach Westen

M2 8

Aus: Der Spiegel Nr. 47 vom 16. November 1970, S. 145

Aus: Deutsche und Polen (Informationen zur politischen Bildung Nr. 143), Bonn 1970, S. 18

M2 9

Vertreibung und Flucht der Deutschen aus ihren Heimatgebieten

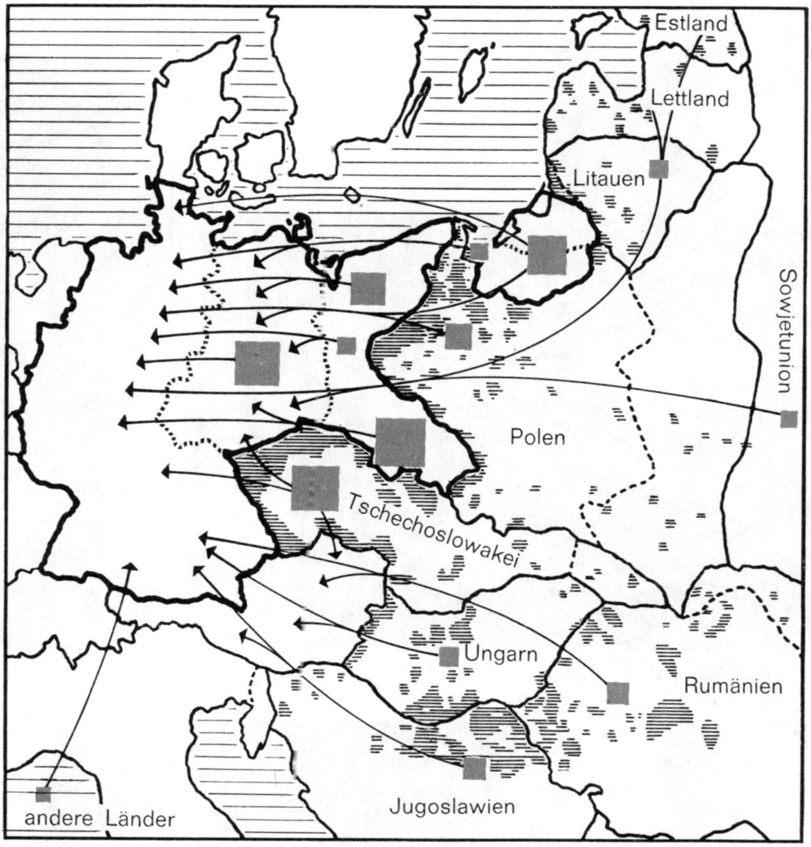

Vor der Vertreibung

Deutsche Bevölkerung im Jahre 1939

Ostgebiete des Deutschen Reiches		9 575 000	
davon Ostpreußen	2 473 000		
Ost-Pommern	1 884 000		
Ost-Brandenburg	642 000		
Schlesien	4 577 000		
Tschechoslowakei		3 477 000	
Baltische Staaten und Memelland		250 000	
Danzig		380 000	
Polen		1 371 000	
Ungarn		623 000	
Jugoslawien		537 000	
Rumänien		786 000	
zusammen		16 999 000	
Geburtenüberschuß 1939–1945		+ 659 000	
			17 658 000
Kriegsverluste 1939–1945			– 1 100 000
Deutsche Bevölkerung bei Kriegsende			16 558 000

Nach der Vertreibung (1945–1950)

Vertrieben			
aus den Ostgebieten des Deutschen Reiches	6 944 000		
aus der Tschechoslowakei	2 921 000		
aus den übrigen Ländern	1 865 000		
		11 730 000	
In der Heimat verblieben			
in den Ostgebieten des Deutschen Reiches	1 101 000		
in der Tschechoslowakei	250 000		
in den übrigen Ländern	1 294 000		
		2 645 000	
Vermutlich noch lebende Gefangene		72 000	
			14 447 000
Tote und Vermißte während der Vertreibung (Vertreibungsverluste)			
in den Ostgebieten des Deutschen Reiches	1 225 000		
in der Tschechoslowakei	267 000		
in den übrigen Ländern	619 000		
			2 111 000
			16 558 000

Gesamtzahl der deutschen Vertriebenen 1966 (geschätzt)

in der Bundesrepublik Deutschland	10 600 000
in der sowjetischen Besatzungszone Deutschlands	3 500 000
in Österreich und anderen westlichen Ländern	500 000

Aus: Bundesministerium für Vertriebene (Hg.): Tatsachen zum Problem der deutschen Vertriebenen und Flüchtlinge, Bonn 1966, Tafel 4

Polen und Deutsche 1945–1950

M2 10

Diskriminierung, Bestrafung und Vertreibung der nach Kriegsende noch in den Gebieten östlich von Oder und Neiße ansässigen deutschen Bevölkerung waren, wie sich aus Tausenden von ähnlichen Berichten ergibt, die Folge der polnischen Politik der Vergeltung, die schon mit dem „Manifest des Polnischen Komitees der Nationalen Befreiung" vom 22. 7. 1944 eingeleitet worden war ...

Das Gesetz vom 6. 5. 1945 übereignete „jegliches bewegliche und unbewegliche Vermögen, das im Eigentum oder Besitz des deutschen Staates stand ... sowie das Vermögen deutscher Staatsangehöriger oder von Personen, die zum Feind übergelaufen sind", dem polnischen Staat. Die Verwaltungsneugliederungen wurden schrittweise mit der Übernahme der Befugnisse aus den Händen der Sowjets vorgenommen ..., am 24. 5. 1945 unterstellte das Dekret „Betreffend die Verwaltung der wiedergewonnenen Gebiete" die deutschen Ostgebiete den Organen des polnischen Staates.

Bedeutsam für das Schicksal der deutschen Bevölkerung wurde die Aufstellung einer Bürgermiliz, die bei allen Maßnahmen des „Ministeriums für die Wiedergewonnenen Gebiete" (geschaffen am 13. 11. 1945) als Exekutive tätig war, d. h. Verhaftungen vornahm, Vermögen und Wohnungen der Deutschen einzog und sie an Polen vergab usw. Der aus Kriegs- und Besatzungszeit angestaute persönliche Haß und die offizielle Vergeltungsanweisung der Staatsorgane führten zu Formen der Schikane und der Terrorisierung, die zum Teil absichtlich die vorangegangenen Maßnahmen der Nationalsozialisten kopierten und sich vielfach in denselben Gefängnissen und Lagern abspielten, in denen nun Deutsche erlitten, was vorher den Polen widerfahren war. Die Gesamtzahl der noch im Sommer 1945 im polnischen Herrschaftsbereich lebenden deutschen Staatsangehörigen wird auf 5 650 000 geschätzt. Nach der Massenflucht vor der vorrückenden Roten Armee im Winter und Frühjahr 1945 hatten sich noch etwa 4 400 000 deutsche Zivilisten östlich von Oder und Neiße befunden ...
Die erste große Welle, im Juni/Juli 1945, betraf etwa 2–300 000 Menschen. Der Vorgang lief jeweils nach dem gleichen Schema ab: Die Ortschaften wurden besetzt, die Deutschen, denen man nur die Mitnahme eines dürftigen Handgepäcks gestattete, innerhalb kürzester Fristen zum Abmarsch befohlen und sodann in Marschkolonnen zu den Grenzflüssen getrieben. An den wenigen Flußübergängen stauten sich die Massen, da die sowjetischen Besatzungseinheiten am Westufer die Kolonnen nur zögernd in die sowjetisch besetzte Zone ließen, denn dort herrschten ohnehin – infolge des Flüchtlingszustroms im Frühjahr 1945 und des Zurückflutens von Rückkehrwilligen – katastrophale Verhältnisse. Kurz vor Beginn der Potsdamer Konferenz stoppten die polnischen Stellen, vermutlich auf sowjetische Weisung, diese erste radikale und allzu häufig in exzessiver Brutalität vorgenommene Austreibung. Auf der Konferenz von Potsdam wurde dann ausdrücklich festgelegt, „daß die Überführung der deutschen Bevölkerung oder Bestandteile derselben, die in Polen, Tschechoslowakei und Ungarn zurückgeblieben sind, nach Deutschland, in ordnungsgemäßer und humanitärer Weise erfolgen soll ..." Noch ehe der Alliierte Kontrollrat weisungsgemäß die „gerechte Verteilung dieser Deutschen auf die einzelnen Besatzungszonen prüfen" und einen Ausweisungsplan ausarbeiten konnte (fertiggestellt am 20. 11. 1945), hatten die polnischen Behörden bereits weitere 400 000 Deutsche über die Oder-Neiße-Linie geschickt, – und zwar unter denselben Bedingungen wie die der ersten Vertreibungswelle.
Im Laufe des Jahres 1946 erfaßte die Austreibung etwa zwei Millionen Menschen. Erst diese dritte Welle vollzog sich in etwas besser organisierter Form. Stalins Potsdamer Behauptung, die Ostgebiete seien bis auf geringe Reste von den Deutschen „freiwillig" verlassen worden, war durch diese Tatsachen klar widerlegt. Nach der Unterbrechung durch den strengen Winter 1946/47 kam sogar noch eine vierte Welle in Gang: Die ca. 500 000 Betroffenen waren bis dahin zur Zwangsarbeit in Polen und im sowjetisch besetzten Teil Ostpreußens eingesetzt gewesen. Die letzte Welle führte zur Räumung der Lager in Altpolen und zur Entfernung weiterer, bisher in Landwirtschaft und Bergbau eingesetzter Deutscher. Nach 1949 kam es nur noch zu Einzelaussiedlungen ...

Aus: Fritz Peter Habel/Helmut Kistler: Deutsche und Polen, Teil 2 (Informationen zur politischen Bildung Nr. 143), Bonn 1970, S. 17–19

M2 11 Die Verluste der deutschen Zivilbevölkerung östlich der Oder-Neiße im Verlaufe ihrer Vertreibung

Der Bericht über den Verlauf der Vertreibung aus dem Osten bliebe unvollständig ohne den Versuch, etwas über das Ausmaß der dabei eingetretenen Menschenverluste auszusagen und Zahlen zu nennen, durch die in sehr eindringlicher Weise bestätigt wird, was in den Erlebnisberichten über die unmenschlichen Formen der Vertreibung berichtet ist. Es muß dabei allerdings betont werden, daß darüber gegenwärtig und wohl niemals in vollem Umfange exakte, bis ins einzelne statistisch belegbare Angaben gemacht werden können. Da die bei der Vertreibung entstandenen Verluste nirgends registriert worden sind, kann ihre Höhe heute nur noch nachträglich indirekt errechnet werden. Sie läßt sich einigermaßen aus der Differenz zwischen der Anzahl derjenigen Ostdeutschen ermitteln, die vor der Vertreibung östlich der Oder lebten, und der Zahl derer, die davon entweder als Vertriebene im Gebiet der Bundesrepublik und der Sowjetzone registriert wurden oder heute noch in der Heimat leben.

Verluste der ostdeutschen Bevölkerung durch Kriegseinwirkungen und infolge der Vertreibung (1939–1950)

Reichsgebiete jenseits der Oder und Neiße	Bevölkerungsstand von 1939 plus Bevölkerungszuwachs während der Kriegszeit	Anzahl der Vertrieb. aus d. Reichsgeb. östlich der Oder-Neiße i. Bundesgeb. u. d. Sowjet-Zone	Noch in ihrer Heimat befindlich	Differenz (Verluste durch Kriegseinwirkung u. Vertreibung)
Ostpreußen	2619000	1930000	75000	614000
Ostpommern	1985000	1495000	50000	440000
Ostbrandenburg	659000	410000	10000	239000
Schlesien	4824000	3250000	700000	874000
Insgesamt	10087000	7085000	835000	2167000

Das Ergebnis der obigen Aufstellung zeigt, daß die deutsche Bevölkerung in den Reichsgebieten östlich der Oder-Neiße (Grenzen von 1937) durch Kriegseinwirkung und infolge der Vertreibung einen Gesamtverlust von 2,15 Millionen Menschen zu beklagen hatte. Da die Zahl der Gefallenen und in Gefangenschaft verstorbenen ostdeutschen Soldaten sicher nicht mehr als eine halbe Million betragen hat und die Zahl der vor Beginn der Flucht den Bombenangriffen zum Opfer gefallenen Zivilpersonen in Ostdeutschland kaum höher als 50000 liegen dürfte, ergibt sich, daß allein während des Gesamtprozesses der Vertreibung 1,6 Millionen Deutsche aus den Reichsgebieten östlich der Oder-Neiße umgekommen sind, d.h. 15,8 Prozent der Gesamtbevölkerung Ostdeutschlands vor Kriegsende. Die Höhe dieser Verluste wird daran deutlich, daß sie mehr als das Dreifache derer beträgt, die infolge des Krieges unter den ostdeutschen Soldaten entstanden. – Es hat sich dabei erwiesen, daß die Zahl der Opfer bei den Deutschen, die unter russisch-polnische Herrschaft gerieten, durchschnittlich mehr als das Dreifache aller im Verlaufe der Flucht Umgekommenen beträgt. Die wahllosen Erschießungen beim Einzug der Roten Armee, die Einlieferung großer Teile der ostdeutschen Bevölkerung in Zwangsarbeitslager und Gefängnisse, die allgemeine Hungersnot und die zahlreichen in den Jahren 1945/1946 herrschenden Epidemien, schließlich auch die Vorgänge während der Deportation nach Rußland und der Zwangsaustreibung haben weit mehr Deutschen das Leben gekostet als manche Ereignisse während der Flucht, wie z.B. der Haffübergang, das Bombardement von Dresden und zahlreiche Schiffsuntergänge. Das bedeutet, daß die Verlustquote der nach 1945 in der Heimat Zurückgebliebenen sicher höher war als die Durchschnittszahl von 15,8 Prozent aussagt. Prozentual noch höher als in den Reichsgebieten östlich der Oder-Neiße waren die Verluste der deutschen Bevölkerung im Gebiet der Freien Stadt Danzig und im polnischen Staatsgebiet. In Danzig lebten nach der Personenstandsaufnahme vom 10. Oktober 1941 404000 Deutsche; 1950 waren im Bundesgebiet, in Berlin und der Sowjet-

zone rund 300000 Vertriebene aus Danzig registriert, so daß – da nur einige wenige Deutsche heute noch in Danzig leben – mit einem Gesamtverlust von rund 100000 Danzigern, d.h. 25 Prozent, zu rechnen ist.
Eine Verlustermittlung für die Deutschen, die 1944 auf polnischem Territorium (Grenzen von 1937) lebten, ist gegenwärtig nur für die alteingesessene volksdeutsche Bevölkerung möglich. Sie ergibt folgendes Bild:

Verluste der deutschen Bevölkerung in Polen 1939–1950

Alteingesessene dt. Bevölkerung in Polen (Grenzen von 1937) nach d. Stande von 1939	Davon bis 1950 im Bundesgebiet, i.d. Sowjetzone u. in Berlin registriert	Noch in Polen befindlich	Differenz (= Verluste)
958000	666000	75000	217000 (22,5%)

Nicht wesentlich anders als das Schicksal der alteingesessenen Deutschen in Polen hat sich das Los der während des Krieges in westpolnischen Gebieten angesiedelten deutschen Umsiedler und der aus dem Reich zugezogenen Deutschen (insgesamt rund 800000) gestaltet. Auch unter ihnen wird es demnach ähnlich hohe Verluste gegeben haben. Alles in allem ist damit zu rechnen, daß mindestens 400000 Deutsche aus Danzig und den polnischen Gebieten (Grenzen von 1937) den langjährigen Vertreibungsprozeß von der Flucht vor der Roten Armee bis zur Ausweisung nicht überlebten. – Die erschreckende Höhe der Menschenverluste unter der deutschen Bevölkerung Polens und Danzigs erklärt sich aus der Tatsache, daß der überwiegende Teil dieser Menschen 1945 in Lagern untergebracht wurde, in denen infolge von Mißhandlungen und Gewalttaten, auf Grund der schlechten Ernährung, absolut unhygienischer Verhältnisse und zahlreicher Seuchen und Epidemien eine Sterblichkeit von ungewöhnlichem Ausmaße herrschte.
Die Gesamtzahl der infolge der Vertreibung östlich der Oder und Neiße umgekommenen deutschen Zivilpersonen erhöht sich durch die hohen Verluste der Deutschen aus Polen und Danzig auf rund 2 Millionen. Dies bedeutet, daß im Laufe des Vertreibungsprozesses etwa der sechste Teil der deutschen Bevölkerung aus den Gebieten östlich der Oder-Neiße ums Leben gekommen ist.

Aus: Schieder, Theodor u.a. (Bearb.): Dokumentation der Vertreibung der Deutschen aus Ost-Mitteleuropa. Die Vertreibung der deutschen Bevölkerung aus den Gebieten östlich der Oder-Neiße, Bd. I/1, Bonn 1954, S. 157 E bis 160 E

SEQUENZ 3

Ökonomische Aspekte der Okkupation und der Zwangsumsiedlung

Ohne die nationale Komponente der kriegerischen und politischen Auseinandersetzungen zwischen Deutschland und Polen während und nach dem zweiten Weltkrieg zu unterschätzen, muß die Bedeutung von unterschiedlichen gesellschaftspolitischen Positionen und von ökonomischen Interessen gesehen werden, die nicht nur national bestimmt, sondern von allgemeinerer Reichweite sind. Ohne ihre Berücksichtigung kann weder eine zutreffende (wie immer vorläufige) Interpretation der deutschen bzw. polnischen Maßnahmen erreicht, noch können die jeweiligen ideologischen Auseinandersetzungen konkretisiert werden.
Will man die ökonomischen Interessen, die „deutsches" und später „polnisches" Handeln in diesem Zeitraum bestimmten, analysieren, so kann zum einen gefragt werden,

wie sich die deutschen Wirtschaftsinteressen in den während des Zweiten Weltkriegs okkupierten Gebieten spezifizieren lassen und zum anderen, welche der von der polnischen Exekutive nach Vertreibung der deutschen Besatzung ergriffenen Maßnahmen sich aufgrund von Notwendigkeiten und programmatischen Festlegungen zur Neuordnung der Besitzverhältnisse ergeben haben.

Von den vorgestellten Materialien können derartige Fragestellungen allerdings nur teilweise abgedeckt und ihre Zusammenhänge und Beziehungen nur unvollständig entwickelt werden. Ursache für diese Unvollständigkeit ist sowohl die Komplexität der notwendigerweise zu tangierenden Aspekte als auch die aufgrund der Kriegssituation fehlende Möglichkeit von vereinfachenden Zuordnungen (z. B. zu Privatwirtschaft und Planwirtschaft). Die Materialzusammenstellung soll deshalb nicht Grundlage und „Anschauungsmaterial" für polit-ökonomische Theorien sein, sondern sie hat den Charakter einer Aneinanderreihung von Aspekten ökonomischen Interesses, die die deutsch-polnischen „Beziehungen" zwischen 1939 und 1950 bestimmten.

Allerdings scheint uns die Brisanz einer Einbeziehung ökonomisch orientierter Interpretationsebenen durch die mangelnde Vollständigkeit der Materialien kaum eingeschränkt; die intensive Beschäftigung mit einzelnen Materialien dürfte vielmehr eine erhebliche Fülle von Fragestellungen gewährleisten.

Bei der Auswahl der die deutschen Maßnahmen betreffenden Texte wird auffallen, daß sie kaum auf längerfristige Entwicklungen abheben, sondern sich vielmehr auf einzelne aktuelle Eingriffe und Handlungen beziehen. Das ist bei den Texten, die sich mit den polnischen Wirtschaftsmaßnahmen nach Kriegsende auseinandersetzen, etwas anders, weil wir davon ausgehen mußten, daß der Informationsstand über die polnische Entwicklung sehr unterschiedlich – und wahrscheinlich lückenhaft – sein würde. Deshalb haben wir zur Verdeutlichung der polnischen Nachkriegsgeschichte solche Texte bevorzugt, die auf den Gesamtzusammenhang der politischen und wirtschaftlichen Neuordnung abzielen. Im Vordergrund der Erarbeitung stehen die ökonomischen Maßnahmen der „Bodenreform" und ihr Zusammenhang mit der Zwangsumsiedlung der Deutschen.

Die Materialien (M3)

Zu: Deutsche Maßnahmen

1 Übernahme polnischer Industriebetriebe durch die deutsche Wehrmacht oder deutsche Privatunternehmen
2 Ausbau des industriellen Potentials und Arbeitskräftebeschaffung (Beispiel: das Werk Auschwitz der IG Farben)
3 Aufbau der Produktion im Generalgouvernement und Situation der polnischen Arbeitskräfte
4 Problematik der Deportation polnischer Arbeitskräfte aus deutscher Sicht

Zu: Polnische Maßnahmen

5 Die Entstehung des modernen polnischen Staates (eine Darstellung aus offizieller polnischer Sicht)
6 Exilpolnische Kritik am Verstaatlichungsprogramm
7 Deutsche Arbeitskräfte in Polen
8 Ansiedlung polnischer Repatrianten, Bodenreform, Nationalisierung der größten Betriebe (eine Darstellung aus offizieller polnischer Sicht)

Überlegungen zum Einsatz der Materialien

Die Texte M3 1 bis M3 9 beinhalten Aussagen über die Besitzverhältnisse an Produktionsanlagen, über Arbeitskräfte und über Grundbesitz sowie über ihre den jeweiligen staatlichen Ordnungsvorstellungen bzw. Machtverhältnissen entsprechende Verfügung. Die Materialien M3 1 bis M3 4 sind ausgewählt, um den Zusammenhang zwischen Maßnahmen, die insgesamt als Okkupation bezeichnet werden, und deren wirtschaftlicher Ausnutzung durch Deutsche und die deutsche Industrie zu erhellen. Solche Interessen werden nach der Besetzung rücksichtslos durchgesetzt, aber diese Interessen sind keineswegs widerspruchsfrei. So kann bereits anhand des Materials M3 1 deutlich werden, daß es Auseinandersetzungen zwischen Heeresdienststellen, der Privatwirtschaft, aber auch innerhalb der Privatwirtschaft selbst gibt.
Die historische Konkretisierung der Interessenkonstellation ergibt sich hier aus den kriegswirtschaftlichen Interessen des Heeres; gemeinsam scheint als Erwartungshorizont letztlich die Überführung von Produktionsanlagen in die Verfügungsgewalt der Privatwirtschaft zu sein. Die Wegnahme polnischen Besitzes gilt als fraglose Voraussetzung der ins Auge gefaßten Planungen.
Die Materialien M3 2 bis M3 4 behandeln unterschiedliche ökonomische Maßnahmen durch Deutsche. So kann z. B. in Material M3 2 das Zusammenspiel von staatlichem Interesse (hier: Ausrottung und Versklaven der Polen) und privatwirtschaftlichen Intentionen (hier: Beschaffung billiger Arbeitskräfte) deutlich werden, ohne daß damit einer verkürzten Faschismustheorie das Wort geredet werden soll.
Ausrottung, Versklavung und Deportation der polnischen Bevölkerung einerseits und die Notwendigkeit, billige Arbeitskräfte zu beschaffen andererseits, lassen sich aber nicht reibungslos abstimmen. Die industrielle Produktion scheint durch die hastig durchgeführten Deportationen gefährdet, wie die Materialien M3 3 und M3 4 zeigen. Allerdings belegt M3 3 auch, daß sich an der grundsätzlich rassistischen Haltung der Nationalsozialisten gegenüber der polnischen Bevölkerung nichts geändert hat. Vielmehr zeigt die von Frank verwandte Metapher (Verhältnis zwischen Ameise und Blattlaus), daß im ökonomischen Interesse der deutschen Kriegswirtschaft vorübergehend ein „gemäßigteres“ Vorgehen zweckmäßig sei.
Auch in den Materialien M3 5 bis M3 8, die Informationen über die Entwicklung der polnischen Nachkriegsgeschichte vermitteln, sind Fragen nach ökonomischen Motiven angelegt, die nicht einfach als „national“ bezeichnet werden können. So kann aufgrund der Untersuchung des Materials M3 6 zwar die nationale Unbestrittenheit der Oder-Neiße-Grenze als polnischer Westgrenze sichtbar werden, aber zugleich wird deutlich, daß das Verstaatlichungsprogramm und seine Durchsetzung nach 1945 zu den zentralen politischen Streitpunkten zwischen den polnischen Arbeiterparteien und den nicht-kommunistischen Gruppierungen gehört. In den Auseinandersetzungen um die Veränderung der polnischen Grenze ebenso wie in den Programmen und Maßnahmen zur Verwendung der enteigneten deutschen Besitzungen können sich schließlich die von der Sowjetunion unterstützten Gruppierungen durchsetzen.

M3 1

Übernahme polnischer Industriebetriebe durch die deutsche Wehrmacht oder deutsche Privatunternehmen

Aus dem Protokoll der Sitzung der Regierung des Generalgouvernements am 4. Januar 1943 über den Raub polnischer Industriebetriebe

In zahlreichen Verhandlungen, die in Berlin bei General Thomas und in Krakau mit dem Vertreter des OKH, Ministerialdirigenten Zeidelhak, stattgefunden hätten, habe die Wehrmacht eine Anzahl von Betrieben des Generalgouvernements freigegeben

bzw. auf sie verzichtet, während sie für andere Betriebe an ihrem Eigentumsanspruch festgehalten habe. Bezüglich der letzteren Kategorie habe er, Präsident Dr. Emmerich, den Standpunkt vertreten, daß, wenn das OKH, das in erster Linie in Betracht komme, bestimmte Betriebe in eigene Regie übernehme, dieser Umstand für die Friedenswirtschaft nicht allzu tragisch zu nehmen sei; denn im Frieden werde die Privatisierung dieser Unternehmungen wahrscheinlich sehr schnell erfolgen, so daß man hinsichtlich der Entscheidung für eine privatwirtschaftliche oder staatssozialistische Richtung diesen Dingen keine grundsätzliche Bedeutung beizulegen brauchte.
Zu den Betrieben, für die ein unmittelbarer Eigentumserwerb durch die Wehrmacht nicht in Betracht komme, gehörten Kamiena als Munitionsfabrik, die Eisenhütte Tschenstochau, die Gewehrfabrik Warschau und andere. Reichsminister Speer und vor allem auch das Oberkommando des Heeres hätten sich dafür eingesetzt, daß für Kamiena endgültige Eigentumsverhältnisse geschaffen würden, und zwar mit dem Hinweis darauf, daß die Fortführung der bisherigen Treuhandgesellschaft der Erhöhung des Rüstungspotentials abträglich sei und man trotz aller Investitionen, die man in die Betriebe mache, auf große Schwierigkeiten stoße; man könne nicht in Betriebe hineininvestieren, die einem nicht gehörten. Über diese Frage sei man dann auch auf Grund der von Berlin aus gemachten Argumentation in Verhandlungen eingetreten.
Die Hasag, Hugo-Schneider-AG, ein Munitionskonzern des Reiches, Sitz Leipzig, sei vor Gründung des Generalgouvernements vom Oberkommando des Heeres mit der Führung eines Teiles der Munitionfabrik Kamiena beauftragt worden. Röchling habe [man] mit der Führung eines anderen Teiles beauftragt. Röchling sei ausgeschieden. Die Hasag habe sich dann unter Führung des Generaldirektors Budin zunächst die Betriebsführung von Kamiena allein angeeignet und habe es verstanden, sich auch Eingang in die Eisenschaffende Industrie zu verschaffen. Das Eisenhüttenwerk Tschenstochau sei ein veraltеter Betrieb gewesen, den die Dienststelle für den Vierjahresplan habe verschrotten wollen. Das habe damals die Rüstungsinspektion zu verhindern gewußt. Die Rüstungsinspektion habe sodann die Hasag als Betriebsführer in Tschenstochau eingeführt, was die oberschlesische Industrie, die jede Konkurrenz an ihrer Grenze nach Möglichkeit ausschalten wollte, sehr verärgert habe ...

Zitiert nach: Dietrich Eichholtz und Wolfgang Schumann (Hg.): Anatomie des Krieges. Neue Dokumente, (Ost-) Berlin 1969, S. 419 f.

Ausbau des industriellen Potentials und Arbeitskräftebeschaffung (Beispiel: des Werk Auschwitz der IG Farben)

M3 2

Aus dem Protokoll über die Gründungssitzung des Werkes Auschwitz der IG Farbenindustrie AG am 7. April 1941

Dr. Eckell (RWA)[1] vertritt die Notwendigkeit des Ausbaues der deutschen Buna-Erzeugung. Als eine weitere Fabrikationsstätte sei der Standort Auschwitz mit einer Jahreserzeugung von 30000 t Buna vorgesehen. Das Bauvorhaben ist bauseitig in die Dringlichkeitsstufe 0, apparateseitig in die Dringlichkeitsstufe SS eingegliedert, womit der Grad der größten Dringlichkeit genügend gekennzeichnet sei. Er bittet die Vertreter von Staat, Partei und Wehrmacht um eine tatkräftige Unterstützung, damit die der IG Farbenindustrie gesetzten sehr knappen Termine eingehalten werden können ...
Während der Bauzeit wird eine Belegschaft von etwa 8000 Bauarbeitern und 4000 Metallarbeitern in den Spitzenmonaten zu erwarten sein. Die eigentliche Betriebsbelegschaft wird, beginnend mit 5000 Mann, bis zu 15000 Mann bei weiterem Ausbau des

[1] Johannes Eckell, Direktor der IG Farbenindustrie AG, zugleich Referatsleiter im Reichswirtschaftsministerium und Leiter der Abteilung Chemie im Reichsamt für Wirtschaftsausbau.

Werkes betragen. Für die Bauzeit ist eine weitgehende Unterstützung durch das KZ-Lager Auschwitz auf Grund eines Befehles des Reichsführers SS in Aussicht gestellt. Der Lagerkommandant, Sturmbannführer Hoess, hat bereits die Vorbereitungen für den Einsatz seiner Kräfte getroffen. Das KZ-Lager stellt Häftlinge für die Aufbauarbeiten, Handwerker für Schreiner- und Schlosserarbeiten, unterstützt das Werk in der Verpflegung der Baubelegschaft und wird die Belieferung der Baustelle mit Kies und sonstigen Baumaterialien durchführen ...
Abschließend gibt Dr. Ambros[1] folgenden Gedanken Ausdruck: Die IG Farbenindustrie hat mit dem Projekt Auschwitz einen Plan zu einer neuen Werksgründung größten Ausmaßes entworfen. Sie ist entschlossen, unter Einsatz ihrer besten Kräfte ein lebendiges Werk aufzubauen, das sich ebenso gestaltend auswirken wird wie die vielen Anlagen im Westen und in Mitteldeutschland. Die IG Farbenindustrie erfüllt damit eine hohe Pflicht, auf ihre Weise mitzuwirken und alle Kräfte einzusetzen, daß diese Industriegründung zu einem festen Eckpfeiler wird für ein kräftiges, gesundes Deutschtum im Osten. Dr. Ambros schließt mit der Bitte, daß alle Ämter der IG Farbenindustrie bei dieser schweren, aber hoffnungsvollen Aufgabe ihre Unterstützung gewähren ...
Bezüglich der Aussiedlung der Polen macht Schäfer im Auftrage des Reichsführers SS folgende Angaben: Grundsätzlich ist die völlige Aussiedlung der polnischen Bevölkerung aus dem in Frage stehenden Gebiet vorgesehen. Das Ziel des Reichsführers geht dahin, hier ein Muster der Ostsiedlung zu errichten, wobei auch ein Hauptaugenmerk darauf gerichtet wird, daß besonders qualifizierte deutsche Menschen hier angesiedelt werden sollen. Um eine Entblößung der Ostgebiete zu vermeiden, wird die Aussiedlung der Polen nur Zug um Zug erfolgen. Augenblicklich sei die Aufnahmefähigkeit des Generalgouvernements außerdem erschöpft, so daß die Umsiedlung nur sehr langsam vor sich gehen wird.

Zitiert nach: Dietrich Eichholtz und Wolfgang Schumann (Hg.): Anatomie des Krieges. Neue Dokumente, (Ost-) Berlin 1969, S. 324 f.

M3 Aufbau der Produktion im Generalgouvernement und Situation der polnischen Arbeitskräfte

Ausführungen des Generalgouverneurs Frank während einer Abteilungsleiterbesprechung am 19. 1. 1940.

Entscheidend wichtig ist nunmehr auch der Neuaufbau der Produktion im Generalgouvernement. Bisher stand der Gedanke im Vordergrund, das Land hier als Beuteland zu betrachten. Aber dieses Stadium ist nunmehr abgeschlossen. Jetzt gilt es, aus den Urelementen eine neue Produktion aufzubauen und diese Produktion in den Dienst des Reiches zu stellen. Der Führer hat neuerdings die Kapazität der Rüstungsindustrie vervierfacht. Das bedeutet: Wenn eine Munitionfabrik i. J. 1939 eine Produktionsziffer X hatte, so muß sie 1940 die Zahl 4 X erreichen. Für das Generalgouvernement bedeutet das, die Produktion, die wir in diesem Lande nunmehr aufbauen müssen, hat sich in entsprechender Entwicklung zu bewegen. Die Werke haben also zu schuften und zu arbeiten. Den Polen, die in die Betriebe hineingestellt werden, muß Hören und Sehen vergehen, so daß sie vor lauter Arbeit – disziplinierter Arbeit! – zu Sabotageakten gar nicht mehr kommen. Wir wollen die Erzförderung auf fast eine halbe Million Tonnen, die Förderung an Öl auf fast 280 000 Tonnen bringen. Das sind keine Phantasieziffern, sondern erreichbare Zahlen. Auch in allen anderen Fabriken wollen wir den Leistungsgrad steigern.

---

[1] Otto Ambros. Direktor der Werke der IG Farbenindustrie AG in Auschwitz, Vorstandsmitglied der IG Farbenindustrie AG.

Doch dazu ein ernstes Wort! Soll dieses Programm durchgeführt werden, dann müssen die Betriebe eine bevorzugte Behandlung erfahren. Zu diesem Zweck hat die Dienststelle für den Vierjahresplan in Verbindung mit der zuständigen Abteilung des Generalgouvernementes einen großzügigen Plan zur förderlichen Behandlung der in diesen Betrieben tätigen Arbeiterschaft aufgestellt. Dieser Plan umfaßt auch die Versorgung der Arbeiterschaft dieser Betriebe mit Lebensmitteln und Bedarfsartikeln. Die Betriebe, die in die Kategorie A des Vierjahresplans eingereiht sind – es sind rund 60 –, werden mit Lebensmitteln und Bedarfsartikeln in einer Weise beliefert, daß wir ohne Lohnsteigerung imstande sind, den Arbeitern den Reallohn zu gewährleisten. Die Arbeiter sollen sich für die 10 bis 12 Zloty, die sie täglich verdienen, alles das kaufen können, was sie zum Lebensunterhalt dringend brauchen. Ich darf alle Abteilungen bitten, mir dabei zu helfen, daß ich dem Wunsch und Befehl des Führers und Generalfeldmarschalls voll und ganz entsprechen kann. Dieser Befehl geht dahin, für die deutsche Wehrwirtschaft herauszuholen, was überhaupt herauszuholen ist. Mein Verhältnis zu den Polen ist dabei das Verhältnis zwischen Ameise und Blattlaus. Wenn ich den Polen förderlich behandele, ihn sozusagen freundlich kitzele, so tue ich das in der Erwartung, daß mir seine Arbeitsleistung zugute kommt. Hier handelt es sich nicht um ein politisches, sondern um ein rein taktisch-technisches Problem. Wir müssen dafür sorgen, daß die Betriebe der Kategorie A in jeder Hinsicht eine Ausnahmebehandlung erfahren. Wir sind bereit, der polnischen Arbeiterschaft, wenn sie sich loyal im Dienste des Reiches betätigt, das Leben und alles, was damit zusammenhängt, sicherzustellen und zu gewährleisten. Ich darf Sie bitten, diese Behandlungsrichtlinie überall einzuhalten und auch den unteren Organen einzuschärfen. Ich wäre dankbar, wenn auch die Abteilung Propaganda in ihrem Bereich etwas zur Hebung der seelischen Situation dieser Arbeiter täte, durch Bücher, Filme und überhaupt Unterhaltung aller Art. Der Nutzen kommt ja unmittelbar immer uns, den Deutschen, zugute. Wo trotz aller dieser Maßnahmen die Leistung nicht steigt oder wo der geringste Akt mir Anlaß gibt einzuschreiten, würde ich allerdings auch vor drakonischen Maßnahmen nicht zurückschrecken.

Aus: Das Diensttagebuch des deutschen Generalgouverneurs in Polen 1939–1945, hrsg. v. Werner Präg und Wolfgang Jacobmeyer, Stuttgart 1975, S. 93f.

Problematik der Deportation polnischer Arbeitskräfte

M34

Nicht selten erfolgte die Ausweisung allerdings nach anderen Motiven, so räumte man etwa Straßenzüge pauschal einfach deshalb, weil dringend Wohnraum für die eintreffenden Umsiedler beschafft werden mußte, oder man schob alte, nicht mehr arbeitsfähige Menschen ab. Weitere Beweggründe nennt ein kritischer Bericht vom 23. 9. 1940: „...eine bedenklich große Zahl von Evakuierungen (wurde) aus Konkurrenzneid, persönlichen Gründen und namentlich deshalb angeordnet, um sich der Habe der Betroffenen zu bemächtigen ...", denn selbstverständlich schlossen die Maßnahmen eine völlige Enteignung der Polen ein.
Mit am härtesten war die polnische katholische Kirche von den rigorosen Verfolgungsmaßnahmen betroffen, die auf eine weitgehende Entkirchlichung abzielten.
Waren schon die Umstände der Deportation nicht selten sehr hart, so erwartete die Betroffenen in den Aufnahmegebieten des Generalgouvernements noch Schlimmeres, da dieser Raum für die Aufnahme solcher Massen weder vorbereitet noch, wirtschaftlich gesehen, geeignet war. Alle Einsprüche Franks fruchteten jedoch wenig, da Himmlers Einfluß stärker war. Vor Beginn des Rußlandfeldzuges wurden die Deportationen nahezu vollständig eingestellt, da man alle Transportmittel und Unterkünfte für militärische Zwecke benötigte. Hinzu kam ein wirtschaftliches Motiv; in der „Niederschrift über eine Sitzung betr. Ostfragen" (vom 12. 2. 1940) wurde festgestellt: „... Die Wirtschaft kann nach Lage der Dinge in den Ostgebieten nur dann in der gewünschten

Weise aufrecht erhalten und gesteigert werden, wenn genügend Arbeitskräfte im Lande bleiben. Das werden weitestgehend Polen sein. Alle Evakuierungsmaßnahmen sind darauf abzustellen, daß brauchbare Arbeitskräfte nicht verschwinden. Darüber hinaus müssen die gesamten Ostgebiete die vorgesehene Zahl von Arbeitskräften an das Reich abgeben ..." (1939: 40 000; 1940: ca. 310 000; 1941: ca. 200 000; 1942: ca. 400 000; insgesamt von September 1939 bis August 1943: 1 124 000).

Aus: Fritz Peter Habel/Helmut Kistler: Deutsche und Polen, Teil 2 (Informationen zur politischen Bildung Nr. 143), Bonn 1970, S. 9

M35 Die Entstehung des modernen polnischen Staates – eine Darstellung aus offizieller polnischer Sicht

Am 21. Juli 1944 entstand in dem von der Sowjetarmee und der an ihrer Seite kämpfenden polnischen Armee befreiten Teil Polens die erste provisorische Exekutive – das Polnische Komitee für Nationale Befreiung (PKWN).
Die politische Basis des PKWN bildeten die Polnische Arbeiterpartei (PPR), die von linken Führern wiedererrichtete Polnische Sozialistische Partei (PPS), die Bauernpartei und die Demokratische Partei. An der Spitze des PKWN, das seinen Sitz in Lublin hatte, stand der linke Sozialist Edward Osóbka-Morawski. Das PKWN begann mit der Organisierung der neuen Volksverwaltung und -armee und dem Wiederaufbau des Landes. In seinem Manifest vom 22. Juli 1944 stellte es ein Programm zur Befreiung des Landes von der Hitlerokkupation, zur Wiedererlangung der historischen polnischen Westgebiete, zur Anknüpfung freundschaftlicher Beziehungen zur Sowjetunion und zur Beendigung des Konflikts zwischen der polnischen, ukrainischen und belorussischen Bevölkerung durch eine neue, auf ethnischen Gesichtspunkten beruhende Regelung der Grenzen vor. Für die inneren Verhältnisse kündigte das Juli-Manifest eine Demokratisierung des Landes an, es erklärte die Absetzung der April-Konstitution als einer undemokratischen und in nicht legaler Weise beschlossenen Verfassung. Es erklärte die auf diese Verfassung gestützte Tätigkeit der Londoner Exilregierung und ihrer Verwaltung ihrer Rechte verlustig. Die erste der im Dekret des PKWN beschlossenen und durchgeführten Reformen war eine radikale Bodenreform. Alle Wirtschaften, die mehr als 50 ha Boden umfaßten, gingen an den Staat über und wurden anschließend unter den Landarbeitern und den ärmeren Bauern aufgeteilt.
Am 1. Januar 1945 wurde das PKWN in die Provisorische Regierung umgebildet. Im selben Monat begann die nächste Offensive der Sowjetarmee. In ihrem Ergebnis wurden die zentralen und westlichen Gebiete Polens befreit.
Indessen dauerten heftige politische Auseinandersetzungen im Lande an. Gestützt auf zahlreiche Anhänger der Londoner Exilregierung rief Mikolajczyk die Polnische Bauernpartei (PSL) ins Leben, die sich der Politik der Gruppierungen entgegensetzte, die sich auf das Manifest des PKWN stützten. Anfangs gewann die PSL, die ein legales Zentrum der Gegner der volksdemokratischen Veränderungen in Polen war, ziemlichen Einfluß. Verschiedene politische Zentren, die mit den in der Emigration verbliebenen, Volkspolen feindlich gesinnten Kreisen verbunden waren, arbeiteten mit der PSL zusammen.
Die Ausbeuterklassen, die im Verlauf der revolutionären Umgestaltung Polens ihre ökonomische und politische Position eingebüßt hatten, unterstützten Mikolajczyk. Auch illegale Untergrundorganisationen traten gegen die Konzeption auf, eine polnische Volksdemokratie zu schaffen. Es kam in Polen mehrfach zu bewaffneten Kämpfen. Am 30. Juni 1946 fand ein Referendum zur politisch-gesellschaftlichen Struktur Polens und zur Gestaltung seiner Grenzen statt. Die PPR, PPS, die Bauernpartei und die Demokratische Partei, die einen sog. Demokratischen Block bildeten, gingen daraus als

Sieger hervor. Gemäß den Ergebnissen des Referendums, das eine Kammer für das Parlament festlegte, fanden am 19. Januar 1947 Wahlen zum Legislativen Sejm statt. Die PSL, deren Position schon während des Referendums eine beträchtliche Schwächung erfahren hatte, stellte sich dem Demokratischen Block entgegen. Die Wahlliste des Blocks erzielte eine überwältigende Stimmenmehrheit. Nach den Wahlen entstand die neue Regierung mit dem Sozialisten Józef Cyrankiewicz an der Spitze. Die oppositionelle Tätigkeit der PSL schwand immer mehr. Auch die Aktivität des illegalen Untergrunds verringerte sich sehr stark. Im Herbst 1947 flüchtete Mikolajczyk aus Polen. Der Prozeß der politischen Stabilisierung im Lande erfuhr eine immer stärkere Vertiefung.

Aus: Polen, hrsg. v. Interpress, Warszawa 1974, S. 102 ff.

Exilpolnische Kritik am Verstaatlichungsprogramm

M36

Unter solchen Bedingungen wurde jede Widerstandsleistung bald gänzlich hoffnungslos; sie wäre einfach selbstmörderisch gewesen. Auch nutzten die Kommunisten das nur allzu natürliche Gefühl der Befreiung, das die Bevölkerung nach den so lange betriebenen Verfolgungen durch die Nazis empfand, aus und waren schlau genug, nicht sofort eine ebenso offene Sowjetisierung des Landes vorzunehmen. Sie duldeten sogar eine Art „loyale Opposition" der Bauernpartei, vertagten aber so lange wie möglich die versprochenen Wahlen, in denen diese Partei die Unterstützung aller derjenigen erwarten konnte, die dem Kommunismus feindlich gegenüberstanden: also der gewaltigen Mehrheit der Nation. Zur Vorbereitung dieser Wahlen und um die öffentliche Meinung zu verwirren, beschloß die Regierung schließlich, im Frühling 1946 erst eine Volksbefragung abzuhalten, bei der drei präzise Fragen mit „Ja" oder „Nein" beantwortet werden sollten. Eine dieser Fragen, ob die neue Westgrenze eine dauernde sein solle, war ganz unstrittig, und die erwartete einstimmig positive Antwort sollte der erste Vertrauensbeweis für die Machthaber sein. Eine zweite Frage betraf die Verstaatlichung der Großindustrien und die Landreform, die die Kommunisten sofort nach der Machtergreifung eingeführt hatten und die sie in der Verfassung verankert haben wollten. Da bereits das Manifest vom 22. Juli 1944 entschieden hatte, jeder Grundbesitz von mehr als 50 Hektar sollte an landlose Bauern verteilt werden, und da diese drastische Reform, die den Eigentümern nicht einmal die übrigen 50 Hektar ließ, sondern ihnen alles wegnahm, sehr eilig durchgeführt worden war, wäre es wohl kaum möglich gewesen, alles das ungeschehen zu machen. Es blieb daher nur eine Frage, in der die Opposition gegen das Regime Stellung nehmen konnte: die Frage, ob der Senat abgeschafft werden solle oder nicht. Da eine bejahende Antwort hier bedeutet hätte, man wolle die demokratische Konstitution von 1921 ändern, die das Regime zu respektieren behauptete, war es nur ganz natürlich für alle diejenigen, welche die Sowjetisierung Polens verhindern wollten, hierauf mit „Nein" zu antworten. Eine große Anzahl von Wählern tat dies auch am Tage der Volksbefragung, dem 30. Juni 1946, trotz starken Druckes der Behörden, die sich dann nicht scheuten, die Zahl zu fälschen und offiziell zu erklären, daß sogar in dieser entscheidenden Frage die Regierung erfolgreich gewesen sei. Ein halbes Jahr später, am 19. Januar 1947, fühlte sich das Regime dann sicher genug, die lange verschobenen Wahlen abzuhalten.
Die Jalta-Vereinbarung hatte den Westmächten das Recht gegeben, diese Wahlen zu überwachen; man hatte sie daher von den diplomatischen Vertretungen in Polen beobachten lassen. Alle Berichte, die hierüber ausgegeben wurden, insbesondere die des amerikanischen Botschafters Arthur Bliss Lane, betonten ganz ausdrücklich, daß den Wahlen, die weit davon entfernt waren, „frei und ungebunden" zu sein, eine neue Ter-

rorwelle vorausgegangen sei, die auch noch während der Wahlen angehalten habe, und daß betrügerisch manipuliert worden sei, besonders gegen Mikolajczyk und seine in Opposition stehende Bauernpartei. Diese Partei erhielt daher nur 28 Sitze von den 444 vorhandenen in dem neuen Einkammerparlament, aber trotzdem blieb das Regime von den demokratischen Mächten anerkannt.

Aus: Oskar Halecki: Geschichte Polens, Frankfurt 1970², S. 260–262

M37

Deutsche Arbeitskräfte in Polen

Nach der Unterbrechung (der Zwangsaussiedlung) durch den strengen Winter 1946/47 kam sogar noch eine vierte Welle in Gang: Die ca. 500 000 Betroffenen waren bis dahin zur Zwangsarbeit in Polen und im sowjetisch besetzten Teil Ostpreusens eingesetzt gewesen. Die letzte Welle führte zur Räumung der Lager in Altpolen und zur Entfernung weiterer, bisher in Landwirtschaft und Bergbau eingesetzter Deutscher. Nach 1949 kam es nur noch zu Einzelaussiedlungen, da nunmehr die polnischen Behörden die noch im Lande befindlichen ca. 1,2 Mio. ehemals deutschen Staatsbrüger, zumeist wertvolle Arbeitskräfte, der größte Teil davon in Oberschlesien, zu halten bemüht waren. Unter Hinweis darauf, daß es sich dabei auch zum Teil um polnisch-sprachige Personen aus den deutschen Reichsgebieten in den Grenzen von 1937 handelte (Ermland, Masuren, Ostpommern, Oberschlesien), bezeichnete man sie als Autochthone und zwang sie teilweise zu Treueerklärungen gegenüber dem polnischen Staat und Volk.

Aus: Fritz Peter Habel/Helmut Kistler: Deutsche und Polen, Teil 2 (Informationen zur politischen Bildung Nr. 143), Bonn 1970, S. 19

M38

Ansiedlung polnischer Repatrianten, Bodenreform, Nationalisierung der größten Betriebe – eine Darstellung aus offizieller polnischer Sicht

Vor der neuen polnischen Regierung standen große Probleme. Das wichtigste war die Wiedererlangung der alten polnischen Gebiete im Norden und Westen, die Beendigung der Bodenreform, die Umgestaltung und der Aufbau des Landes. Während des Krieges wurden etwa 38% des polnischen Volksvermögens vernichtet. Warszawa war fast völlig zerstört. Besonders stark verwüstet waren die wiedererlangten Westgebiete, deren Produktionskapazität kaum 40% des Vorkriegsstandes erreichte.

Zwischen Polen und der Sowjetunion wurde die Curzon-Linie als Grenze festgelegt. Im Ergebnis des Potsdamer Abkommens gewann Polen die Gebiete östlich der Neiße und der Oder sowie einen Teil von Ostpreußen zurück. Aus den Polen zugesprochenen Gebieten wurden in Übereinstimmung mit dem Potsdamer Abkommen die noch dort befindlichen Deutschen ausgesiedelt. In diese Gebiete kamen – außer der schon vor dem Krieg dort lebenden Million Polen – weitere Millionen polnischer Umsiedler, darunter etwa 1,5 Millionen Repatrianten aus der UdSSR. 1945 war die Bodenreform beendet. Die Bauern hatten im Ergebnis der Bodenreform ca. 6 Millionen ha Land gewonnen. Es entstanden ca. 815 000 neue Bauernhöfe, 255 000 bereits bestehende wurden erweitert. Gleichzeitig ergab sich aus dem Wiederaufbau des Landes der Prozeß der Nationalisierung der größten Betriebe. Er fand seinen rechtlichen Ausdruck in dem vom Landesnationalrat am 3. 1. 1946 beschlossenen Gesetz ...

Der Wiederaufbau der Landwirtschaft in Volkspolen war mit grundlegenden Veränderungen hinsichtlich der Gesellschaftsordnung, der sozialen Beziehungen und der Eigentumsverhältnisse verbunden. Besonders bedeutungsvolle Faktoren waren die Bodenreform und die Besiedlung der wiedererlangten Gebiete. Von gleicher Bedeutung war es, daß die Verschuldung des Dorfes aufgehoben wurde und daß es in breitem Maße mög-

lich wurde, den Bevölkerungsüberschuß auf dem Lande im Zusammenhang mit dem Wiederaufbau, später dann mit dem planmäßigen Ausbau der Volkswirtschaft, insbesondere der Industrie, außerhalb der Landwirtschaft beschäftigen zu können. In aller Kürze kann festgestellt werden, daß die Bodenreform und die Verstaatlichung der Industrie den gordischen Knoten der Widersprüche in der Vorkriegslandwirtschaft gesprengt und damit die Hindernisse für die Entwicklung der polnischen Landwirtschaft beseitigt haben.
Die Bodenreform, deren Prinzipien im Dekret vom 6. September 1944 festgelegt waren, und die auf ein 1945 erlassenes Dekret gestützte Aktion zur Besiedelung der ländlichen Gebiete in West- und Nordpolen schufen die Grundlagen für eine neue Agrarstruktur. Der Großgrundbesitz wurde abgeschafft. 6,1 Mill. ha Boden wurden an Klein- und Mittelbauern, kleine Pächter und Landarbeiter verteilt. Dadurch entstanden ungefähr 814000 neue Bauernhöfe, und die Fläche von mehr als 254000 bereits bestehenden Bauernhöfen wurde vergrößert. Der bäuerliche Grundbesitz wurde also beträchtlich erhöht. Als diese Reformen 1949 abgeschlossen waren, befanden sich 86% der gesamten landwirtschaftlichen Nutzfläche und 91% der Ackerböden im Besitz einzelbäuerlicher Wirtschaften. Der Rest entfiel hauptsächlich auf die staatlichen Landwirtschaftsbetriebe. Die Bildung eines staatlichen Sektors in der Landwirtschaft war eine der im Zusammenhang mit der Bodenreform getroffenen weitreichenden Entscheidungen. Dadurch ist die Bodenreform zugleich zur ersten Phase der sozialistischen Umgestaltung der Landwirtschaft geworden.

Aus: Polen, hrsg. v. Interpress, Warszawa 1974, S. 103 und 296

SEQUENZ 4

Historische Argumente zur Begründung von Gebietsansprüchen

In Anbetracht der Vielfalt von Möglichkeiten, die die Problematik historischer Argumentationen zur Begründung von Gebietsansprüchen ins Blickfeld rücken, kommt unserer eng gefaßten Materialzusammenstellung durchaus der Charakter relativer Beliebigkeit zu. Deshalb sollen die Kriterien, die zu ihrer Auswahl führten, kurz erläutert werden.
Die beiden ersten Materialien (M4 1 und M4 2) legen die Fragestellungen fest, indem sie Gebietsveränderungen vorstellen bzw. die Funktion nationaler Historiographie unmittelbar an einigen Beispielen beschreiben. Die Frage nach den Gründen von Gebietsveränderungen wird in M4 2 durch die Darstellung einiger Ereignisse nur in vordergründiger Weise aufgegriffen. Argumente, die nationale Ansprüche begründen sollen, werden gegenübergestellt.
Es folgen Materialien, die jene Argumentationsketten, die ausschließlich von nationalen Perspektiven bestimmt werden, aus deutscher und polnischer Sicht differenzieren können.
In einem umfassenderen Entwurf dieser Unterrichtseinheit war ursprünglich vorgesehen, Ereignissen, Vorgängen und Entwicklungen, die in der Geschichte der deutsch-polnischen Beziehungen besonders umstritten sind, in Form von „Exkursen" nachzugehen, so daß ein Textangebot unterbreitet worden wäre, das die lange Geschichte der beiderseitigen Beziehungen in ihren wesentlichen Berührungspunkten besser hätte verdeutlichen können (z.B.: die Ostpolitik Ottos III. und Heinrichs II., der Deutsche Orden, die polnischen Teilungen, die Auseinandersetzungen um Oberschlesien u.a.m.). Diese Absicht wurde aufgegeben, da ein derartiges Textangebot den Umfang der vorliegenden Unterrichtseinheit gesprengt hätte. Lediglich das Thema „Deutscher Orden"

ist aus „deutscher“ und „polnischer“ Sicht aufgegriffen worden (M4 8 und M4 9), so daß an diesem Beispiel relativ genau und detailliert den unterschiedlichen Interpretationen und ihren Intentionen nachgegangen werden kann.
Daß die von uns ausgewählten Texte aus „deutscher“ Sicht vor allem auf Leistungen in der Vergangenheit Bezug nehmen, ergibt sich aus der Sachlage. Die ausgewählten Texte aus „polnischer“ Sicht konzentrieren sich vor allem auf die nach 1945 geschaffenen, faktischen Verhältnisse; aber auch dort kann die Betonung historischer Leistungen in gleicher Weise festgestellt werden.

Die Materialien (M4)

1 Polens Grenzen um 1000, 1939 und seit 1945
2 Eine Darstellung unterschiedlicher Standpunkte bei der Beurteilung von Ereignissen in der Geschichte deutsch-polnischer Beziehungen
3 Kurzer historischer Rückblick über die deutsche Ostsiedlung in der Sicht des Außenministers von Brentano (1956)
4 Historische Rechtfertigung deutscher Gebietsansprüche
5 „Friedliche Durchdringung beider Völker“ – Auszug aus einem Unterrichtsprotokoll
6 Historische Rechtfertigung polnischer Gebietsansprüche – Abwehr von Revisionsansprüchen
7 Beschreibung der Geschichte des Deutschen Ordens aus der Sicht deutscher Historiker
8 Beschreibung der Geschichte des Deutschen Ordens aus der Sicht eines polnischen Historikers

Überlegungen zum Einsatz der Materialien

Die Materialien M4 1 und M4 2, die im Zusammenhang die Frage historischer Argumentationen bei der Legitimation von Gebietsansprüchen entfalten sollen, haben bestimmte Nachteile, die im Unterricht berücksichtigt werden sollten:

1. Die Kartenskizze M4 1 legt optisch die Vermutung nahe, als handele es sich tatsächlich um eine „Rückkehr in alte Gebiete“, wie die Besitznahme der deutschen Ostgebiete unter polnischer Verwaltung polnischerseits einprägsam genannt wurde. Sie provoziert – bedingt auch durch das gewählte Medium einer Skizze – eine unzulässige Vereinfachung: sie erweckt den Eindruck einer einfachen räumlichen, sozusagen „natürlichen“ Bewegung und abstrahiert damit von machtpolitischen, wirtschaftlichen oder gesellschaftlichen Veränderungen als deren Ursachen.
2. Das Material M4 2 könnte die Vorstellung festigen, daß je nach Standort die historisch orientierte Argumentation auswechselbar, prinzipiell beliebig und nicht überprüfbar sei. Zudem vermittelt der journalistische Stil des Textes scheinbar unreflektiert nationale Perspektiven.

Vielleicht können die geschilderten Eigenarten von M4 1 und M4 2 als Bestandteile eines verbreiteten „vorwissenschaftlichen“ Geschichtsbewußtseins charakterisiert werden, um dessen Differenzierung wir uns durch die Auswahl der nachfolgenden Texte bemühten.
Wir schlagen vor, bei der Analyse der Texte M4 3 bis M4 6 – neben den jeweils nationalen Rechtfertigungen – die allgemeinen Gesichtspunkte zu berücksichtigen, die den jeweiligen Argumentationen gemeinsam zu sein scheinen:

– Ablehnung der Legitimation von Gebietsansprüchen durch Anwendung von Gewalt (während polnischerseits die Gewaltsamkeit der deutschen Expansion betont wird, heben die aus deutscher Sicht geschriebenen Texte die „friedliche Durchdringung“ beider Völker hervor).

– Rechtfertigung der Gebietsansprüche durch Berufung auf Besiedlung, Kultivierung, gesellschaftlichen Fortschritt – zusammengefaßt durch Kulturleistung (während polnischerseits die Aufbauleistungen nach dem 2. Weltkrieg hervorgehoben werden, legen deutsche Texte besonderen Wert auf deutsche Kulturleistungen im Mittelalter).

Aufgabe im Unterricht könnte es nun sein, die Argumentation und ihre Begründungen auf ihre Konsequenzen hin zu untersuchen, wobei allerdings die Fragwürdigkeit der Konstruktion von Kontinuitäten einbezogen werden sollte. Die ermittelten Generalisierungen als Legitimation für Gebietsansprüche (z.B. Besitzanspruch durch Kulturleistung) könnten an historischen Vorgängen überprüft (z.B. bei der Beurteilung des Deutschen Ordens; vgl. Materialien M4 7 und M4 8) und nach ihrer Bedeutung für die gegenwärtige politische Konstellation befragt werden.

Die Materialien M4 7 und M4 8 sollen exemplarisch die unterschiedlichen Gewichtungen ein und desselben historischen Ereignisses vorstellen: Beide Texte sind stark gekürzt, jedoch die Auszüge so ausgewählt, daß Entsprechungen erkannt werden können. Beide Materialien bieten aber auch die Möglichkeit zu sehen, daß eine undifferenzierte „nationale" Perspektive in der wissenschaftlichen Diskussion nicht unproblematisiert bleibt. Dieser Aspekt wird auch ihren Autoren gerecht, die ihre Darlegungen aus „deutscher" bzw. „polnischer" Sicht als Momente und Ausschnitte eines Diskussionsprozesses verstanden wissen wollen, der eine Abklärung der beiderseitigen Standpunkte im Rahmen der deutsch-polnischen Schulbuchgespräche (vgl. Sequenz 7) versucht und noch nicht abgeschlossen ist.

Polens Grenzen um 1000, 1939 und seit 1945

M4 1

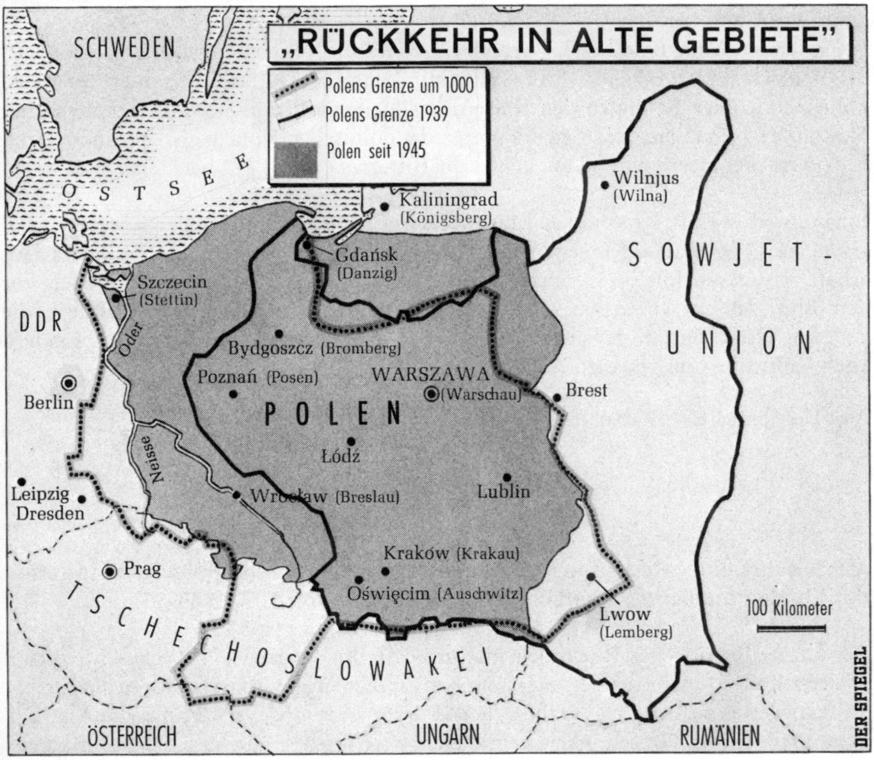

Aus: Der Spiegel Nr. 47 vom 16. November 1970, S. 150

M42 Eine Darstellung unterschiedlicher Standpunkte bei der Beurteilung von Ereignissen in der Geschichte deutsch-polnischer Beziehungen

„Meint ihr etwa, die Slawen würden nicht dasselbe mit euch tun, was ihr mit andern tut?" hatte der französische Historiker Ernest Renan 1871 die Deutschen nach der Annexion von Elsaß-Lothringen gewarnt. „Was werdet ihr sagen, wenn eines Tages die Slawen kommen und das eigentliche Preußen, Pommern, Schlesien, Berlin beanspruchen, weil deren Namen slawisch sind, wenn sie an dem Oderufer tun, was ihr jetzt am Moselufer tut, wenn sie an Hand der Landkarte auf Dörfer hinweisen, die einst von slawischen Stämmen bevölkert waren?"

Die Historiographie wurde zum bevorzugten Schlachtfeld zwischen Deutschen und Polen, der Krieg um Sprach- und Siedlungsgrenzen verbissener geführt als je zwischen Deutschen und Franzosen. Wenn polnische Frühgeschichtsforscher slawische Urnen an der Elbe entdeckten, wiesen deutsche Archäologen germanische Gründer des polnischen Reiches nach oder behaupteten, daß Danzig einst „Gotenschanze" geheißen habe.

Erst neuerdings gräbt der Museumsdirektor Adriaan von Müller in Berlin wenige Meter neben der DDR-Grenze Beweise dafür aus, daß Slawen und Germanen dort zusammen an derselben Stelle Brunnen bohrten ...

Für die Deutschen war das Territorium der benachbarten Slawen ein durch keine natürliche Grenze gedecktes Kolonialland, das angeblich nur auf die Segnungen der deutschen Pflugschar christlichen Typs harrte. Aber sie germanisierten nicht immer und nicht ausschließlich mit Gewalt.

Die Polen wiederum rochierten zwar dreimal auf der nordosteuropäischen Tiefebene (westwärts zwischen dem 10. und dem 14. Jahrhundert, ostwärts zwischen dem 14. und dem 17. Jahrhundert, wiederum westwärts 1945), aber keineswegs nur als Opfer deutscher Unterdrücker.

Polens erster König Boleslaw I. Chrobry („Der Kühne") führte sogar drei Kriege gegen den deutschen Kaiser Heinrich II. – aber mit deutscher Militärhilfe eroberte er Kiew. Polnische Könige huldigten den Kaisern des Heiligen Römischen Reiches deutscher Nation, und Preußens Herzöge erkannten die polnischen Könige als Lehnsherren an. Ein polnisches Heer im Bund mit deutschen Rittern stoppte 1241 bei Liegnitz die Mongolen.

Ein polnischer Piast, Konrad von Masowien, rief 1226 jenen Deutschen Ritterorden zu Hilfe, dessen schwarzes Kreuz seither die deutsch-polnische Geschichte besonders dauerhaft verdüstert. Johann Gottfried Herder bekannte: „Die Menschheit schauert vor dem Blut, das hier vergossen ward in langen, wilden Kriegen." Die Gegenthese: die deutsche Ostkolonisation – auch die der Kreuzritter – sei nicht nur Gewalttat, sondern auch Kulturmission gewesen ...

Aus: Der Spiegel Nr. 47 vom 16. November 1970, S. 150f.

M43 Auszug aus einer Rede des Außenministers von Brentano beim Bundestreffen der Landsmannschaft Oberschlesien in Bochum am 1. 7. 1956

Ein kurzer historischer Rückblick mag nun dartun, warum ein solches friedliches „Wiederfinden" nicht vermessener nationalistischer Anspruch ist, sondern ein gerechtes Anliegen des deutschen Volkes, ja aller Menschen und Völker, die glauben, daß ohne Freiheit und Gerechtigkeit kein dauerhafter Frieden geschaffen werden kann.

Ans Licht der Geschichte trat das Land an und jenseits der Oder in den Werken von

Römern und Griechen um die Zeit von Christi Geburt. Caesar, Plinius und Tacitus, Strabo und Plutarch berichten davon und bezeichnen es als von Germanen besiedeltes Land. Im 7. Jahrhundert vor Christi wanderten germanische Stämme in Schlesien ein, im 4. Jahrhundert Kelten, dann wieder Ostgermanen. Über 1000 Jahre hatten die Germanen dieses Land in ihrem Besitz und entwickelten eine Kultur, von deren Höhe die umfangreichen archäologischen Funde uns ein lebendiges Zeugnis vermitteln. Noch heute trägt ein bedeutenden Teil dieses Gebietes Ihrer Heimat den Namen eines germanischen Stammes, der Silingen. Aus dem Land der Silingen wurde „Schlesien".
Um das Jahr 600 nach Christi drangen allmählich westslawische Stämme in das inzwischen durch die Völkerwanderung entleerte Land ein. Doch erst drei Jahrhunderte danach bildete sich in Schlesien eine gefestigtere slawische Besiedlung. Das Land wird zum Zankapfel zwischen ebenso rasch aufsteigenden wie zerfallenden Reichen der Mähren, Böhmen und Polen.
Um die Mitte des 12. Jahrhunderts begann Polen in Teilfürstentümer zu zerfallen. Die schlesischen Piasten suchten und fanden Rückhalt bei den deutschen Kaisern wie Konrad III. und Friedrich Barbarossa. Da die Piasten Generationen hindurch deutsche Frauen heirateten, wurden sie selber deutsch, obwohl sie oft noch slawische Namen trugen. Aber schon im 13. Jahrhundert hatten sie deutsche Namen, so Heinrich I., der in Breslau und Krakau regierte und Oberherzog von Polen war. Seine Mutter war eine Pfalzgräfin von Sulzbach, seine Gemahlin die Gräfin Hedwig von Andechs-Meran. Sie war die Heilge Hedwig, Schlesiens Schutzpatronin, zu deren Geburtsort in Bayern alljährlich noch heute die Schlesier zu Tausenden pilgern. Ihr Sohn, Herzog Heinrich II., gab 1241 sein Leben in der großen Schlacht bei Liegnitz. Herzog Heinrich IV. von Breslau war ein deutscher Minnesänger.
Deutsche Bauern, Handwerker und Mönche kamen in das Land, um deutsches Recht und westliche Kultur dort seßhaft zu machen. Im Lichte dieser geschichtlichen Tatsachen erweist sich hier der viel berufene deutsche „Drang nach Osten" als eine der großartigsten friedlichen Besiedlungen. Ohne einen Schwertstreich, ohne Austreibung, Verfolgung und Bedrückung der bereits ansässigen Bevölkerung erfolgte sie auf Wunsch der Herrscher dieses Gebietes.
Seite an Seite kämpfte der deutsche und polnische Adel mit seinen Gefolgsleuten auf der Walstatt bei Liegnitz gegen den Ansturm der Erben Dschingis Khans. Obwohl die meisten der Verteidiger auf dem Schlachtfeld blieben, bewahrte doch ihr Opfer ganz Europa vor dem Einbruch der Mongolen.

Zitiert nach: Johannes Maass, Dokumentation der deutsch-polnischen Beziehungen 1945 – 1959, Bonn u. a. 1960, S. 119 f.

Historische Rechtfertigung deutscher Gebietsansprüche

M4

Schlesien, Pommern und Ostpreußen waren seit mehr als 500 Jahren deutsche Provinzen. Zwar wurden sie im frühen Mittelalter von Slawen und Pruzzen bewohnt. Aber im 12., 13. und 14. Jahrhundert riefen die einheimischen Fürsten deutsche Siedler ins Land. Diese rodeten die Urwälder, legten die Sümpfe trocken, bestellten die Äcker nach neuen Methoden (Dreifelderwirtschaft, Scharpflug) und gründeten Siedlungen. So entstanden im 14. Jahrhundert in Schlesien und Ostpreußen fast 200 neue Städte und 4000 Dörfer. Durch die Vertreibung verloren die Deutschen ein Land, das ihre Vorfahren bereits Jahrhunderte vor der Entdeckung Amerikas innehatten.

Aus: Rolf Buchner u. a.: Einigkeit in Recht und Freiheit. Ein Lehrbuch für Gemeinschaftskunde, Köln-Braunsfeld 1969, S. 153 f.

M45 „Friedliche Durchdringung beider Völker" – Auszug aus einem Unterrichtsprotokoll

Schüler: „Welche völkerrechtliche Bedeutung haben denn für uns heute diese Urkunden oder auch die Siedlerverträge, die wir zum Teil gelesen haben?"
Lehrer (provozierend): „Wie stellen Sie sich das vor? Etwa so, daß man die einzelnen Urkunden heute zitiert und entsprechende Anspüche auf die Ostgebiete auf Grund der damals erworbenen Rechtstitel stellt?"
Schüler: „Man sollte darauf hinweisen, daß zum Beispiel Ostpreußen nicht zu Polen gehört hat, bevor der Deutsche Orden dorthin gekommen ist. Es bestand noch nicht einmal eine lose Abhängigkeit der Pruzzen von den Polen. Der Deutsche Orden ist im Gegenteil von dem polnischen Herzog gegen die Pruzzen zu Hilfe gerufen worden, weil er sich ihrer nicht erwehren konnte."
Lehrer: „Aber wie ist diese Frage im Hinblick auf die übrigen Gebiete Ostdeutschlands zu beantworten, die die Polen als urslawische, urpolnische Gebiete bezeichnen, wie es immer wieder von offiziellen Stellen wie auch von kirchlicher Seite geschieht? So hat kürzlich erst im Rahmen der Tausendjahrfeiern Kardinal Wyszynski in Breslau betont, man befände sich auf uraltem polnischen Gebiet, das gewartet und gewartet habe, bis sein Sehnen in Erfüllung gegangen sei."
Schüler: „Daß zum Beispiel Schlesien bis zur Siedelbewegung zu Polen gehört hat, läßt sich nicht bestreiten. In den folgenden Jahrhunderten hat sich dann das Deutschtum in den Städten und den zu deutschem Recht angesetzten Dörfern immer stärker durchgesetzt. Wir haben in der Ausstellung weiterhin gesehen, wie eng die schlesischen Piasten mit dem Reich auch verwandtschaftlich verbunden waren."
Lehrer (provozierend): „Man kann also mit vollem Recht vom deutschen ‚Drang nach dem Osten' sprechen."
Schüler: „Das Vordringen der Deutschen nach dem Osten ging aber durchaus friedlich vor sich."
Lehrer: „Das dürfte auch wohl der wichtigste Gesichtspunkt sein: die friedliche Durchdringung beider Völker. Das Schlagwort vom ‚Drang nach dem Osten' ist auch bezeichnenderweise erst im 19. Jahrhundert aufgekommen, in einer Zeit, in der die nationalen Wogen sehr hoch schlugen. Wir kennen aus der Geschichte zahlreiche Beispiele, wo bei der Landnahme anders verfahren worden ist und ganze Völker fast völlig vernichtet worden sind. Hier wären etwa das gewaltsame Vorgehen der Spanier in Peru (Inkas) und Mexiko (Azteken) zu nennen, das Vorrücken der Russen nach Sibirien oder die Kämpfe der Engländer gegen die Indianer in Nordamerika, als sie allmählich von Osten nach Westen das Land kolonisierten."

Aus: Johannes Hoffmann: Die Geschichte der deutsch-polnischen Nachbarschaft bis zum Zeitalter des Abolutismus in Anlehnung an die Ausstellung „Leistung und Schicksal" in: GWU 1971/5, S. 287 f.

M46 Historische Rechtfertigung polnischer Gebietsansprüche – Abwehr von Revisionsansprüchen

Auszüge aus einer Rede des polnischen stellvertretenden Ministerpräsidenten Stefan Jedrychowski vor dem Kongreß der „Wiedergewonnenen Gebiete" in Breslau am 21. 9. 1952

Als die Volksrepublik Polen diese Gebiete nach jahrhundertelanger Herrschaft deutscher Markgrafen und Kreuzritter, preußischer Junker und Industriebarone zurücknahm, waren diese Gebiete durch die sich zurückziehenden Armeen Hitlers entvölkert und fürchterlich zerstört. Die polnischen werktätigen Massen, der polnische Arbeiter,

der polnische Bauer, Handwerker und Intellektuelle, bauten die Wiedergewonnenen Gebiete, die im Krieg zerstört und wirtschaftlich völlig ruiniert wurden, mit eigenen Kräften wieder auf. Städte und Industrieanlagen lagen in Trümmern, Brücken und Eisenbahnlinien waren zerstört; verlassene Felder lagen brach und waren mit Unkraut bewachsen; das Vieh war geschlachtet oder nach dem Westen mitgenommen; Einöde und Tod blickten aus jedem Winkel.
Von den vor dem Krieg in diesem Gebiet bestehenden 9255 Industrie- und Handwerksbetrieben waren 6727 zerstört.
In den Städten der Wiedergewonnenen Gebiete waren ungefähr 150000 Gebäude zerstört, die zusammen einen Raum von 305 Millionen Kubikmeter ausmachen. Als Resultat dieser Zerstörungen verringert sich die Menge der bewohnbaren Zimmer um 2666000. Etwa 30 v.H. der Bauernhöfe wurden zerstört.
Heute erfreuen sich die Wiedergewonnenen Gebiete eines vollen kulturellen und wirtschaftlichen Lebens, gemeinsam mit den restlichen Teilen Polens, in einem politischen und wirtschaftlichen Organismus, in der für immer vereinigten Polnischen Volksrepublik.
Im Laufe dieser sieben Jahre haben wir das historische Werk der Besiedlung und Bewirtschaftung der Wiedergewonnenen Gebiete und ihrer Vereinigung mit dem Rest des Landes vollbracht . . .
1. Die historischen Rechte des polnischen Volkes auf dieses Land sind unleugbar; diese Länder wurden Polen mit Waffengewalt von deutschen Fürsten und vom deutschen Kaisertum, vom preußischen Ordens- und Junkerstaat entrissen.
2. Die Befreiung dieser Gebiete wurde durch große Blutopfer der sowjetischen Armee und der an ihrer Seite kämpfenden polnischen Armee erkauft.
3. Die Oder-Neiße-Grenze wurde in Potsdam festgelegt und von den Großmächten anerkannt, die sich mit der Repatriierung der deutschen Bevölkerung einverstanden erklärten.
4. Diese Gebiete werden von 7 Millionen Polen bewohnt, die sie wieder aufbauten und in Bewirtschaftung nahmen.
5. Diese Gebiete werden von der polnischen Armee und der gesamten polnischen Nation geschützt.
6. Die Garantie für die Integrität dieses Gebietes und seiner Einheit mit ganz Polen bildet das brüderliche Bündnis Polens mit der großen Sowjetunion und den Ländern der Völkerdemokratie; die Führer der Sowjetunion, vor allem Generalissimus Stalin, haben mehr als einmal erklärt, daß die Grenze an Oder und Neiße endgültig ist.
7. Diese Grenze wurde von den fortschrittlichen Kräften Deutschlands anerkannt und durch ein offizielles Abkommen zwischen Polen und der DDR bestätigt.
8. Die Oder-Neiße-Grenze bildet Europas Friedensgrenze; an der Einstellung zu dieser Grenze wird die aggressive oder friedliebende, die fortschrittliche oder reaktionäre politische Haltung gemessen.

Zitiert nach: Johannes Maass (Hg.): Dokumentation der deutsch-polnischen Beziehungen nach dem 2. Weltkrieg, Bonn u. a. 1960, S. 64 u. S. 77f.

Beschreibung der Geschichte des Deutschen Ordens aus der Sicht deutscher Historiker

M47

Auf der anderen Seite gab es durchaus Verbindungen zwischen der Forschung und der aktuellen politischen Situation. Das zeigt sich vor allem dort, wo nahezu alle deutschen Autoren zu Resultaten kamen, die den Ergebnissen fast aller polnischen Forscher widersprachen: beim Problem der Echtheit jener Urkunden, welche die Ordensherrschaft in Preußen konstituierten, bei der Frage nach den Umständen der Erwerbung Danzigs

und Pommerellens durch den Orden, bei einigen Fragen im Zusammenhang mit der Schlacht von Tannenberg, bei der Beurteilung des 2. Thorner Friedens, beim Problem der Huldigung von 1525 . . .
Ebenso wie die anderen Ritterorden wurde auch der Deutsche Orden vorwiegend von Angehörigen des (Nieder-) Adels getragen. Er bot ihnen wie die anderen Ritterorden auch die Möglichkeit, eine religiös verdienstliche Existenz mit wesentlichen Elementen adliger Lebensführung zu verbinden; er bot den jüngeren Söhnen des Adels eine Versorgung, ja den Aufstieg zu einer kollektiven Herrschaft. Die Frage, welche dieser Möglichkeiten den einzelnen Ordensritter vor allem in den Orden geführt hat, läßt sich nicht genau beantworten, auch deshalb nicht, weil das einzelne Ordensmitglied eine reinliche Scheidung von religiösen und säkularen Motiven nicht vorgenommen haben dürfte, entsprechend der im Verhältnis zu neuzeitlichen Vorstellungen massiveren Religiosität des Mittelalters. Generell wird man jedoch annehmen dürfen, daß zum Ende des Mittelalters hin das Motiv der Herrschaftsteilnahme für die Ordensritter an Gewicht gewonnen hat . . .
Auch mit der partiellen Verlagerung seines Kampffeldes nach Südost- und dann nach Nordosteuropa bleibt der Deutsche Orden im Rahmen dessen, was auch die anderen Ritterorden versuchen. Im Unterschied zu ihnen ist es ihm jedoch tatsächlich gelungen, große heidnische Gebiete zu unterwerfen und in ihnen eine dauernde Herrschaft zu begründen: in Preußen und dann in Livland. Der unmittelbare Anlaß dafür war lokaler Natur – die heidnischen Prußen bedrohten den polnischen Teilstaat Masowien –; der tiefere Grund lag jedoch darin, daß die Prußen von der aus dem Süden und Westen kommenden Bewegung, die auf Mission und Unterwerfung zugleich zielte, im frühen 13. Jahrhundert erreicht waren. Nicht eigentlich ihre Unterwerfung und Missionierung stand in Frage; fraglich war nur, wem sie gelingen würde. Seit 1217 wurde gegen die Prußen das Instrument des Kreuzzuges eingesetzt, jedoch ohne nachhaltigen Erfolg. Dieser gelang erst dem von Herzog Konrad von Masowien herbeigerufenen Deutschen Orden.
Die näheren Umstände dieser Berufung sind nur mangelhaft überliefert. Eine Reihe von Fragen ist strittig. Es geht vor allem darum, ob die Zusicherungen, welche Konrad dem Orden gemacht hat, von diesem eigenmächtig erweitert worden sind, ob der Orden den Kruschwitzer Vertrag verfälscht hat. Es ist zu bezweifeln, ob diese Frage den zentralen Platz verdient, den sie in der Diskussion einnimmt. Daß der Herzog von Masowien den Orden als ein Instrument für seine eigenen politischen Zwecke benutzen wollte, daß der Orden dagegen – wie schon wenig früher im Burzenland – eine unabhängige Herrschaft errichten wollte, ist unbestritten. Ob die Tatsache, daß der Orden sich mit seinem Ziel durchgesetzt hat, nur auf die Machtverhältnisse zurückgeht, darauf, daß der Orden gegen die Prußen erst kämpfte, nachdem der Herzog seine Forderungen akzeptiert hatte, oder ob sie auf eine Urkundenfälschung zurückgeht, ist eine sekundäre Frage (auch deshalb, weil sich der moderne Fälschungsbegriff nicht uneingeschränkt auf das Mittelalter anwenden läßt). Selbst wenn der Orden den Kruschwitzer Vertrag verfälscht haben sollte, wäre für die weitere Geschichte doch nicht die Fälschung entscheidend, sondern eben, daß der Orden sie politisch durchsetzen konnte.
Hinter den beiden strittigen Positionen in dieser Frage standen letztlich zwei Wunschvorstellungen. Die eine hoffte beweisen zu können, daß die Herrschaft des Ordens auf kriminellen Handlungen beruhte – als ob es die Aufgabe des Historikers sei, einen imaginären Strafprozeß zu führen, um womöglich sogar auf diese Weise Geschichte zu revidieren (anstatt sie zu erklären). Die entgegengesetzte Position sah in dem Orden den politischen Willen von Papst und Kaiser vereint, um seinem Kampf ein Höchstmaß an Legitimität zu geben. Von hier aus gesehen schien eine Fälschung geradezu prinzipiell unmöglich . . .
Die Frage nach den näheren Umständen der Unterwerfung Preußens dürfte nicht mehr kontrovers sein. Daß die einheimische Bevölkerung, d. h. die Prußen, ausgerottet wur-

de, behauptet kein informierter Autor mehr. Ebensowenig wird ein Kenner dieser Zeit abstreiten, daß die deutschen Zuwanderer günstigere Bedingungen erhielten als die einheimische Bevölkerung. Der Prozeß der allmählichen Assimilierung von Einwanderern und einheimischer Bevölkerung ist weniger durch ethnische als durch soziale Faktoren bestimmt gewesen. Der Orden hat an die vorgefundene soziale Gliederung angeknüpft, er hat die prußischen Adligen auf seine Seite zu ziehen versucht und ihnen Privilegien gewährt . . .
Daß der Orden nach Preußen gerufen wurde und hier eine unabhängige Herrschaft errichten konnte, ist nicht zu erklären ohne die Schwäche und Zersplitterung Polens. Man wird aus dieser Tatsache jedoch nicht schließen dürfen, daß eine Konsolidierung Polens den Konflikt mit dem Orden zur Folge haben mußte. Dieser Konflikt ergab sich erst aus der Erwerbung Danzigs und Pommerellens durch den Orden im Jahre 1309. Daß sich diese Expansion auf schon christliches Gebiet mit der Stiftungsaufgabe des Ordens nicht vereinbaren ließ, dürfte niemand bestreiten. Ebenso dürfte auch die schon aus dem 14. Jahrhundert stammende Nachricht, daß bei der Einnahme Danzigs 10 000 Einwohner ermordet worden seien, allgemein als eine propagandistische Legende angesehen werden. Problematischer ist die Frage, ob das im Gegensatz zu Preußen vornehmlich von Slawen (Pomoranen) bewohnte Gebiet, das der Orden 1309 erwarb, als ein Teil Polens angesehen werden kann oder genauer: ob die zeitweilige Unterordnung der Beherrscher dieses Gebietes unter die Regenten Polens im Sinne moderner Gesamtstaatsvorstellungen verstanden werden darf.
Wie man diese Frage auch beantwortet – sicher ist, daß Polen die Erwerbung Pommerellens durch den Orden nicht hinnahm und sich dagegen wehrte, militärisch und mit rechtlichen Mitteln, nämlich durch an der päpstlichen Kurie geführte Prozesse.

Aus: Hartmut Boockmann und Gotthold Rhode: Thesen zur Geschichte des Deutschen Ordens, in: Sonderdruck aus dem Internationalen Jahrbuch für Geschichts- und Geographieunterricht Bd. XVI, Braunschweig 1975, S. 8 ff.

Beschreibung der Geschichte des Deutschen Ordens aus der Sicht eines polnischen Historikers

M48

Es ist das unbestreitbare Verdienst der deutschen Forschungen der letzten Jahre, namentlich der Schule von Prof. Manfred Hellmann (Münster), die durch die Herkunft der Ordensbrüder aus dem mittleren und südöstlichen Teil des Deutschen Reiches bedingten sozialen Strukturen des Ordens weitgehend geklärt und auf die vorherrschende Rolle der Ministerialensöhne mit dem Hochmeister Hermann von Salza an der Spitze hingewiesen zu haben. Die Erkenntnis, daß im Deutschen Orden ein Teil des niederen Adels dank der Förderung aller weltlichen und geistlichem Mächte seine Existenz fand sowie Aussicht auf einen gesellschaftlichen Aufstieg und auf eine beamtete Stellung bekam, gestattet, den Hintergrund der expansiven Tätigkeit des Ordens im 13. und 14. Jh. sowie die Realisierung der populären Lösung des von ihm geführten Kreuzzuges – in Form des Kampfes gegen die Heiden an der Ostsee – besser zu verstehen. Man versteht auch besser das Streben der Ordensritter nach maximaler Sicherung materiellen Nutzens, auch in Gestalt eines eigenen Staatsorganismus, zunächst in Siebenbürgen und vom Jahre 1226 an in Preußen. Die polnische Geschichtsschreibung akzeptiert die Ergebnisse der bisherigen Forschungen der Schule M. Hellmanns über die gesellschaftliche Struktur des Deutschen Ordens und die sich daraus ergebenden Konsequenzen für das Verhältnis seiner Expansion an der Ostsee. Es scheint also wohlbegründet, diesen bisher nicht hervorgehobenen Aspekt zu akzeptieren und in die Schulbücher aufzunehmen, weil dieser Aspekt die Bestrebungen des Ordens im 13. Jh. deutlicher widerspiegelt und den Hintergrund der bewaffneten Mission des Ordens und seiner „staatsbildenden" Bestrebungen erkennen läßt und dabei die Ordensbrüder ohne Idealisierung realistischer zur Darstellung bringt ...

Das strittigste Problem beider Geschichtsschreibungen ist die Entstehung des Ordensstaates in Preußen, ein Problem, das mit dem Verhältnis des Ordens zu Fürst Konrad von Masovien im Zusammenhang steht. Die deutsche Geschichtsschreibung hält generell an der Auffassung fest, daß Fürst Konrad einen „Hilferuf" an die Adresse des Ordens gerichtet habe wegen der anwachsenden Bedrohung durch die heidnischen Preußen (Prußen) und daß er dem Orden das Kulmer Land verliehen habe, wobei dieser Verleihungsakt von Anfang an privat-rechtlichen Charakter hatte.

Es wird stark betont, daß die vom Hochmeister Hermann von Salza geplante Aktion auf eine Sicherstellung künftiger Eroberungen in Preußen ausschließlich für den Orden abzielte, wobei auf das berühmte Privileg Kaiser Friedrichs II. vom Jahre 1226 hingewiesen wird, das dem Hochmeister die Bildung eines eigenen, von polnischen Fürsten unabhängigen Staates erlaubt habe, der nur im Bereich einer lockeren Protektion des Kaiserreichs verbleiben sollte. Konrad habe im Jahre 1230 in dem sog. Kruschwitzer Privileg auf alle Hoheitsrechte im Kulmer Land, auf das Schutzrecht gegenüber den Ordensrittern und auf alle Eroberungen in Preußen verzichtet. Auf dieser Grundlage konnte der Papst im Jahre 1234 die preußischen Lande nebst dem polnischen Kulmer Land als Eigentum des hl. Petrus ansehen und sie dem Ritterorden zur Nutzung als Lehen übertragen, unter vollkommenem Ausschluß der Rechte Polens und des preußischen Bischofs Christian.

Trotz der von Max Perlbach (1886) durchgeführten gründlichen Analyse, die eine Fälschung des Kruschwitzer Privilegs durch den Orden erwiesen hat, derzufolge Fürst Konrad seine Gebietsverleihung auf Preußen ausgedehnt habe, ist von der deutschen Geschichtsschreibung diese Urkunde als authentische Gesamtverleihung angesehen worden, wobei sie das Vorgehen des Ordens als Beweis für seinen politischen Realismus verstand und vollkommen akzeptierte ...

Die polnische Geschichtsschreibung verwirft dagegen die Annahme einer ernsthaften Bedrohung Masoviens durch die Prußen, indem sie die These von Expansionsplänen der polnischen Fürsten gegenüber Preußen aufrechterhält. Zu deren Verwirklichung sollte der Deutsche Orden als kirchliche Institution dienen, die mit Gebietsverleihungen privat-rechtlichen Charakters bedacht wurde. Indem der Orden die komplizierte Lage im Gebiet der preußischen Mission und den Konflikt zwischen Papst und Kaiser ausnutzte, vermochte er auf diplomatischem Wege Vorkehrungen – die Fälschung einiger Dokumente eingeschlossen – zu treffen, die es ihm ermöglichten, Konrad und Bischof Christian auszuschalten und die Rechtsgrundlage für die Begründung seiner Gebietshoheit in öffentlich-rechtlichem Sinne über Preußen und faktisch auch über das Kulmer Land zu gewinnen. Dies geschah jedoch gegen den Willen und die ursprünglichen Absichten des Fundators und Wohltäters, des polnischen Fürsten Konrad, und auf Kosten polnischer Landesgebiete, die zur Keimzelle des von Polen unabhängigen deutschen Ordensstaates wurden.

Es dürfte sich empfehlen, in den Schulbüchern gerade diesen Aspekt der Niederlassung des Ordens im polnischen Kulmer Land und in Preußen zu berücksichtigen. Bisher ist dieser Gesichtspunkt nur in polnischen Schulbüchern betont worden, während in deutschen Schulbüchern die Überlistung des polnischen Fürsten Konrad durch den Orden und die Verwirklichung der eigenen Staatskonzeption durch die Ordensritter gegen die Interessen und den Willen Polens sowie auch die Tatsache, daß die polnischen Herrscher niemals auf ihre Rechte auf das Kulmer Land verzichtet haben, vollkommen übergangen wird.

Eine der strittigsten Fragen ist die Annexion Pommerellens durch den Orden in den Jahren 1308–1309 und die Verdrängung des polnischen Herrschers Wladyslaw Lokietek aus diesem Gebiet. Sowohl in den deutschen Abhandlungen als auch in den deutschen Schulbüchern wird dieses Problem in folgender Weise eindeutig dargestellt:

Nachdem der Orden seine Herrschaft über Preußen gegen Ende des 13. Jhs. gefestigt hatte, nahm er zu Anfang des 14. Jhs. auch Pommerellen in seinen Besitz, ohne die angeblich fragwürdigen Anrechte Polens (die sich namentlich auf den Verzicht des Fürsten Mestwin II. zugunsten Przemyslaws II. von Großpolen aus dem Jahre 1282 stützten) anzuerkennen, indem er die angeblich besseren Rechte Brandenburgs käuflich erwarb. Dagegen wird die rücksichtslose und blutige Eroberung Danzigs im Jahre 1308 und anderer pommerellischer Orte, wie Dirschau und Schwetz, durch die Heere des Ritterordens entweder verschwiegen oder bagatellisiert. In manchen deutschen Schulbüchern wird sogar erst das Jahr 1311 (Datum der endgültigen Abmachung mit Brandenburg über Pommerellen) angeführt, mit Verschweigung der Ereignisse aus den Jahren 1308–1309. Zwei darauffolgende päpstliche Prozesse: in Inowroclaw in den Jahren 1320–1321 und in Warschau im Jahre 1339, sowie die Urteile, die den Orden in beiden Fällen zur Rückgabe Pommerellens, aber auch des Kulmer Landes an Polen verurteilten (Prozeß von 1339), werden in den Abhandlungen als tendenziös angesehen, während sie in den Schülbüchern (wie „Zeiten und Menschen" von A. Voelkse und B. Deermann) verschwiegen werden . . .

Für die meisten polnischen Forscher verdient die Annexion Pommerellens eine strenge Beurteilung wegen des Wortbruchs, den sich der Orden gegenüber Wladyslaw Lokietek zuschulden kommen ließ. Dieser empfahl nämlich im besten Glauben, die Heere der Ordensritter im Jahre 1308 zu ersuchen, die Danziger Burg gegen die brandenburgische Aggression zu verteidigen. Die blutige Eroberung der Stadt Danzig durch den Orden war zweifellos eine Handlung des Verrats – an der Tatsache des Danziger Blutbades kann nicht gezweifelt werden, selbst wenn die Zahl der Opfer tatsächlich geringer sein sollte – gegenüber dem polnischen Herrscher, die den Abbruch der bisher freundschaftlichen Beziehungen mit dem polnischen Staat, dem eigentlichen Gründer des Ordensstaates in Preußen, nach sich zog. Das sich unter schwierigen Verhältnissen vereinigende Königreich Polen unter Lokietek konnte nicht einverstanden sein mit der Annexion eines so wichtigen Landesteiles mit der Weichselmündung, auf das es ein unveräußerliches Anrecht hatte, das von den pommerellischen Fürsten übernommen war, die durch die Herrschaft der großpolnisch-kujawischen Fürsten nach dem Jahre 1294, d. h. nach dem Tode Mestwins II., gefestigt wurde. Die Regierung polnischer Herrscher wurde durch die Mehrheit der Ritter von Pommerellen akzeptiert, das mit der Gesellschaft der zentralen Landesgebiete Polens durch eine Gemeinschaft von Sitte und Sprache verbunden war. Infolge der Brutalität und des blutigen Verlaufs der Annexion Pommerellens – eines christlichen Landes! – und seiner Einverleibung in seinen Staat hat der Orden der polnischen Welt kundgetan, daß sein Staat kein „Missionsstaat" mehr war, der nur gegen Heiden kämpfte, sondern ein aggressives politisches Gebilde mit äußerst weltlichen Zielen, das skrupellos bestrebt war, seine politische und wirtschaftliche Macht an der Ostsee zu festigen. Es wurde auch deutlich betont, daß nur durch die Annexion Pommerellens und die dadurch hervorgerufenen Konsequenzen – namentlich die blutigen und vernichtenden Kriege mit Polen in den Jahren 1327–1332 mit der Schlacht bei Plowce im Jahre 1331 und den darauf folgenden päpstlichen Prozessen – die Ordensritter zweifellos zum Hauptfeind des polnischen Königreichs wurden, indem sie durch ihr Verhalten nicht nur militärische Kräfte, sondern auch die Meinung der polnischen Gesellschaft gegen sich mobilisierten . . .

In ungenügendem Maße wird aber die komplizierte ethnische Struktur der Bevölkerung des Ordensstaates berücksichtigt, die durchaus kein ethnischer Monolith war. Namentlich der Beitrag der unterjochten altpreußischen (prußischen) Bevölkerung wurde noch unlängst unterschätzt, die nicht nur eine zahlenmäßig starke Untertanengruppe bildete, sondern deren Leistungen an Naturalien und Frondiensten auch die Grundlage für die Einkünfte der ordensritterlichen Beamten waren. Doch wurde diese Bevölkerungsgruppe entschieden als zweite Kategorie behandelt. Unterschätzt wurde der Anteil dieser Bevölkerung an der Kolonisierung Preußens, namentlich in den östlichen, urwaldartigen Gebieten und in Ermland, wo sie seit der Mitte des 14. Jhs. in der dörflichen Ansiedlung nach Kulmer Recht eine bedeutende Rolle spielte. Ein ähnlicher Anteil der Bevölkerung polnischer Abstammung an der Besiedlung Preußens ist nicht berücksichtigt worden, obwohl sie einen bedeutenden Einfluß auf die Ansiedlung im Kulmer Land hatte (als Beweis hierfür können die polnischen Namen von Siedlungen dienen, die neben den amtlichen deutschen Namen überdauert haben), ferner wären die Siedlungen im Weichselgebiet, im Pomesanien sowie in dem sog. Oberland, im Gebiet von Osterode, Neidenburg und Ortelsburg, zu nennen, wohin seit der Mitte des 14. Jhs. polnische Bauern und Ritter aus Masowien zuzogen.

Aus: Marian Biskup: Die Rolle des Deutschen Ordens in Preußen in der Geschichte Polens, in: Sonderdruck aus dem Internationalen Jahrbuch für Geschichts- und Geographieunterricht Bd. XVI, Braunschweig 1975, S. 20 ff.

SEQUENZ 5

Die Oder-Neiße-Grenze (Abkommen, Verträge und Stellungnahmen)

Die dreizehn Materialien dieser Sequenz konzentrieren sich auf die Abkommen und Verträge zur Oder-Neiße-Grenze und ihren historischen Kontext. Dabei kommt es uns darauf an, daß die Schüler die Eingebundenheit der jeweiligen Abkommen und Äußerungen in die internationalen und intranationalen Auseinandersetzungen und Entwicklungen erkennen und gegebenenfalls auf die dahinterstehenden Wert- und Ordnungsvorstellungen sowie auf unausgesprochene Interessen aufmerksam werden. Um die mögliche Dimension einer „historischen Entwicklung" von Postdam bis zur Anerkennung der Grenzen in Warschau anzudeuten, sind die Materialien um die Stationen „Potsdamer Abkommen", „Görlitzer Vertrag" und „Warschauer Vertrag" gruppiert, wobei die Gegensätzlichkeit der Positionen (insbesondere in der Bundesrepublik) jeweils miteinbezogen wurde.
Unseres Erachtens könnte in dieser Sequenz Lernen unter folgenden Perspektiven organisiert werden:

a) Die Abkommen und Verträge einschließlich der Daten ihrer zeitlichen Abfolge können von den Schülern als „Entwicklung" nach 1945 und somit als „jüngste Geschichte" der deutsch-polnischen Beziehungen erarbeitet werden.
b) Zugleich wird diese Sequenz für andere Sequenzen als „Nachschlag"-Möglichkeit genutzt werden können, weil in Materialien anderer Sequenzen oft auf die hier vorgelegten Verträge und Abkommen Bezug genommen wird.
c) Ein genaues Eingehen auf den Wortlaut der Vertragsdokumente wird – das zeigen die unterschiedlichen Interpretationen – erforderlich und nützlich sein.
d) Ausgehend von den unterschiedlichen Interpretationen können sowohl die real vorhandenen Interpretationsspielräume und die Versuche ihrer machtpolitischen Inanspruchnahme als auch Auslegungen aus vordergründigen Interessen herausgearbeitet werden.
e) Die Auseinandersetzung mit den hier verfügbaren Materialien kann zur Einsicht verhelfen, daß moralische Argumente, historische Rechtsansprüche und machtpolitische Faktoren einander ergänzen, aber auch ausschließen können.
f) Die Veränderungen in den deutsch-polnischen Beziehungen nach 1945 sollten stets im Kontext der weltpolitischen Veränderungen gesehen werden.

Die Materialien (M5)

1 Auszug aus den Tagebuchaufzeichnungen Churchills über die Verhandlungen auf der Konferenz von Teheran (1943)

2 Die polnische Grenzfrage auf der Konferenz von Jalta (Februar 1945)
3 Auszüge aus dem Potsdamer Abkommen (August 1945)
4 Die Stellung der SED zur Frage der Oder-Neiße-Grenze (1946) – Auszug aus dem Zentralorgan der Partei
5 Die Stellung der SPD zur Frage der Oder-Neiße-Grenze (1947) – Auszug aus einer Rede des Parteivorsitzenden
6 Auszug aus der Regierungserklärung Otto Grotewohls (DDR) zur Oder-Neiße-Grenze (1949)
7 Auszug aus der Erklärung der Bundesregierung zum Görlitzer Abkommen (1950)
8 14 Leitsätze der pommerschen Landsmannschaft (1958)
9 Auszug aus der Denkschrift der Evangelischen Kirche Deutschlands (1965)
10 Der Vertrag von Warschau (1970)
11 Die Erklärung des Bundeskanzlers zum Warschauer Vertrag (1970)
12 Auszug aus einer Stellungnahme Herbert Hupkas zum Warschauer Vertrag (1971)
13 Auszug aus einer Rede des polnischen Außenministers Stefan Olszowski (1972)

Überlegungen zum Einsatz der Materialien

Die Abkommen und Zwischentexte sind sowohl in chronologischer Abfolge von Teheran (1943) bis Warschau (1970) als Stationen einer „historischen Entwicklung" als auch in rückschreitenden „Wie-kam-es-dazu"-Fragen – somit als Erklärungsmomente des Warschauer Vertrages – einsetzbar. Wichtig ist vor allem, daß sie im nationalen *und* internationalen Kontext gesehen werden. Das gleiche gilt für die Reden, Erklärungen und Äußerungen zu den einzelnen Verträgen: An ihnen ist nicht nur deutlich zu machen, daß es in bestimmten Fragen sich ausschließende Positionen gibt, sondern daß diese sich auch in ihrer Gegensätzlichkeit artikulieren müssen. Nur so kann das hinter der jeweiligen Position stehende Interesse für uns sichtbar und nach Abwägung akzeptiert, einbezogen oder verworfen werden.
Die Materialien mit Texten zur Vorgeschichte und aus dem Potsdamer Abkommen selbst (Ms1, Ms2 und Ms3) zeigen, daß Landneuverteilung und Völkerverschiebung nach 1945 im unmittelbaren Zusammenhang mit dem Ausgang des Zweiten Weltkriegs stehen. Material Ms1 dokumentiert zudem die krude Sprache der ein „Geschäft" aushandelnden Politiker, die beinahe vergessen läßt, daß ihr „Handel" für eine Unzahl von unschuldig Betroffenen unverantwortliche Härten bedeuten wird.
Für die deutschen Parteien – sowohl in der östlichen wie in den westlichen Besatzungszonen – galt die Ablehnung der Oder-Neiße-Linie mit dem Verweis auf eine zukünftige Friedensregelung als selbstverständliche Forderung (Ms4 und Ms5). Das änderte sich nach der Moskauer Außenminister-Konferenz im Frühjahr 1947, bei der sich zeigte, daß die Sowjetunion im Kontext des sich verschärfenden Kalten Krieges ihre Zustimmung zu jeder Grenzrevision verweigern würde. Die deutschen Positionen in der Grenzfrage werden jetzt mit den Positionen der jeweiligen Besatzungsmächte synchronisiert.
Die Anerkennung der Oder-Neiße-Grenze durch die Regierung der DDR (Ms6) und die Reaktion der damaligen Bundesregierung unter Adenauer (Ms7) kann deutlich werden lassen, wie die deutsch-polnischen Beziehungen in den Sog der Ost-West-Konfrontation und zwischen die Politik der beiden Weltmächte bzw. Machtblöcke geraten und wie die daraus resultierende Gespanntheit des deutsch-deutschen Verhältnisses sich auf die Beziehungen zu Polen auswirkt.
Die verhärtete Position der Bundesrepublik in den 50er Jahren wird im wesentlichen bestimmt durch die Forderungen der Vertriebenenverbände (Ms8). Mit diesen auch in den darauffolgenden Jahren vorgetragenen und von den damaligen Regierungen unwi-

dersprochenen Forderungen bricht die Denkschrift der Evangelischen Kirche (Ms9). Da die beiden Materialien inhaltlich aufeinander beziehbar sind, kann der Schüler im Nebeneinander der Positionen und Argumente zu einer eigenen Beurteilung finden.
Der Abschluß der Auseinandersetzung um die Anerkennung der Oder-Neiße-Linie als polnische Westgrenze bildet der Vertrag von Warschau (Ms10), dessen historische Einordnung die für ihn verantwortliche Bundesregierung (SPD/FDP) gewürdigt sehen möchte (Ms 11). Ergänzend dazu werden die Wertung durch den engagierten Vertriebenenpolitiker Herbert Hupka (Ms12) und die Positionsbestimmung des Vertragswerks durch den polnischen Außenminister (Ms13) eingebracht.
Eine Interpretation der Texte ist auf drei Ebenen möglich. Zum einen können die Verträge von Potsdam, Görlitz und Warschau miteinander verglichen und die von ihnen bewirkten Veränderungen im deutsch-polnischen Verhältnis festgehalten werden. Zum anderen können durch Einbeziehung der Stellungnahmen die unterschiedlichen Interpretationen ein und desselben Dokuments sichtbar gemacht und als eine Ursache dafür die unterschiedlichen Interessen der Verfasser (z.B. Kirche oder Vertriebene;Bundesregierung oder polnischer Außenminister) herausgearbeitet werden. Auf einer dritten Ebene können dann einzelne Texte mit Informationen aus anderen Materialien konfrontiert werden, so daß z.B. bei Material Ms 12 die Schüler – als Ergebnis einer „ideologie-kritischen" Analyse – die Argumente des Verfassers aus dessen antikommunistischer Grundhaltung heraus beeinflußt sehen. Denn aus anderen Materialien der Unterrichtseinheit (z.B. M36) wissen sie, daß die Anerkennung der Oder-Neiße-Grenze keineswegs nur von den in Polen herrschenden Kommunisten gefordert wird, sondern daß alle Polen, einschließlich der antikommunistischen Exilpolen, darin eine „nationale" Forderung sehen.

Ms1

Auszug aus den Tagebuchaufzeichnungen Winston Churchills über die Verhandlungen auf der Konferenz von Teheran (28. 11. bis 1. 12. 1943)

Ich legte nun eine Karte auf den Tisch und zeigte auf ihr den Verlauf der Curzon-Linie[1], den der Grenze von 1939 und schließlich auch die Oderlinie. Eden erklärte, das südliche Ende der Curzon-Linie sei überhaupt nie festgelegt worden ... Eden meinte, nach seiner Auffassung hätte die Curzon-Linie östlich von Lemberg verlaufen sollen. Stalin erwiderte, die Linie sei auf der Karte nicht richtig eingezeichnet. Lemberg müsse auf der russischen Seite bleiben und die Linie biege nach Westen bis in die Nähe von Przemysl aus ...
Stalin fügte hinzu, er wünsche durchaus keine polnische Bevölkerung, und auf von Polen bewohnte Bezirke werde er gerne verzichten. Ich erwähnte nun, der Wert des deutschen Landes sei viel höher als der des Gebietes in den Pripjetsümpfen. Es sei ein Industriegebiet und würde Polen bessere Existenzbedingungen sichern. Wir möchten gerne den Polen erklären können, die Russen seien im Recht, und sie müßten zugeben, daß man ihnen Gerechtigkeit habe widerfahren lassen. Wenn die Polen nicht mitmachen wollten, so könnten wir es nicht ändern. Ich betonte ausdrücklich, daß ich nur im britischen Namen rede und wies darauf hin, daß Präsident Roosevelt in den Vereinigten Staaten sehr viele Polen als Mitbürger habe. Stalin kam nochmals darauf zurück, daß er keinen Anspruch auf ein Gebiet erheben wolle, wenn man ihm nachweise, daß es pol-

---

[1] Anläßlich der kriegerischen Auseinandersetzungen zwischen Polen und Rußland war diese Linie 1919 von dem britischen Außenminister Lord Curzon als Ostgrenze Polens vorgeschlagen worden. Nach dem Sieg der polnischen über die russische Armee wurde die Ostgrenze erheblich nach Osten verschoben.

nisch sei. Dabei brachte er auf der Karte westlich der Curzon-Linie und im Süden von Wilna einige Schattierungen an und erklärte, er gebe zu, daß dort die Bevölkerung überwiegend polnisch sei. Nun löste sich die Versammlung wieder in einzelne Gruppen auf, studierte eingehend die Oderlinie auf einer Karte. Schließlich erklärte ich, das Bild, das sich abzeichne, gefalle mir, und ich würde den Polen sagen, sie wären Narren, wenn sie da nicht zugreifen wollten ...

Nach dem Protokoll bemerkte ich darauf mit einigem Nachdruck zu Eden gewandt, wegen der Abtretung eines Teils von Deutschland an Polen oder wegen Lembergs werde mein Herz nicht brechen. Eden meinte, wenn Marschall Stalin die Curzon- und die Oderlinie als Grundlage einer Diskussion betrachten wollte, könnte dies immerhin als Ausgangspunkt dienen. Nun wies Molotow die russische Version der Curzon-Linie und den Wortlaut eines Funktelegramms von Lord Curzon vor, das alle Ortsnamen enthielt. Ich fragte, ob Molotow etwas dagegen hätte, den Polen auch den Bezirk Oppeln zuzuteilen. Er meinte, dagegen wäre nichts einzuwenden. Ich wiederholte, die Polen wären gut beraten, wenn sie unseren Rat befolgten. Wegen Lembergs würde ich kaum ein großes Geschrei erheben. Zu Stalin gewandt fügte ich noch hinzu, ich hätte den Eindruck, daß wir grundsätzlich nicht sehr weit auseinandergingen. Roosevelt fragte Stalin, ob nach seiner Ansicht ein Bevölkerungsaustausch auf freiwilliger Grundlage möglich wäre. Der Marschall sagte, das sei vermutlich der Fall. Damit schloß die Diskussion über Polen.

Schließlich schlug Churchill folgende Formel vor:

„Es ist grundsätzlich anzunehmen, daß die Heimstätte des polnischen Staates und der polnischen Nation zwischen der sogenannten Curzon-Linie und der Linie der Oder liegen und Ostpreußen (wie definiert) sowie Oppeln umfassen sollte; die endgültige Grenzziehung erfordert aber ein eingehendes Studium und möglicherweise an einigen Stellen einen Bevölkerungstausch" ... Warum sollte man nicht eine Formel finden, die ich den Polen vorlegen könnte, um ihnen ungefähr folgendes zu sagen: „Ich weiß nicht, ob die Russen damit einverstanden sein werden, aber ich glaube, ich könnte das für euch zustande bringen; ihr seht, daß eure Interessen sorgfältig gewahrt werden." Ich fügte hinzu, es werde freilich unmöglich sein, die Polen so weit zu bringen, daß sie sich befriedigt erklären. Es gebe überhaupt nichts, was die Polen zufriedenstellen könnte. Stalin erklärte nunmehr, die Russen brauchten den eisfreien Hafen Königsberg, und er zeichnete auf der Karte eine Grenzlinie ein. Dann säße Rußland im Nacken Deutschlands. Stalin erklärte, wenn er das zustande bringe, sei er durchaus bereit, meine Formel über Polen anzunehmen. Ich fragte, wie es mit Lemberg stehe. Stalin sagte, er würde die Curzon-Linie akzeptieren.

Zitiert nach: Gotthold Rhode und Wolfgang Wagner (Hg.): Quellen zur Entstehung der Oder-Neiße-Linie in den diplomatischen Verhandlungen während des Zweiten Weltkrieges, Stuttgart 1956, S. 65 f. und 69 f.

Die polnische Grenzfrage auf der Konferenz von Jalta (Februar 1945)

M52

Auf der Konferenz von Jalta, die im Februar 1945 vor dem Hintergrund der großen militärischen Erfolge der russischen Armee stattfand, wurde eine „Erklärung über das befreite Europa" verabschiedet. Für die Ost- und Westgrenze Polens fiel die Formulierung folgendermaßen aus:

Die drei Regierungen sind der Ansicht, daß die östliche Grenze Polens der Curzon-Linie folgen sollte, mit Abweichungen von fünf bis acht Kilometern in gewissen Gebieten zugunsten Polens. Sie anerkennen, daß Polen beträchtlichen Gebietszuwachs im Norden und Westen erhalten muß. Sie sind der Meinung, daß die Ansicht der neuen Polnischen

Provisorischen Regierung der Nationalen Einheit über den Umfang dieses Zuwachses zu gegebener Zeit einzuholen ist und daß die endgültige Festlegung der Westgrenze Polens danach bis zur Friedenskonferenz zurückzustellen ist.

Aus: Foreign Relations of the United States. Diplomatic Papers. The Conferences of Malta and Yalta 1945. Department of State Publication 6199, Washington 1955; zitiert nach: Fritz Peter Habel und Helmut Kistler (Hg.): Die Grenze zwischen Deutschen und Polen, Bonn 1972², S. 34.

M53

Auszüge aus dem Abkommen von Potsdam (2. August 1945)

VI. Stadt Königsberg und das anliegende Gebiet

VI. Die Konferenz prüfte den Vorschlag der Sowjetregierung, daß vorbehaltlich der endgültigen Bestimmungen der territorialen Fragen bei der Friedensregelung derjenige Abschnitt der Westgrenze der Union der Sozialistischen Sowjetrepubliken, der an die Ostsee grenzt, von einem Punkt an der östlichen Küste der Danziger Bucht in östlicher Richtung nördlich von Braunsberg-Goldap und von da zu dem Schnittpunkt der Grenzen Litauens, der Polnischen Republik und Ostpreußens verlaufen soll. Die Konferenz hat grundsätzlich dem Vorschlag der Sowjetregierung hinsichtlich der endgültigen Übergabe der Stadt Königsberg und des anliegenden Gebietes an die Sowjetunion gemäß der obigen Beschreibung zugestimmt, wobei der genaue Grenzverlauf einer sachverständigen Prüfung vorbehalten bleibt. Der Präsident der USA und der britische Premierminister haben erklärt, daß sie den Vorschlag der Konferenz bei der bevorstehenden Friedensregelung unterstützen werden.

IX. Polen

IX. ... Die Häupter der drei Regierungen bekräftigen ihre Auffassung, daß die endgültige Festlegung der Westgrenze Polens bis zu der Friedenskonferenz zurückgestellt werden soll. Die Häupter der drei Regierungen stimmen darin überein, daß bis zur endgültigen Festlegung der Westgrenze Polens die früher deutschen Gebiete östlich der Linie, die von der Ostsee unmittelbar westlich von Swinemünde und von dort die Oder entlang bis zur Einmündung der westlichen Neiße und die westliche Neiße entlang bis zur tschechoslowakischen Grenze verläuft, einschließlich des Teiles Ostpreußens, der nicht unter die Verwaltung der Union der Sozialistischen Sowjetrepubliken in Übereinstimmung mit den auf dieser Konferenz erzielten Vereinbarungen gestellt wird, und einschließlich des Gebietes der früheren Freien Stadt Danzig unter die Verwaltung des polnischen Staates kommen und in dieser Hinsicht nicht als Teil der sowjetischen Besatzungszone in Deutschland betrachtet werden sollen.

XIII. Ordnungsgemäße Überführung deutscher Bevölkerungsteile

XIII. Die Konferenz erzielte folgendes Abkommen über die Ausweisung Deutscher aus Polen, der Tschechoslowakei und Ungarn. Die drei Regierungen haben die Frage unter allen Gesichtspunkten betrachtet und erkennen an, daß die Überführung der deutschen Bevölkerung oder Bestandteile derselben, die in Polen, der Tschechoslowakei und Ungarn zurückgeblieben sind, nach Deutschland durchgeführt werden muß. Sie stimmen darin überein, daß jede derartige Überführung, die stattfinden wird, in ordnungsgemäßer und humaner Weise erfolgen soll. Da der Zustrom einer großen Zahl Deutscher nach Deutschland die Lasten vergrößern würde, die bereits auf den Besatzungsbehörden ruhen, halten sie es für wünschenswert, daß der Alliierte Kontrollrat in Deutschland zunächst das Problem unter besonderer Berücksichtigung der Frage einer gerechten Verteilung dieser Deutschen auf die einzelnen Besatzungszonen prüfen soll. Sie beauftragen demgemäß ihre jeweiligen Vertreter beim Kontrollrat, ihren Regierungen so bald wie möglich über den Umfang zu berichten, in dem derartige Personen schon aus Polen, der Tschechoslowakei und Ungarn nach Deutschland gekommen sind, und eine Schätzung über Zeitpunkt und Ausmaß vorzulegen, zu dem die weiteren Überführungen durchgeführt werden könnten, wobei die gegenwärtige Lage in Deutschland zu berücksichtigen ist.

Aus: Amtsblatt des Alliierten Kontrollrats, Ergänzungsblatt Nr. 1, S. 13–20, Berlin 1945; zitiert nach: Ernst Deuerlein: Die Einheit Deutschlands, Bd. I, Frankfurt/M. u. a. 1961², S. 352–355.

Die Stellung der SED zur Frage der Oder-Neiße-Grenze (1946) – Auszug aus einem Artikel des Zentralorgans der Partei

M54

Klarheit in der Ostfrage!
SED zeigt den Weg der wahren nationalen Lösung

... Genosse Grotewohl hat dieser Tage in seiner Rostocker Rede erklärt, daß eine endgültige Regelung der Ostgrenze erfolgen müsse. Genosse Pieck hat in gleicher Weise in Schwerin gesprochen und hineingefügt: „Unser Volk muß alles tun, durch Vernichtung der aggressiven Kräfte und Entfaltung der Demokratie sich das Vertrauen bei den anderen Völkern zu erwerben, damit bei der endgültigen Festlegung der Grenzen von den alliierten Mächten auf die Lebensnotwendigkeiten unseres Volkes Rücksicht genommen wird . . ."
Max Fechner, der Spitzenkandidat der SED für Berlin, hat kürzlich in einer Konferenz, als er über die Byrnesrede sprach, ebenfalls zur Ostgrenze Stellung genommen. Er sagte wörtlich: „Zur deutschen Ostgrenze möchte ich erklären, daß die Sozialistische Einheitspartei Deutschlands sich jeder Verkleinerung deutschen Gebietes entgegenstellen wird. Die Ostgrenze ist nur provisorisch und kann erst auf der Friedenskonferenz unter Mitwirkung aller großen Siegerstaaten endgültig festgelegt werden."
Wir sind für die Behandlung der Ostfrage. Glaube jedoch niemand, daß man deutsche Wünsche anhören wird, solange Militaristen, Junker und Kriegskapitalisten noch irgendwelchen Einfluß direkt oder indirekt ausüben, wie z. B. der ehemalige schlesische Großgrundbesitzer Graf von Donnersmark, der heute dem Aufsichtsrat der AEG in Westdeutschland angehört...

Aus: Neues Deutschland – Zentralorgan der Sozialistischen Einheitspartei Deutschlands – Nr. 122 vom 14. September 1946

Die Stellung der SPD zur Frage der Oder-Neiße-Grenze (1947) – Auszug aus einer Rede des Parteivorsitzenden

M55

Kurt Schumacher am 29. Juni 1947 vor dem SPD-Parteitag in Nürnberg

... Dazu kommt das, was man den 13 Millionen Vertriebener fortgenommen hat. Diese bequeme Plünderungsbeute kann nun wirklich nicht individuelle Beute einzelner vom Glück begünstigter Ritter der Beute sein, sondern das ist ein echtes Stück Reparationsleistung, das mit unserem Wissen und Willen nicht in den Schornstein geschrieben wird, dieses Plünderungsgut von 13 Millionen Menschen, das im Widerspruch zu vor der ganzen Welt feierlich abgegebenen Versprechungen steht.

Dazu tritt der Verlust an deutschem Gebiet. Um nicht mißverstanden zu werden – meine Herren von der Weltpresse! –, wenn wir Sozialdemokraten von deutschem Gebiet sprechen, dann meinen wir nur immer das Gebiet der Weimarer Republik. Aber wenn man von diesem Gebiet der Weimarer Republik, wie es den Anschein hat, Teile schon als endgültig von Deutschland weggenommen betrachtet, dann soll man uns den vollen Wert dieser Gebiete auch auf die Reparationsansprüche anrechnen.
Wir werden allerdings diese Rechnungsregelung erst durch den endgültigen Friedensvertrag als vorgenommen ansehen. Aber die ganzen Gebiete östlich der Oder und Neiße als weggenommen anzusehen, sind wir deutschen Sozialdemokraten nicht geneigt. Es ist hier nicht nur ein Recht selbstverständlicher nationaler Selbstbehauptung, es ist hier auch die Notwendigkeit einfachster ökonomischer Vernunft. Es sind ja schließlich 20 bis 25 Prozent des gesamten deutschen Nahrungsmittelaufkommens in diesem Gebiet erzeugt worden...

Zitiert nach: Protokoll der Verhandlungen des Parteitages der Sozialdemokratischen Partei Deutschlands vom 29. Juni bis 2. Juli 1947 in Nürnberg, Hamburg o.J., S. 45

M56

Auszug aus der Regierungserklärung Otto Grotewohls (DDR) vom 12. 10. 1949 zur Oder-Neiße-Grenze

Die Politik des Friedens und der Freundschaft zur Sowjetunion findet ihre Ergänzung im Verhältnis zu den Volksdemokratien, vor allem mit unseren Nachbarn, dem neuen Polen und der Tschechoslowakischen Republik sowie mit allen friedliebenden Völkern. In ihren Bemühungen um die Gewinnung von Söldnern gegen die Sowjetunion und gegen die Volksdemokratien haben die Westmächte, die die Oder-Neiße-Linie mitgeschaffen haben, die die Umsiedlung der deutschen Bevölkerung nicht nur mitbeschlossen, sondern auch an ihrer Durchführung beteiligt waren, den Versuch unternommen, diese Grenze zu einer Grenze der Feindschaft zwischen Deutschland und seinen östlichen Nachbarn zu machen. Die imperialistischen Westmächte und ihre Beauftragten haben erst dann begonnen, die Oder-Neiße-Grenze zur Schürung des Chauvinismus auszunutzen, als ihnen klar wurde, daß die Polnische Republik für den anglo-amerikanischen Imperialismus verloren ist. Die Oder-Neiße-Grenze ist für uns eine Friedensgrenze, die ein freundschaftliches Verhältnis zum polnischen Nachbarn ermöglicht. Es ist verbrecherisch, auch nur den Gedanken zu erwägen, das ausgeblutete deutsche Volk noch einmal in Krieg und Katastrophe zu stürzen. Wer übrigens dem Besatzungsstatut zugestimmt hat, und damit seine Bereitschaft bewiesen hat, Deutschland als Kolonie an die imperialistischen Mächte auszuliefern, hat jedes Recht verloren, über Grenzfragen im Osten zu zetern.

(Am 6. Juli 1950 erkannte die Regierung der DDR die Oder-Neiße-Grenze im Vertrag von Görlitz als „unantastbare Friedens- und Freundschaftsgrenze, die die beiden Völker nicht trennt, sondern vereinigt" an.)

Aus: Neues Deutschland vom 13. Oktober 1949; zitiert nach: Johannes Maass (Hg.): Dokumentation der deutsch-polnischen Beziehungen nach dem 2. Weltkrieg, Bonn u.a. 1960, S. 34

M57

Auszug aus der Erklärung der Bundesregierung vom 9. 6. 1950 zum Görlitzer Vertrag

Die derzeitige kommunistische Regierung, die der Bevölkerung der Sowjetzone aufoktroyiert wurde, hat in einem Vertrage mit der Polnischen Regierung die Festlegung der

Oder-Neiße-Linie als endgültiger Grenze zwischen Deutschland und Polen garantiert. Die Regierung der Deutschen Bundesrepublik erkennt diese Festlegung nicht an. Die sogenannte Regierung der Sowjetzone hat keinerlei Recht, für das deutsche Volk zu sprechen. Alle ihre Abreden und Vereinbarungen sind null und nichtig.
Die Entscheidung über die z. Z. unter polnischer und sowjetischer Verwaltung stehenden deutschen Ostgebiete kann und wird erst in einem mit Gesamtdeutschland abzuschließenden Friedensvertrag erfolgen. Die Deutsche Bundesrepublik als Sprecherin des gesamten deutschen Volkes wird sich niemals mit der allen Grundsätzen des Rechts und der Menschlichkeit widersprechenden Wegnahme dieser rein deutschen Gebiete abfinden. Die Bundesregierung wird bei künftigen Friedensverhandlungen für eine gerechte Lösung zwischen einem wirklich demokratischen Polen und einem demokratischen Gesamtdeutschland eintreten.

Amtlicher Text der Bundesregierung, veröffentlicht durch das Bundeskanzleramt am 9. 6. 1950; zitiert nach: Johannes Maass (Hg.): Dokumentation der deutsch-polnischen Beziehungen nach dem 2. Weltkrieg, Bonn u.a. 1960, S. 42

„14 Leitsätze der Pommerschen Landsmannschaft" vom 23. 2. 1958

M58

1. Die deutschen Ostgebiete gehören nach wie vor zum Deutschen Reich.
2. Auf der Potsdamer Konferenz im Jahre 1945 wurden die ostdeutschen Gebiete lediglich zu Verwaltungszwecken an Polen und die Sowjetunion bis zur endgültigen Festlegung der Grenzen durch eine Friedensregelung übertragen.
3. Der derzeitige Stand in den deutschen Ostgebieten darf nicht verewigt werden. Die Regierungen der vier Mächte sind verpflichtet, das Provisorium zu beseitigen; sie sanktionieren andernfalls krasse Rechtsbrüche.
4. Geltendem Völkerrecht, allgemeinem Menschenrecht sowie den Geboten der Humanität widersprechen vor allem die folgenden Handlungen:
   a) Vertreibung der Masse der Bevölkerung aus ihrer Heimat
   b) Raub des privaten Eigentums
   c) Entrechtung der verbliebenen deutschen Bevölkerung
   d) Schaffung von Fakten, die einer Annexion gleichkommen
   e) Vorenthaltung der Selbstbestimmung
   f) Vereitelung des Friedensvertrages
5. Da die Verwaltung der deutschen Ostgebiete von Polen in der bisherigen Besatzungszeit nicht treuhänderisch gehandhabt wurde, ist die Berechtigung zur treuhänderischen Verwaltung verwirkt und daher zu fordern, daß diese Gebiete bis zum Abschluß des Friedensvertrages einer übernationalen Kontrolle unterstellt werden.
6. Die Beseitigung von Unrecht ist eine elementare Forderung der Gerechtigkeit. Solange die Frage der deutschen Ostgebiete nicht im Geiste der Charta der Vereinten Nationen bereinigt ist, gibt es keine den Frieden garantierende Stabilität in Europa.
7. Die Charta der Vereinten Nationen untersagt Annexionen und verbietet damit auch die Landwegnahme zu Kompensationen für Kriegsverluste; Annexionen verletzen den Grundsatz der Selbstbestimmung der Völker.
8. Keine deutsche Regierung kann und darf auf den im allgemeinen Menschenrecht und Völkerrecht begründeten Anspruch auf Rückgabe der deutschen Ostgebiete und auf die Rückkehr der Vertriebenen in ihre Heimat verzichten.
9. In Übereinstimmung mit der Charta der Vertriebenen wird die Rückgewinnung der ostdeutschen Heimat mit friedlichen Mitteln angestrebt. Gewalt schafft weder Recht noch Frieden.

10. Eine dauerhafte Friedensordnung ist nur denkbar, wenn bei der Regelung der Grenzen Deutschlands das volle Selbstbestimmungsrecht der aus den betreffenden Gebieten vertriebenen deutschen Bevölkerungsteile gewahrt wird.
11. Die Heimatvertriebenen richten an die Bundesregierung die Forderung, mit allem Nachdruck weiterhin dafür einzutreten, daß
    a) die Ostgrenzen in einem auf Freiheit und Gerechtigkeit gegründeten Friedensvertrag mit Deutschland festgelegt werden,
    b) die willkürliche „Oder-Neiße-Grenze" niemals als Grenze Deutschlands anerkannt wird.
12. Um die Voraussetzungen für eine wirksame Friedensregelung zu schaffen, ist folgendes anzustreben:
    a) Pflege freundschaftlich-nachbarlicher Beziehungen zum polnischen Volk durch gegenseitige Unterstützung und vertrauensvolle Zusammenarbeit bei der Lösung gemeinsamer Probleme wirtschaftlicher, sozialer, kultureller oder humanitärer Art.
    b) Beseitigung aller hemmenden Schranken, die eine menschliche Begegnung der beiden Nachbarvölker erschweren.
    c) Tatkräftige Unterstützung aller Maßnahmen, die geeignet sind, eine Gesinnung der Versöhnung und der Partnerschaft vor allem in den Herzen der Jugend beider Länder zu wecken.
13. Der Friedensvertrag mit Deutschland muß den Weg zu einem Europa freimachen, in dem alle europäischen Völker in Recht, Freiheit und gegenseitigem Vertrauen leben können.
14. Die in der Pommerschen Landsmannschaft zusammengeschlossenen Deutschen sind bereit, in diesem Geiste die Lösung der ostdeutschen Fragen nach Kräften zu fördern.

Zitiert nach: Fritz Peter Habel und Helmut Kistler (Hg.): Die Grenze zwischen Deutschen und Polen, Bonn 1972², S. 60-62

M59

Auszug aus der Denkschrift der Evangelischen Kirche Deutschlands (EKD) über „Die Lage der Vertriebenen und das Verhältnis des Deutschen Volkes zu seinen östlichen Nachbarn" vom 1. 10. 1965

Die deutsche Ostgrenze als politische Aufgabe

Die Überprüfung der völkerrechtlichen und der theologisch-ethischen Aspekte hat gezeigt, daß die Frage der deutschen Ostgrenzen sich nicht mit absoluten Argumenten des Rechtes und der Ethik, mit den Mitteln einer Theologie der Schöpfung und der Geschichte lösen läßt. Es handelt sich dabei um politische Entscheidungen, die in vernünftiger Einschätzung der Situation und in verantwortungsvoller Mitarbeit an einer dauerhaften Friedensordnung zwischen den Völkern getroffen werden müssen... Eine künftige haltbare Friedensordnung kann im Verhältnis des deutschen Volkes zu seinen östlichen Nachbarn nur im Zeichen eines neuen Anfangs verwirklicht werden ...
Die politische Führung der Bundesrepublik hat in diesen Fragen eine mehr abwartende Haltung gezeigt und immer wieder den eigenen Rechtsstandpunkt vertreten. Für diese Zurückhaltung gab es ... wichtige politische Gründe. Die Unterstellung eines Viertels des früheren deutschen Staatsgebietes unter fremde Verwaltung und die Vertreibung der Bevölkerung aus ihm stellen an die nationale Disziplin des ganzen Volkes so hohe Anforderungen, daß die Gefahr einer nationalistisch bestimmten Radikalisierung jedenfalls nicht von der Hand zu weisen war... Die Opfer, die von dem deutschen Volk erwartet werden, leistet es nur, wenn es geschichtlich denkt und sich darin der Einsicht

in eine höhere Notwendigkeit beugt. Diese Einsicht aber kann erst allmählich heranreifen ...

Das deutsche Volk muß auf die notwendigen Schritte vorbereitet werden, damit eine Regierung sich ermächtigt fühlen kann zu handeln, wenn es nottut. Solche Vorbereitung ist auch darum unabweisbar geworden, weil die weltpolitische Situation sich gegenüber den 50er Jahren deutlich verändert hat. Während sich damals in Ost und West zwei ideologisch bestimmte Machtblöcke gegenüberstanden, die ein selbständiges Handeln einer deutschen Regierung nahezu ausschlossen, sind heute die Fronten in Bewegung geraten. In dieser Lage erwarten auch die westlichen Verbündeten der Bundesrepublik Deutschland von dieser einen Beitrag zur Entspannung, der nur möglich ist, wenn die Regierung damit rechnen kann, im deutschen Volk Verständnis und Zustimmung zu einem Schritt im Geiste der Versöhnung gegenüber unseren östlichen Nachbarvölkern zu finden.

Welche Schritte im einzelnen das Ziel der Versöhnung und Neuordnung am besten fördern, kann wiederum nicht in dieser Denkschrift erörtert werden. Sicher ist nur, daß es nicht genügen wird, den deutschen Rechtsstandpunkt starr und einseitig zu betonen, daß auf der anderen Seite aber einer deutschen Regierung auch nicht zugemutet werden kann, ihren Rechtsstandpunkt von vornherein und bedingungslos preiszugeben. Vielmehr wird es zunächst darauf ankommen, im deutschen Volk selbst und nach außen eine Atmosphäre zu schaffen, in der dann auch in einzelnen Schritten Akte der Versöhnung mit den östlichen Nachbarn möglich werden. Das setzt gewiß voraus, daß auch bei diesen Völkern der Wille zur Versöhnung besteht oder geweckt werden kann. Sie müssen sich also die kritische Frage gefallen lassen, ob sie in ihrer oft zur Schau getragenen Selbstgerechtigkeit gegenüber Deutschland verharren wollen. Aber das Gespräch darüber kann erst in Gang kommen, wenn das deutsche Volk zu erkennen gegeben hat, daß es seinerseits der Versuchung widerstehen will, sich in Selbstgerechtigkeit zu verhärten ...

Zitiert nach: Reinhard Henkys (Hg.): Deutschland und die östlichen Nachbarn – Beiträge zu einer evangelischen Denkschrift. Protestantische Texte Sonderband, Stuttgart u. a. 1966, S. 214–217

Vertrag zwischen der Bundesrepublik Deutschland und der Volksrepublik Polen über die Grundlagen der Normalisierung ihrer gegenseitigen Beziehungen vom 7. 12. 1970

M5 10

Die Bundesrepublik Deutschland
und die
Volksrepublik Polen

in der Erwägung, daß mehr als 25 Jahre seit Ende des Zweiten Weltkrieges vergangen sind, dessen erstes Opfer Polen wurde und der über die Völker Europas schweres Leid gebracht hat,

eingedenk dessen, daß in beiden Ländern inzwischen eine neue Generation herangewachsen ist, der eine friedliche Zukunft gesichert werden soll,

in dem Wunsche, dauerhafte Grundlagen für ein friedliches Zusammenleben und die Entwicklung normaler und guter Beziehungen zwischen ihnen zu schaffen,

in dem Bestreben, den Frieden und die Sicherheit in Europa zu festigen,

in dem Bewußtsein, daß die Unverletzlichkeit der Grenzen und die Achtung der territorialen Integrität und der Souveränität aller Staaten in Europa in ihren gegenwärtigen Grenzen eine grundlegende Bedingung für den Frieden sind,

sind wie folgt übereingekommen:

Artikel I

(1) Die Bundesrepublik Deutschland und die Volksrepublik Polen stellen übereinstimmend fest, daß die bestehende Grenzlinie, deren Verlauf im Kapitel IX der Beschlüsse der Potsdamer Konferenz vom 2. August 1945 von der Ostsee unmittelbar westlich von Swinemünde und von dort die Oder entlang bis zur Einmündung der Lausitzer Neiße und die Lausitzer Neiße entlang bis zur Grenze mit der Tschechoslowakei festgelegt worden ist, die westliche Staatsgrenze der Volksrepublik Polen bildet.
(2) Sie bekräftigen die Unverletzlichkeit ihrer bestehenden Grenzen jetzt und in der Zukunft und verpflichten sich gegenseitig zur uneingeschränkten Achtung ihrer territorialen Integrität.
(3) Sie erklären, daß sie gegeneinander keinerlei Gebietsansprüche haben und solche auch in Zukunft nicht erheben werden.

Artikel II

(1) Die Bundesrepublik Deutschland und die Volksrepublik Polen werden sich in ihren gegenseitigen Beziehungen sowie in Fragen der Gewährleistung der Sicherheit in Europa und in der Welt von den Zielen und Grundsätzen, die in der Charta der Vereinten Nationen niedergelegt sind, leiten lassen.
(2) Demgemäß werden sie entsprechend den Artikeln 1 und 2 der Charta der Vereinten Nationen alle ihre Streitfragen ausschließlich mit friedlichen Mitteln lösen und sich in Fragen, die die europäische und internationale Sicherheit berühren, sowie in ihren gegenseitigen Beziehungen der Drohung mit Gewalt oder der Anwendung von Gewalt enthalten.

Artikel III

(1) Die Bundesrepublik Deutschland und die Volksrepublik Polen werden weitere Schritte zur vollen Normalisierung und umfassenden Entwicklung ihrer gegenseitigen Beziehungen unternehmen, deren feste Grundlage dieser Vertrag bildet.
(2) Sie stimmen darin überein, daß eine Erweiterung ihrer Zusammenarbeit im Bereich der wirtschaftlichen, wissenschaftlichen, wissenschaftlich-technischen, kulturellen und sonstigen Beziehungen in ihrem beiderseitigen Interesse liegt.

Artikel IV

Dieser Vertrag berührt nicht die von den Parteien früher geschlossenen oder sie betreffenden zweiseitigen oder mehrseitigen internationalen Vereinbarungen.

Artikel V

Dieser Vertrag bedarf der Ratifikation und tritt am Tage des Austausches der Ratifikationsurkunden in Kraft, der in Bonn stattfinden soll.
Zu Urkund dessen haben die Bevollmächtigten der Vertragsparteien diesen Vertrag unterschrieben.
Geschehen zu Warschau am 7. Dezember 1970 in zwei Urschriften, jede in deutscher und polnischer Sprache, wobei jeder Wortlaut gleichermaßen verbindlich ist.

Für die
Bundesrepublik Deutschland
Willy Brandt
Walter Scheel

Für die
Volksrepublik Polen
Jozef Cyrankiewicz
Stefan Jedrychowski

Zitiert nach: Presse- und Informationsamt der Bundesregierung (Hg.): Dokumente zur Ostpolitik, Bonn o.J. (1970), S. 16–18.

Erklärung des Bundeskanzlers Willy Brandt zum deutsch-polnischen Vertrag

M5 11

Diese Erklärung des Bundeskanzlers wurde am 20. November 1970 über alle deutschen Rundfunk- und Fernsehanstalten verbreitet.

Meine Damen und Herren, liebe Landsleute!

Der Vertrag zwischen der Bundesrepublik und der Volksrepublik Polen ist ein beide Völker bewegendes Dokument.
Er soll ein dunkles Kapitel der europäischen Geschichte abschließen. Er soll ein neues Kapitel einleiten. Die Zeit ist gekommen für den Schlußstrich und für den Neubeginn.
Über dreißig Jahre sind vergangen, seit der Zweite Weltkrieg mit dem deutschen Angriff begann. Das polnische Volk hat Unsagbares erleiden müssen.
Der Krieg und seine Folgen haben beiden Völkern, auch uns Deutschen, unendlich viele Opfer abverlangt. Jetzt geht es um die friedliche Zukunft zwischen den beiden Ländern und Völkern.
Wer seine Angehörigen verloren hat, wem seine Heimat genommen wurde, der wird nur schwer vergessen können. Und wir anderen müssen Verständnis und Achtung aufbringen für eine Last, die für uns alle mitgetragen wird.
Trotzdem muß ich gerade in dieser Stunde die heimatvertriebenen Landsleute bitten, nicht in Bitterkeit zu verharren, sondern den Blick in die Zukunft zu richten.
Es bedeutet sehr viel, wenn viele Familien nun die Aussicht haben, ihre Angehörigen nach vielen Jahren der Trennung bei sich aufnehmen zu können. Und daß es möglich sein soll, die Stätten der Geburt und die Gräber der Vorfahren in der alten Heimat wieder zu besuchen.
Ich bin für den Vertrag mit der Volksrepublik Polen, weil er das Fundament für eine friedliche Zukunft schafft. Er gibt uns die Möglichkeit der Verständigung und der Zusammenarbeit.
Dem polnischen Volk gibt der Vertrag die Gewißheit, daß es in gesicherten Grenzen leben kann. Und daß, was an uns liegt, in Europa überhaupt das Prinzip des Gewaltverzichts gelten soll.
Die Geschichte allein kann erweisen, ob dies, wie wir hoffen, der Beginn der eigentlichen Aussöhnung sein wird, so wie wir sie im Westen gegenüber unseren französischen Nachbarn glücklicherweise erreicht haben.
Der Vertrag bedeutet selbstverständlich nicht, daß Unrecht nachträglich legitimiert wird. Er bedeutet also auch keine Rechtfertigung der Vertreibung.
Worum es geht, ist der ernste Versuch, ein Vierteljahrhundert nach dem Krieg der Kette des Unrechts politisch ein Ende zu setzen.
Auch für die Westgrenze Polens gilt: Es gibt weder Entspannung noch gesicherten Frieden in Europa, wenn wir nicht ausgehen von der Lage, wie sie ist. Wie sie nun schon seit 25 Jahren ist, unbeschadet im übrigen der Rechte der vier Mächte für Deutschland.
Unserem Volk wird nicht heute, aus heiterem Himmel, ein Opfer abverlangt. Dies hat längst gebracht werden müssen als Ergebnis der Verbrechen Hitlers.
Meine Regierung spricht aus, was die meisten bei uns in den letzten Jahren schon gedacht haben.
Und wir können nur hoffen, daß dies ein befreiender Schritt sein wird hin zu einem besseren Europa. Einem Europa, in dem die Grenzen nicht mehr trennen werden.
So erwartet es die Jugend unserer Länder. Auf sie möchten wir – wenn es geht – nicht mehr die Bürden der Vergangenheit abwälzen. Sondern für sie wollen wir einen neuen Anfang machen.

Zitiert nach: Bulletin des Presse- und Informationsamtes der Bundesregierung Nr. 161, Bonn 1970, S. 1693–1694.

M5 12

Auszug aus: Herbert Hupka, Der Warschauer Grenzvertrag

Darum sollte auch die Auseinandersetzung mit dem Warschauer Grenzvertrag zuerst von uns als Demokraten geführt werden. Wir sind durch die Diktatur des Kommunismus herausgefordert, und dies nicht nur, weil der Kommunismus über Teile Deutschlands herrscht, sondern weil er seinem ganzen Wesen nach die ständige Herausforderung an die Freiheit ist. Als Anwalt der Freiheit müssen wir wissen, daß das polnische Volk genauso frei leben und genauso gute Europäer werden möchte wie jedes andere Volk in Europa. Also sollten wir alles vermeiden, was den Herrschenden, die die Macht ausüben, noch mehr Macht zuspricht. Man sollte Diktaturen nicht dadurch mästen, daß man deren Forderungen nach Bestätigung ihrer Macht erfüllt. Das war schon im Verhältnis der Demokratien Hitler gegenüber vom Übel, das ist heute keineswegs anders. Die Hoffnung der Unfreien auf die Freiheit, auch wenn wir Ihnen die Freiheit nicht bringen können, darf nicht enttäuscht werden, indem sich die Freien den Unfreien anbequemen, indem sie Macht vor Recht ergehen lassen . . .

Aber es kann uns auch niemand bestreiten, daß wir als Deutsche, wenn von Deutschland die Rede ist, von Deutschland in den Grenzen von 1937 ausgehen, zumal selbst die Siegermächte dieses Deutschland ihren Verhandlungen und Absprachen – auch in Potsdam 1945 – zugrunde gelegt haben. Heute muß man sich fast schon dafür entschuldigen, noch von Deutschland in den Grenzen von 1937 zu sprechen, ist dieses doch genauso wie die Wiedervereinigung aus dem Sprachgebrauch gekommen. Niemand kennt den Umfang des zukünftigen Deutschland, aber ein Recht besitzen wir, bei Verhandlungen von diesem Deutschland vor der Expansionspolitik Hitlers auszugehen. Dabei weiß jedermann, daß eine vollkommene Restitution des Gewesenen nicht möglich sein dürfte.

Das Bekenntnis zur Nation, zu seiner Geschichte und seiner Zukunft, ist in keinem anderen Volk umstritten, nur bei uns ist mancher schnell mit dem Vorwurf des Nationalismus zur Stelle, wenn auch für das deutsche Volk das Streben nach der Wiederherstellung der Nation als Inhalt der Politik postuliert wird. Niemand braucht heute vor uns Deutschen Angst zu haben, als strebten wir nach fremdem Territorium, als spielten wir mit der Möglichkeit der Gewalt. Aber man soll von uns auch nicht verlangen, daß wir die Kriegsbeute der Gegenseite, nur weil der Zweite Weltkrieg durch Hitler (wenn auch nicht von ihm allein) entfesselt worden ist und wir ihn als deutsches Volk verloren haben, mit dem Stempel der Legalität ausstatten müßten.

In diesem Zusammenhang noch ein letztes Wort über das deutsch-polnische Verhältnis. Es ist aus vielerlei Gründen die schwerste Hinterlassenschaft des Zweiten Weltkrieges. Der Warschauer Vertrag wiederholt das zwischen den beiden kommunistischen Regierungen 1950 in Görlitz geschlossene Abkommen und anerkennt eine Linie als Grenze, obwohl sie einerseits den Makel des Unrechts trägt, andererseits erst einer künftigen Entscheidung in einem frei auszuhandelnden Friedensvertrag unterworfen ist. Der Warschauer Grenzvertrag erfüllt die Forderungen der Gegenseite, ohne daß wir selbst für unseren Standpunkt auch nur etwas herausgeholt hätten.

Aber nicht nur der Text des Vertrages ruft Widerspruch hervor, auch die unterschiedliche Interpretation durch die Volksrepublik Polen und durch die Bundesrepublik Deutschland ist höchst bedenklich. Was die einen als endgültig (»völkerrechtliche Anerkennung«) bezeichnen, wird von den anderen lediglich als endgültig bis zu einem Friedensvertrag (»politische Anerkennung«), bis zur Möglichkeit des Entscheids eines gesamtdeutschen Souveräns ausgegeben.

Der Warschauer Grenzvertrag ist ein Vertrag ohne Berücksichtigung des Selbstbestimmungsrechtes, er ist ein Vertrag gegen das Selbstbestimmungsrecht . . .

Aus: Herbert Hupka: Der Warschauer Grenzvertrag, in: Hans Graf von Huyn (Hg.): Ostpolitik im Kreuzfeuer, Stuttgart 1971, S. 109–111.

Auszug aus der Rede des polnischen Außenministers Stefan Olszowski auf einer Sitzung des SEJM der Volksrepublik Polen am 27. 4. 1972

M5 13

... Die Postulate Polens gegenüber Deutschland wurden auf der Potsdamer Konferenz realisiert. Das Potsdamer Abkommen enthält grundlegende Entscheidungen in der Frage der endgültigen Regelung der Grenzen Polens an der Oder und Lausitzer Neiße. Von dem endgültigen Charakter der Entscheidung über die polnische Westgrenze zeugen die folgenden Beschlüsse des Potsdamer Abkommens:

- die eingehende Beschreibung des Grenzverlaufs in Kapitel IX,
- die Bestimmung der Gebiete östlich der Oder und Lausitzer Neiße, die »als ehemalige deutsche Gebiete« unter die Verwaltung des Polnischen Staates überwiesen wurden,
- die Ausklammerung des Gebietes aus dem Kompetenzbereich des Alliierten Kontrollrates in Deutschland, der die Oberhoheit über das Territorium Deutschlands als ganzes ausübte, und die an Polen überwiesen wurden,
- die in Kapitel XIII enthaltene Entscheidung über die Umsiedlung der deutschen Bevölkerung aus den an Polen gefallenen Gebieten, was ein Ausdruck der endgültigen Übertragung der Gebiete an der Oder, Lausitzer Neiße und an der Ostsee an Polen darstellt.

Ich erinnere an die bekannten Bestimmungen des Potsdamer Abkommens, um noch einmal zu betonen, daß gerade diese Bestimmungen die Grundlage für die Regelung der polnischen Westgrenze darstellen. Die Regierung der Volksrepublik Polen stand konsequent auf dem Standpunkt, daß die Anerkennung der Entscheidung der Potsdamer Konferenz vor allem im Bereich der Westgrenze Polen ein Maßstab für die Haltung zur Nachkriegsordnung in Europa und in der Folge auch zu Krieg und Frieden ist. Durch die Unterzeichnung des Vertrags mit Polen akzeptierte die Regierung der Bundesrepublik Deutschland die seit 1945 bestehende Wirklichkeit . . .

Zitiert nach: Hans-Adolf Jacobsen und Mieczyslaw Tomala (Hg.): Wie Polen und Deutsche einander sehen, Düsseldorf 1973, S. 23 f.

SEQUENZ 6

Richtlinien für Lerninhalte: Wie die deutsch-polnischen Beziehungen von Schülern in der Bundesrepublik gesehen werden sollen

Die Materialzusammenstellung verfolgt hier im wesentlichen zwei Ziele. Einmal soll erkannt werden, daß Lerninhalte (wie sie möglicherweise bereits „erfahren" wurden) weder zufällig zustande kommen, noch allein von nur „sachlichen" Erwägungen bestimmt sind; vielmehr sind sie auch Resultat von Auseinandersetzungen und Veränderungen. Zum anderen sollen einige dieser Lerninhalte ermittelt und die in sie eingegangenen Absichten verglichen werden. Zu diesem Zweck werden Texte, in denen Kontroversen, Einflußnahmen und Zielvorstellungen deutlich werden, zur Untersuchung vorgelegt.

Aus der Vielzahl intentionaler Einflußnahmen auf Lerninhalte mußte eine Auswahl getroffen werden, die sicherlich nicht die ganze Breite der an „deutschen Interessen" orientierten Bemühungen abdeckt. Auch ist anzumerken, daß wir – trotz mehrerer Versuche – keine Texte zur Verfügung stellen können, die derartige Lernvorgaben von polnischer Seite aufzeigen. Dies ist deshalb bedauerlich, weil die Schüler nicht nur diejenigen ideologischen Wertmaßstäbe erkennen sollen, die den Rahmen ihrer eigenen Auseinandersetzung mit den deutsch-polnischen Beziehungen abstecken. Sie könnten diese Interpretationsvorgaben und deren Veränderungen zweifellos besser beurteilen, wenn sie mit entsprechenden Vorgaben auf polnischer Seite konfrontiert würden.

Die Materialien lassen sich drei zeitlichen Abschnitten zuordnen:
a) einem Zeitraum, in dem die Oder-Neiße-Grenze grundsätzlich nicht akzeptiert wird,
b) dem Beginn einer Umorientierung der deutschen Ostpolitik (die auch von den Vereinbarungen der deutsch-polnischen Schulbuchkommission begleitet wird; vgl. Sequenz 7),
c) einem Zeitraum, in dem die Erfolge dieser Veränderungen in verschiedener Weise beurteilt werden.

Materialien (M6)

1 Auszug aus den Empfehlungen der KMK zur Ostkunde (1956)
2 Auszug aus den Bezeichnungsrichtlinien des Bundesministers für gesamtdeutsche Fragen (1965)
3 Erläuterungen zur Ostkunde seitens einiger Vertriebenenvertreter – Texte und kurze Kommentare
4 „Modelle“ von Unterrichtsstunden – (Kritische Auseinandersetzung mit der Arbeitsgemeinschaft „Deutsche Ostkunde“)
5 Resolution einer Schulbuchtagung der Evangelischen Akademie in Berlin (1969);
6 Auszug aus einer Erklärung der KMK zu ihren 1956 verabschiedeten „Empfehlungen zur Ostkunde“ (1973)
7 Auszug aus der „Bekanntmachung über die Förderung der Kenntnisse von Ost- und Südost(mittel)-Europa“ („Ostkunde“) des bayerischen Kultusministers vom 23. November 1973

Überlegungen zum Einsatz der Materialien

Eine erste Phase der Untersuchung von „Richtlinien“ kann durch die Pespektive der „Ostkundeempfehlungen“ (M6 1) festgelegt werden: nach einer ersten immanenten Textinterpretation, in der sich sowohl der Bewußtseinsstand einer Lerngruppe aktualisieren kann als auch bisher erarbeitete Problemstellungen eingebracht werden können, erfolgt die Präzisierung einzelner Punkte durch Hinzuziehung der weiteren Texte. Die Bezeichnungsrichtlinien (M6 2) heben einen für Schüler vermutlich weniger bedeutsamen Streitpunkt hervor; es könnte sein, daß das Problem „Bezeichnung“ für sie als leicht korrigierbares Relikt gilt. Dagegen wäre die politische Funktion der Bezeichnungsrichtlinien, die vermutlich auf eine Abschwächung des starren Konfrontationskurses in der öffentlichen Meinung reagieren, in Zusammenhang mit den nunmehr bekannten Ostkundeempfehlungen zu erarbeiten.
In einem weiteren Schritt werden Absichten, Träger und Methoden, die sich mit den Bemühungen um Ostkunde verbinden lassen, in das Blickfeld gerückt, indem deutlich hervorgehobene Standpunkte berücksichtigt werden. Die fiktive Unterrichtsstunde (M6 4) veranschaulicht, wie Unterricht im Sinne einer Broschüre der Arbeitsgemeinschaft „Deutsche Ostkunde“ gestaltet werden könnte. In M6 3 und M6 4 sind zugleich Gegenpositionen angelegt, die ansatzweise eine Ermittlung von Argumentationen zu den Ostkundeempfehlungen erlauben.
Anders dagegen M6 5: Die Resolution einer Schulbuchtagung der Evangelischen Akademie in Berlin kann als Hinweis auf ein verändertes Diskussionsklima in der Auseinandersetzung um Fragen der deutsch-polnischen Beziehungen und ihren Niederschlag in Schulbüchern gelten. Allerdings können die Thesen der Resolution nicht als abschließende Beurteilung angesehen werden. Vielmehr böten sich hier Ansätze zu Untersuchungen durch die Schüler (Ansätze hierzu in Sequenz 7).

Die Ermittlung von Gemeinsamkeiten und unterschiedlichen Standpunkten (und unterschiedlicher Auslegung einzelner Zielvorgaben) in den gegenwärtigen Überlegungen zu einer Neuorientierung der Beschäftigung mit Osteuropa wird kaum ohne Verweis auf Texte aus anderen Materialsequenzen auskommen können: die Frage nach Motiven für eine solche Neuorientierung (die etwa durch den Vergleich von M6 1 mit M6 6 deutlich würde) wird ohne Bezug zur politischen Entwicklung nicht beantwortet werden können, und bei der Frage nach den Auswirkungen der Richtlinien und Interpretationsvorgaben werden sicherlich die Darstellungen der deutsch-polnischen Beziehungen in den in der Bundesrepublik Deutschland gebräuchlichen Geschichtsbüchern einbezogen werden müssen (vgl. Sequenz 7). Oder umgekehrt: die Untersuchung der Materialien kann unter Einbeziehung von Kenntnissen und Fragestellungen aus anderen Materialsequenzen helfen, unterschiedliche bildungspolitische Vorstellungen und die Möglichkeiten ihrer Realisierung zu belegen.

Auszug aus den „Empfehlungen zur Ostkunde" der KMK (1956)

M6 1

Die Ständige Konferenz der Kultusminister der Länder in der Bundesrepublik Deutschland (KMK) hat auf ihrer 56. Sitzung am 13. Dezember 1956 in Hamburg die nachstehenden „Empfehlungen zur Ostkunde" verabschiedet:

Das gesamte Erziehungs- und Bildungswesen der Deutschen muß den Aufgaben gerecht werden, vor die unser Volk durch den Einbruch des Sowjetsystems in Mitteleuropa, durch die Vertreibung der Deutschen aus Ostmitteleuropa und durch die Spaltung Deutschlands in einen westlichen und einen östlichen, unter den Einfluß des Sowjetsystems geratenen Teil gestellt worden ist. Das Schicksal Deutschlands und Europas wird wesentlich davon abhängen, ob es gelingt, diese Aufgaben zu meistern . . .
Dabei werden drei Anliegen erfüllt und koordiniert werden müssen:

1. Das Bewußtsein von der deutschen Einheit und der Wille zur Wiedervereinigung in Frieden und Freiheit ist wachzuerhalten und zu entwickeln. Dazu ist die Kenntnis Mitteldeutschlands – der heutigen SBZ –, der Menschen dieses Raumes und der sich dort vollziehenden Entwicklung eine notwendige Voraussetzung.
2. Der deutsche Osten muß den Deutschen, besonders der Jugend, bekannt und vertraut sein. Seine Leistung ist im deutschen Geschichtsbewußtsein zu verankern. Die Deutschen sollen ein inneres Verhältnis zu den Vertreibungsgebieten als zur Heimat eines Teiles ihres Volkes haben.
3. Die Kenntnis der Völker, Kulturen und Probleme Osteuropas und Ostmitteleuropas ist als Grundlage eines klaren und sachlichen Verhältnisses zu ihnen und einer fruchtbaren Auseinandersetzung auch mit dem System, das sie gegenwärtig beherrscht, notwendig.

Die Ständige Konferenz der Kultusminister verweist auf das diesen Aufgaben gewidmete Gutachten „Osteuropa in der deutschen Bildung" des Deutschen Ausschusses für das Erziehungs- und Bildungswesen und spricht ... für das Schulwesen ... folgende Empfehlungen aus:

1. Die Einrichtung eines besonderen Unterrichtsfaches „Ostkunde" o. ä. ist abzulehnen. Dagegen ist eine planmäßige unterrichtliche Behandlung ostkundlicher Themen oder Themenkreise auf allen Stufen notwendig.
2. Deutschland ist als Einheit zu behandeln. Mitteldeutschland, Berlin und die übrigen, zur Zeit unter fremder Verwaltung stehenden Gebiete müssen der Jugend ebenso nahe gebracht werden wie das Gebiet der Bundesrepublik. Auch die übrigen früher von Deutschen besiedelten Gebiete sind ihrer Bedeutung entsprechend zu würdigen.
3. Die Behandlung des deutschen und des europäischen Ostens im Unterricht soll

keine Vermehrung des ohnehin so umfangreichen und vielschichtigen Stoffes bedeuten. Eine Stoffvermehrung wird dann vermieden werden können, wenn Stoffe mit lokaler Bedeutung vor dem wichtigen Gesamtanliegen zurücktreten und die Schwerpunkte neu verteilt werden. Es handelt sich nicht um eine Vermehrung, sondern um eine Sichtung des Stoffes.

4. Unbeschadet der Aufgaben, die alle Unterrichtsfächer hinsichtlich der oben bezeichneten Anliegen wahrnehmen können und sollen, sind es vor allem die der geschichtlichen und politischen Bildung, der Sprach- und Kulturkunde gewidmeten Fächer, die für eine Ostkunde in dem eingangs bezeichneten Sinne wesentliche Voraussetzungen und Verpflichtungen haben.

5. Der *Geschichtsunterricht* muß der Revision des deutschen Geschichtsbildes Rechnung tragen, die sich zur Zeit im deutschen Bewußtsein vollzieht, und sie in seiner Weise fördern. Diese Revision erfolgt in Hinsicht auf den Raum, den das geschichtliche Bewußtsein der Deutschen umfaßt, und auf die Ausweitung von einer einseitig staatspolitisch gesehenen, zu einer die Volksgeschichte, Sozialgeschichte und Kulturgeschichte einbeziehenden Geschichtsbetrachtung.

a) In Hinsicht auf den Raum darf sich der Geschichtsunterricht nicht auf die germanisch-romanische Völkergemeinschaft beschränken, wie sie, auf Rankes Entwurf zurückgehend, bis heute den Umfang des deutschen Geschichtsbildes bestimmt. Er muß die Völker Osteuropas, insbesondere aber die deutsche Ostsiedlungsbewegung, die wirtschaftlichen und politischen Probleme Ostmitteleuropas, die Vertreibung der Deutschen und die Sowjetisierung Ostmitteleuropas und der SBZ einbeziehen. Dafür können weniger wichtige, örtlich oder zeitlich begrenzte Einzelheiten der deutschen und der westlichen Geschichte wegfallen. Ostdeutsche Geschichte soll nach Möglichkeit nicht vom übrigen Geschichtsverlauf abgesondert, gewissermaßen im Anhang behandelt werden, sondern in organischem Zusammenhang mit dem gesamtdeutschen und gesamteuropäischen Geschichtsbild, damit die innere Verflechtung von Ost- und Westdeutschtum und die Bedeutung Osteuropas für die gesamteuropäische Geschichte offenbar wird.

b) Die im Sinne der oben bezeichneten Anliegen eigentlich wichtigen Tatsachen und Zusammenhänge der ostdeutschen und osteuropäischen Geschichte lassen sich ihrer Natur nach von einer nur auf die Staatengeschichte gerichteten Betrachtung vielfach gar nicht erfassen, gehören aber wesentlich zu der geschichtlichen Bildung, wie sie der Deutsche heute braucht. Der Geschichtsunterricht kann seine Aufgabe in Hinsicht auf die Ostkunde nur erfüllen, wenn er die Zeitgeschichte umfaßt und bis in die Gegenwart heraufgeführt wird.

6. Die Fächer, die neben dem Geschichtsunterricht der *politischen Bildung* dienen, insbesondere die Gemeinschaftskunde und die Erdkunde, sollen dafür sorgen, daß

a) die Jugend Einsicht in die Notwendigkeit und in die Problematik der Wiedervereinigung gewinnt;

b) der Jugend das politische, gesellschaftliche und wirtschaftliche System, das zur Zeit Osteuropa, die Vertreibungsgebiete und die SBZ beherrscht, in seiner Theorie in den Grundzügen bekannt und in seinen der Theorie oft widersprechenden Auswirkungen auf die Wirklichkeit durchschaubar ist;

c) das Problem der Vertriebenen und Flüchtlinge, die Tatsachen und Phasen der Eingliederung und der durch das Zusammentreffen von Deutschen verschiedener Herkunft hervorgerufene Wandel sichtbar und verständlich wird . . .

9. Die Schulaufsichtsbeamten überzeugen sich bei ihren Unterrichtsbeamten von der Pflege der Ostkunde in dem hier vorgeschlagenen Sinn.

10. Die Bildungs- und Lehrpläne sind darauf zu überprüfen, ob dem Anliegen der Ostkunde hinreichend Rechnung getragen wird. Dabei sollen die ostkundlichen Themen und Stoffe nicht als Anhang erscheinen, sondern organisch in den Gesamtplan des betreffenden Unterrichtsfaches eingebaut sein.

Bei der Prüfung und Zulassung von Lehr- und Lernmitteln ist darauf zu achten, daß der Osten in dem hier geforderten Sinne einbezogen ist.
12. Als Mittel zur Förderung und Vertiefung der Ostkunde hat es sich besonders bewährt, daß sachkundigen und aufgeschlossenen Lehrern die Möglichkeit eröffnet wird, der Lehrerschaft und der Schulaufsicht Anregungen zu geben, sie auf geeignetes Schrifttum aufmerksam zu machen und ihnen Material zu vermitteln.
13. Eine Förderung des ostkundlichen Interesses bedeutet es, wenn einzelne Schulen oder Schulklassen ein besonderes Verhältnis zu Persönlichkeiten, Landschaften oder Ereignissen des deutschen Ostens gewinnen. Das kann durch Namengebung oder durch eine Art Patenschaft geschehen. Einrichtung und Ausstattung solcher Schulen und Klassen, aber auch die Gestaltung des Unterrichts kann diesem inneren Verhältnis Ausdruck geben.
14. Das Bewußtsein von der deutschen Einheit und der Wille zur Wiedervereinigung kann auch durch Schülerfahrten nach West-Berlin oder in die sowjetisch besetzte Zone gestärkt werden. Vorhaben der letzten Art bedürfen jedoch einer besonderen Vorbereitung. Es empfiehlt sich, in den einzelnen Ländern für Beratungsmöglichkeiten zur Vorbereitung solcher Vorhaben zu sorgen.

Zitiert nach: Ständige Konferenz der Kultusminister der Länder in der Bundesrepublik Deutschland (Hg.): Sammlung der Beschlüsse der Kultusminister der Länder in der Bundesrepublik Deutschland, Berlin und Neuwied 1957, Leitzahl 567, S. 1–7

Auszug aus den „Bezeichnungsrichtlinien" des Bundesministers für gesamtdeutsche Fragen (1965)

M6 2

Der Bundesminister für gesamtdeutsche Fragen hat im Juli 1965 „Richtlinien für die Bezeichnung Deutschlands, ... der Demarkationslinien innerhalb Deutschlands ... und der Orte innerhalb Deutschlands" erlassen.

a) Die Bundesrepublik Deutschland setzt – unbeschadet der Tatsache, daß ihre Gebietshoheit gegenwärtig auf den Geltungsbereich des Grundgesetzes beschränkt ist – das Deutsche Reich als Völkerrechtssubjekt unter Wahrung seiner rechtlichen Identität fort. Statt der ausdrücklichen Bezeichnung „Bundesrepublik Deutschland", die das Grundgesetz festgelegt hat, sollte daher die Kurzform „Deutschland" immer dann gebraucht werden, wenn die Führung des vollständigen Namens nicht erforderlich ist. Das gleiche gilt für den Gebrauch der Bezeichnung „Deutsche Regierung" statt „Regierung der Bundesrepublik Deutschland" oder „Bundesregierung".
Bis zu der einem Friedensvertrag vorbehaltenen endgültigen Regelung ist als deutsches Staatsgebiet das Gebiet des Deutschen Reiches in den Grenzen vom 31. Dezember 1937 zu bezeichnen. Die völkerrechtlich gültigen Grenzen sind die des Deutschen Reiches nach dem Stand vom 31. Dezember 1937.
Die Abkürzung „BRD" oder die Bezeichnung „Bundesrepublik" ohne den Zusatz „Deutschland" sollten nicht benutzt werden. Das Gebiet der Bundesrepublik Deutschland kann auch als „Bundesgebiet" bezeichnet werden.
Als adjektivische Form sollte nur die Bezeichnung „deutsch" verwendet werden. In bestimmten Fällen kann es erforderlich sein, die Genetiv-Verbindung „der Bundesrepublik Deutschland" zu verwenden. Adjektive wie „bundesdeutsch", „bundesrepublikanisch" sollten im Sprachgebrauch keinen Platz finden.
Die Verwendung der Bezeichnung „Bundesrepublik Deutschland" ist unerläßlich, wenn wegen der fortdauernden Teilung Deutschlands die Kurzform „Deutschland" oder „deutsch" zu Mißverständnissen führen könnten. Deshalb ist insbesondere bei Gegenüberstellung des freien Teiles Deutschlands mit den anderen Teilen Deutsch-

lands die Verwendung der vollen Bezeichnung „Bundesrepublik Deutschland" erforderlich . . .
d) Die ostwärts der Oder-Neiße-Linie liegenden Gebiete Deutschlands werden als „Deutsche Ostgebiete, zur Zeit unter fremder Verwaltung", in Kurzform als „Deutsche Ostgebiete" bezeichnet . . .
Für das südliche Ostpreußen und die ostwärts der Oder-Neiße-Linie liegenden Teile von Pommern, Brandenburg, Schlesien und Sachsen gilt die Bezeichnung „Deutsche Ostgebiete, z. Z. unter polnischer Verwaltung" oder die entsprechende Gebietsbezeichnung (z.B. Pommern, z. Z. unter polnischer Verwaltung").

Zitiert nach: Bundesministerium des Innern (Hg.): Gemeinsames Ministerialblatt (GMBl.), Bonn 1965, S. 227

M6 3

Erläuterungen zur Ostkunde seitens einiger Vertriebenenvertreter – Texte und Kommentare

Die enge Verbindung von Arbeitsgemeinschaft Sudetendeutscher Erzieher und Witiko-Bund bestand aber nicht nur in der Person des Vorsitzenden. 1956 rühmte sich der Witiko-Bund, daß neben dem Ersten Vorsitzenden „Kamerad Theo Keil" noch mehrere andere Witiko-Kameraden in der Arbeitsgemeinschaft an führender Stelle stehen. Am gleichen Ort schrieb Theo Keil: „Wir haben unsere Hauptaufgabe auf dem Gebiet der Erziehung und des Unterrichts gesehen und versuchen vor allem in diesem Rahmen, unsere Pflicht für Volk und Heimat zu erfüllen ... Wir treten dabei mit unseren Vorschlägen seltener als geschlossene Gruppe auf, häufiger werden unsere Anregungen aufgenommen, wenn wir als aktive Mitarbeiter in den großen Lehrerverbänden in den einzelnen Bundesländern tätig sind ... Eines unserer Hauptanliegen ist es, die gesamte deutsche pädagogische Öffentlichkeit ständig zu mahnen, den deutschen Osten nicht zu vergessen. Wir sehen diese Aufgabe vom Standpunkt des Unterrichts wie der Erziehung und haben uns so gründlich mit diesen Fragen befaßt, daß die von unserer Arbeitsgemeinschaft Sudetendeutscher Erzieher herausgegebenen Broschüre *Der deutsche Osten im Unterricht, Grundlagen und Wege* heute von den Unterrichtsministern aller Bundesländer empfohlen wird ... Es ist sogar gelungen, bei der Bildung einer bundeseinheitlichen Arbeitsgemeinschaft für deutsche Ostkunde führend mitzuwirken, der sich alle großen deutschen Lehrerverbände angeschlossen haben, die auch zu den Landsmannschaften enge Verbindung hält und in der der Vorsitzende (Schulrat Ernst Zintl) und der Hauptschriftleiter der Zeitschrift *Deutsche Ostkunde* (Dr. Dr. Ernst Lehmann, der Sohn unseres Emil Lehmann) aus unserer Arbeitsgemeinschaft hervorgegangen sind. Rund tausend sudetendeutsche Erzieher lesen unseren *Sudetendeutschen Erzieherbrief*, der viermal jährlich erscheint, jedesmal mit der kostenlosen Beilage der Zeitschrift *Deutsche Ostkunde* ..."
Der Ansatz der Ostkunde im Sinne einer „Heimatkunde des deutschen Ostens" erfuhr im Herbst 1951/Frühjahr 1952 durch Professor Eugen Lemberg eine erste Ausweitung. Im Herbst 1951 arbeiteten Angehörige der Landeskulturstelle des Landesverbandes der Heimatvertriebenen in Hessen auf dem Ludwigstein „Grundsätze zur ostkundlichen Durchdringung aller Unterrichtsfächer" aus. Lemberg legte zur selben Zeit dem Hessischen Kultusministerium eine Denkschrift zur Ostkunde vor, worin die ostkundliche Aufgabe bereits über das nationale Anliegen hinaus Völker und Probleme Ostmitteleuropas miteinbezieht. Als Leiter der Lehrerfortbildungsstätte Reinhardwaldschule bei Kassel führte Lemberg im Februar 1952 an dieser Fortbildungsstätte eine erste ostkundliche Lehrerfortbildungstagung durch, in deren Anschluß die „Kasseler Leitsätze" formuliert wurden. Diese wiederum wurden 1954, von Lemberg überarbeitet, der Ständigen Konferenz der Kultusminister vorgelegt.

Zweck und Ziel der Ostkunde erläutert Lehmann 1959: „... Die ostkundlichen Bestrebungen ... wollen im Rahmen von Erziehung und Unterricht ... den Anspruch auf die unaufgebbaren Gebiete wachhalten und die deutsche Jugend für eine neue Ausfahrt im Auftrage Europas vorbereiten." Warum unaufgebbar, beantwortet Dr. Anton Willimek mit dem Aufsatz „Warum wir auf die deutschen Ostgebiete nicht verzichten dürfen." Ursprünglich eine Antwort auf den Artikel eines Oberprimaners in einer Schülerzeitung, in dem sich dieser „unter Anführung einer Reihe von Gründen für den Verzicht auf die deutschen Ostgebiete aussprach", sollte das Folgende den Lehrern als Muster für ähnliche Auseinandersetzungen dienen. „Es soll hier gewiß keinem überspitzten Nationalismus das Wort geredet werden. Dazu ist der Gegenstand dieser Überlegungen zu ernst und folgenschwer. Das mögen auch die im nachfolgenden noch genannten Argumente erweisen. Der Zustand unserer heutigen Hochkonjunktur und damit zusammenhängenden Vollbeschäftigung täuscht uns in gefährlicher Weise über die weitgehende Unsicherheit und Fragwürdigkeit unserer nationalen Existens hinweg. Sollte noch einmal eine Weltwirtschaftskrise kommen vom Ausmaß der um 1930 – und wir müssen auch mit einer solchen Möglichkeit rechnen –, dann werden wir erst so recht merken, wie sehr uns die deutschen Ostgebiete fehlen. Dann werden wir in dem hochindustrialisierten und in unnatürlicher Weise übervölkerten Westdeutschland nicht wie damals nahezu sieben Millionen Arbeitslose haben, sondern wahrscheinlich erheblich mehr. Dazu kommt als weiteres Argument unsere äußerst bedenkliche Lage im Falle eines Krieges oder kriegsähnlichen Krisenzustandes. Schon während der beiden letzten Weltkriege konnte das deutsche Volk nur unter größten Anstrengungen ernährt werden, heute aber, da ihm die Kornkammern Ostpreußens, Pommerns und Schlesiens fehlen, würde es, sollten ihm einmal durch irgendwelche Einflüsse die Lebensmittelzufuhren abgeschnitten werden, kaum einige Monate überstehen können.
Es geht also hier, wie wir sehen, um Fragen der nackten Existenz, die uns zwingen, das zurückzufordern, was auf Grund einer 700 Jahre währenden deutschen Kulturleistung auf ewig unser ist und uns nur durch staatlich sanktionierten Raub genommen werden konnte.
Den in den deutschen Osten umgesiedelten Polen und Tschechen solle man wohl mit menschlichem Verständnis, aber nicht mit allzu großer Sentimentalität begegnen. Das mag hart klingen, aber schließlich dürfen wir auch nicht vergessen, daß bei der ‚humanen' Aussiedlung der Jahre 1945/46 durch die unbestreitbare Schuld dieser Völker mehrere Millionen Ostdeutscher auf grausamste Weise ums Leben kamen. Wenn die Vergasung der Juden in deutschen KZ ein unmenschliches und verabscheuenswertes Verbrechen war, dann war die vielfach in aller Öffentlichkeit sich abspielende Folterung und Vernichtung ostdeutscher Menschen ein nicht minder großes Verbrechen. Gewiß, wir wollen Haß und Rachegefühle beiseite lassen! Für die in die deutschen Ostgebiete umgesiedelte Fremdbevölkerung müßte irgendwie gesorgt werden. Dann aber vielleicht auf Kosten des Staates, der trotz größten eigenen Landreichtums Polen noch dessen östliche Gebiete wegnahm und in teuflischer Absicht durch die Schaffung der Oder-Neiße-Grenze ewige Zwietracht zwischen dem deutschen und dem polnischen Volk säen wollte. Dieser Gedanke mag heute vielen illusionär erscheinen. Er stellt aber in Wirklichkeit die einzige gerechte Lösung dar und wird sich, so hoffen wir, eines Tages auch ohne Krieg durchsetzen lassen. Man sollte sich bei kommenden Verhandlungen nicht unbedingt auf die Grenzen von 1937 festlegen, denn sie sind in Versailles 1919 geschaffen worden und schließlich die unmittelbare Ursache für den Ausbruch des Zweiten Weltkrieges gewesen."

Aus: Reinhard Strecker: Gehirnwäsche für Generationen, in: Günter Berndt und Reinhard Strekker (Hg.): Polen – ein Schauermärchen oder Gehirnwäsche für Millionen, Reinbek bei Hamburg 1971, S. 47f. u. S. 50f.

M64 Fiktive Unterrichtsstunde – Kritik an der Arbeitsgemeinschaft „Deutsche Ostkunde“

Die Unterrichtsstunde, die hier beschrieben wird, hat nie stattgefunden; auch der Lehrer, der hier geschildert wird, ist erfunden – allerdings nicht seine Zitate.
Vor der Wandtafel hing eine Landkarte: das Deutsche Reich in den Grenzen von 1937. Studienrat Dr. X beschrieb mit dem Zeigestock einen Halbkreis von Königsberg nach Prag und erzählte seiner Obertertia: Das „in unnatürlicher Weise übervölkerte Westdeutschland“ brauche den Osten, wenn es nicht bei der nächsten Krise mehr als sieben Millionen Arbeitslose haben wolle. Ohne „die Kornkammern Ostpreußens, Pommerns und Schlesiens“ könne es bei einer akuten Krise „kaum einige Monate überstehen“. Dr. X berichtete dann von der „großen Stunde“, in der das Sudetenland zum Reich gekommen sei. Für den Führer habe es damals „nur eine staatsmännische Pflicht gegeben: jede sich bietende Gelegenheit zu benutzen, um unter Vermeidung abenteuerlicher, kriegerischer Verwicklungen das Gelenk der für Deutschland lebensgefährlichen Ost-West-Zange zu zerbrechen und solcherart dem Bolschewismus und der Bankrottpolitik Frankreichs die Operationsbasis im mitteleuropäischen Wirkraum des deutschen Gesamtvolkes zu entziehen“. Das solle freilich nicht heißen, fügte Dr. X hinzu, daß Hitler nun ein Mann „ohne Schuld und Fehler sei“. Nur ginge es nicht an – wie es die Art der „geschäftstüchtigen Auch-Historiker“ der Bundesrepublik sei – „die Unzulänglichkeit und die Fehler aller Verantwortlichen, in höchster Potenzierung zusammengepackt, dem einen, der sich nicht mehr wehren kann“, aufzuladen.
Anschließend mußte der Obertertianer Herbert ein Gedicht von *E. G. Kolbenheyer* aufsagen und Sieglinde Verse „der größten deutschen Dichterin“ *Agnes Miegel.* Als Hausarbeit mußten alle „ein naturgetreues Abbild ostdeutscher Baukunst“, die Prager Karlsbrücke, aus dem Modellbaubogen E 2 des Bernward-Verlages basteln. Zum Schluß der Stunde erhob sich die Klasse von den Plätzen. Dr. X stimmte an, die Schüler fielen ein: *„Nach Ostland woll'n wir reiten.“*
Der fiktive Lehrer X gestaltete seinen Unterricht nach der Anleitung einer Broschüre jener Arbeitsgemeinschaft, die seine Schule wie 3000 andere Lehranstalten in der Bundesrepublik vor einigen Wochen zugeschickt bekamen: *„Wegweiser durch das Schrifttum und die Lehrmittel zur ostkundlichen Unterrichtsgestaltung.“* Er zitierte aus den ihm hier empfohlenen Schriften und der Zeitschrift der Arbeitsgemeinschaft „Deutsche Ostkunde“. Und da diese Arbeitsgemeinschaft und ihre Veröffentlichungen die volle ideelle und finanzielle Unterstützung von Bundes- und Länderministerien haben, braucht ein Studienrat X kein unverbesserlicher Gestriger zu sein, sondern nur ein getreuer Schulmann seines demokratischen Staates, wenn er den Unterricht mit Zitaten aus ihm empfohlenen „Lehrmitteln“ schmückt.
Der „Wegweiser zur ostkundlichen Unterrichtsgestaltung“ ist eine Bilanz rund fünfzehnjähriger Bemühungen um den Ostkunde-Unterricht – sagt man im Bundesvertriebenenministerium, das die Broschüre finanziert hat . . .
Die „Arbeitsgemeinschaft“ führt die verhängnisvolle „einseitige Unterrichtung über Charakter und Fähigkeiten unserer östlichen Nachbarn“ fort. In dem von ihr propagierten Geschichtsbild wird die Auseinandersetzung mit dem Kommunismus zu einem Jahrtausende alten Ringen zwischen „dem Abendland“ und „dem Osten“, zwischen Slawen und Germanen. Wie es in der zum zehnjährigen Bestehen der Ostkunde-Arbeitsgemeinschaft herausgegebenen Broschüre „Ostkunde im Unterricht“ heißt: „Der heutige Westen mit der Geisteskraft des Abendlandes und der Gedankenwelt Europas wird bedroht vom Osten als der Macht der Gottlosigkeit und Gottfeindlichkeit ...“
Beinahe in jedem Aufsatz wird die Forderung wiederholt: Politisierung des Ostkundeunterrichts. „Die Wiedervereinigungsnot (ist) zum Konzentrationspunkt im Unterricht zu machen“, fordert die „Deutsche Ostkunde“. (Wiedervereinigung heißt hier

stets Deutschland in den Grenzen von 1937, 1938 oder gar 1914.) „Der Lehrer (soll) selbst zum Bekenner werden."

Der „Deutsche Ausschuß für das Erziehungs- und Bildungswesen" und die Kultusminister haben wohl nicht geahnt, daß die ostkundliche Lehrerbildung in die Hände dieser Organisation geraten würde. Tatsächlich waren jedoch 1956 weder finanzielle Mittel für die Verwirklichung der Kultusministerempfehlung bereitgestellt, noch gab es eine Institution, die sich dieser Aufgabe hätte annehmen können – außer der „Bundesarbeitsgemeinschaft für deutsche Ostkunde im Unterricht". Sie hatte sich bereits 1953 als Zusammenschluß von Lehrerorganisationen der Vertriebenenverbände konstituiert. Viele ihrer aktivsten Mitglieder waren nach dem Krieg zunächst durch ihre nationalsozialistische Vergangenheit kompromittiert gewesen.

Der Vorsitzende der „Arbeitsgemeinschaft" von 1954 bis 1958, *Ernst Zintl,* zugleich langjähriger Vorsitzender der „Arbeitsgemeinschaft sudetendeutscher Erzieher", war als Mitkämpfer *Henleins* und Träger der „Sudetenmedaille" Regierungsschulrat im Sudetenland. Pionier und viele Jahre Vorsitzender der „Arbeitsgemeinschaft" in Bayern war *Theo Keil* – ehemals NS-Gaubeauftragter für Schul- und Erziehungsfragen im Gau Sudetenland. Landesvertreter in Baden-Württemberg und Zweiter Vorsitzender wurde *Alfons Urban* – von 1942 bis zum Alliierteneinmarsch im Sudetenland Führer des NS-Lehrerbundes. Einer der einflußreichsten Ideologen, vielbeschäftiger Referent und Artikelschreiber, ist Professor *Eugen Lemberg* – nach seiner Mitarbeit im sudetendeutschen Freikorps Leiter der Lehrerbildungsanstalt Lemberg. *Dr. Ernst Lehmann,* Fachgruppenleiter der „Arbeitsgemeinschaft" und verantwortlich für die Zusammenstellung der Ostkundeliteratur, gab nach der Annexion des Sudetenlandes seinen Pastorenberuf auf, um sich mit nationalsozialistischer „Volkskunde" zu beschäftigen. Er vertritt in der „Arbeitsgemeinschaft" zugleich die dem völkischen „Witikobund" angegliederte „Gemeinschaft evangelischer Sudetendeutscher".

In den für die Lehrerbildung verantwortlichen Ministerien stieß die Arbeitsgemeinschaft zunächst auf Mißtrauen. Doch die Arbeitsgemeinschaft fand bald in allen Länderregierungen Gönner. Geld und ideelle Unterstützung kamen nicht von den ressortmäßig zuständigen Stellen, sondern von Behörden, in denen Gesinnungsfreunde saßen. Die tatkräftigste Unterstützung aber fand die „Arbeitsgemeinschaft" im Bundesvertriebenenministerium, das Zeitschriften, Broschüren, Lehrer- und Studentenseminare bezahlt.

Aus: Kai Hermann: Nach Ostland woll'n wir reiten, in: Die Zeit vom 9. April 1965

Resolution einer Schulbuchtagung der Evangelischen Akademie in Berlin (1969)

M6 5

Im Rahmen „Polnischer Wochen" in Berlin veranstaltete die Evangelische Akademie 1969 in Berlin eine Schulbuchtagung, deren Ergebnis in der folgenden Resolution zusammengefaßt wurde:

Die neue deutsche Bundesregierung beabsichtigt, den Dialog mit der Volksrepublik Polen aufzunehmen. Eine der Voraussetzungen dafür ist ein objektives und wahres Bild der Volksrepublik Polen – des Staates und der Gesellschaft – sowie der polnischen Kultur und Geschichte. Dies gilt um so mehr, als die preußische und kaiserliche Polenpolitik die Vernichtung Polens als Nation beabsichtigte: diesem Ziel diente auch die damalige Kultur- und Schulpolitik. Als letzte Konsequenz planten die Deutschen zur Zeit des Nationalsozialismus die physische Vernichtung des polnischen Volkes.

Aus diesen Gründen haben die Polen ein selbstverständliches Interesse an der Darstellung Polens im deutschen Schulbuch. Das beweist u. a. die umfangreiche Untersuchung von Waclaw Wobanski „School text Books in the German Federal Republic", Warschau 1962. Im Rahmen der Polnischen Wochen hat die Evangelische Akademie eine

Tagung zum Thema „Polen im Unterricht" mit Pädagogen, Schülern und Studenten veranstaltet. Die Teilnehmer analysierten heute im Gebrauch befindliche Schulbücher für die Fächer Geschichte, Geographie und Gemeinschaftskunde. In allen Arbeitskreisen wurde festgestellt, daß die Veröffentlichung dieser westdeutschen Schulbuchtexte in Polen die Verständigung gegenwärtig verhindern und auf lange Zeit unmöglich machen kann. Dabei muß davon ausgegangen werden, daß die Schulbücher nur ein Symptom einer viel allgemeineren in Parteien, Verbänden und Massenmedien vorherrschenden antipolnischen Einstellung sind.
Die untersuchten Schulbücher und Atlanten geben keine sachliche Aufklärung über die politische, staatliche und gesellschaftliche Wirklichkeit Polens. Wesentliche Tatsachen werden ausgelassen und unwesentliche Einzelheiten in unangemessener Breite ausgeführt. Die verwendete Sprache ist stark gefühlsbetont und fördert eine kritiklose Denkhaltung. Zahlen, Daten, Statistiken und Vorgänge werden in einer Terminologie dargeboten, die den Anschein der Sachlichkeit erweckt, jedoch deutlich tendenziös wertet. Die Einseitigkeit wird besonders deutlich in der Auswahl der Erlebnisberichte und Bilder. Die anti-kommunistische Einstellung und die Darstellung des polnischen Volkes als negatives Objekt im Freund-Feind-Schema konservieren die Vorstellungen des Kalten Krieges.
Als Resümee bleibt: Das Unterrichtsmaterial dient nicht der Information, sondern der Indoktrination. Ziel und Ergebnis ist u. a. die emotionale Fixierung der Jugendlichen auf die ehemaligen deutschen Ostgebiete und die Aufrechterhaltung des Besitzanspruches. Diese Schulbücher können nicht zu einer Verständigung mit der Volksrepublik Polen führen, sie erzeugen und festigen statt dessen Vorurteile und eine intolerante Haltung.
Daher fordern die Teilnehmer neue Schulbücher. Als erste Schritte erwarten wir:
1. Die ersatzlose Aufhebung der Empfehlungen zur Ostkunde (Beschluß der Kultusministerkonferenz vom 13. 12. 1956), die für den heutigen Zustand mitverantwortlich sind;
2. die sofortige Vorbereitung einer polnisch-deutschen Schulbuchkonferenz zur Ausarbeitung neuer Kriterien für die Behandlung Polens im deutschen Schulbuch.

Zitiert nach: Berliner Extra Dienst vom 6. Dezember 1969

M6 Auszug aus einer Erklärung der KMK zu ihren 1956 verabschiedeten „Empfehlungen zur Ostkunde" (1973)

Am 22. Juni 1973 verabschiedete die Ständige Konferenz der Kultusminister der Länder in der Bundesrepublik Deutschland (KMK) den folgenden Beschluß:

Die Kultusminister und -senatoren der Länder in der Bundesrepublik Deutschland stellen übereinstimmend fest, daß die mit Beschluß der Kultusministerkonferenz vom 13. Dezember 1956 vereinbarten „Empfehlungen zur Ostkunde" unbeschadet der in ihnen enthaltenen unverändert gültigen Grundsätze und sachlichen Aussagen heute nicht mehr in ihrer Gesamtheit Grundlage von aktuellen Maßnahmen der Kultusverwaltung der Länder sind. Sie bestätigen jedoch gleichzeitig nachdrücklich die in den Empfehlungen von 1956 festgestellte Notwendigkeit einer vertieften Beschäftigung in den Schulen und Hochschulen mit den Sprachen, den Kulturen und der Geschichte der osteuropäischen Völker und den politischen und gesellschaftlichen Verhältnissen in Osteuropa. Sie sehen darin eine wesentliche Voraussetzung für ein besseres Verständnis der Völker und ihrer Probleme und für eine erweiterte politische Urteilsbildung. Die Kultusminister und -senatoren der Länder werden dieser ihrer Auffassung über die Bedeutung Osteuropas und osteuropäischer Fragen nach wie vor in den Richtlinien für den Unterricht und in den sonstigen Maßnahmen der Kultusverwaltung Rechnung tragen . . .

Zitiert nach: Ständige Konferenz der Kultusminister der Länder in der Bundesrepublik Deutschland (Hg.): Sammlung der Beschlüsse der Kultusminister der Länder in der Bundesrepublik Deutschland, Berlin und Neuwied 1957, Leitzahl 567, S. 8

Auszug aus einer Bekanntmachung des bayerischen Kultusministers (1973)

M6 7

Die Behandlung der mitteleuropäischen, ost- und südosteuropäischen Völker, Staaten und Kulturen im Unterricht („Ostkunde" bzw. „Osteuropakunde") hat ihre Berechtigung in der europäischen Mittellage Deutschlands. Bayern als Grenzland hat hierbei eine besondere Verpflichtung und Aufgabe ...
Dabei sind die folgenden Grundsätze zu beachten:
1. Die Beschäftigung mit den genannten Völkern und Kulturen setzt die Kenntnis der geographischen, wirtschaftlichen, geschichtlichen, soziologischen und kulturellen Gegebenheiten voraus. Dabei kann es sich gerade im Interesse gegenseitiger Verständigung nicht um kritiklose Übernahme der Selbstdarstellung der betreffenden Staaten und Völker handeln, sondern um ein kritisches Verständnis, das auf der Kenntnis der Hintergründe dieser Selbstinterpretationen und der ideologischen Systeme dieser Staaten beruht ...
3. Da sich, vor allem in Ost(mittel)europa, ein bedeutsamer Teil der deutschen Geschichte in vielfacher, konfliktreicher, aber auch friedlich-aufbauender Verflechtung mit den im Osten lebenden Völkern und Volksgruppen vollzogen hat, gehört es zu einem ausgewogenen Geschichtsbewußtsein, auch die Rolle der Deutschen in diesen Räumen in die Betrachtung einzubeziehen.
Die Deutschen insgesamt sollen ein lebendiges inneres Verhältnis zur Heimat des Teiles ihres Volkes haben, der seine angestammten Gebiete verlassen mußte. Hierbei ist der Eigenart der ost- und südost(mittel)europäischen deutschen Stämme und Volksgruppen in ihren kulturellen Äußerungen angemessene Aufmerksamkeit zu schenken ...
4. Gemäß dem Verfassungsauftrag des Grundgesetzes für die Bundesrepublik Deutschland sind umfassende Kenntnisse über das ganze Deutschland, seine Menschen und die sich in ihm vollziehenden Entwicklungen im Unterricht zu vermitteln. Im Sinne des gemeinsamen Beschlusses aller Fraktionen des Deutschen Bundestags vom 17. Mai 1972 zu den „Ostverträgen" ist das Bewußtsein von der deutschen Einheit und vom gesamten östlichen (Mittel-)Europa wachzuhalten bzw. zu stärken ...
6. Für die hier geforderte Bildungsarbeit bleiben die Ergebnisse objektiver wissenschaftlicher Forschung an Universitäten und besonderen Instituten die unentbehrliche Grundlage. Einem auf gesicherten Kenntnissen aufbauendem Bemühen um eine partnerschaftliche Verständigung mit den osteuropäischen Völkern und Staaten dient die Arbeit der wissenschaftlichen Ostforschung und -lehre in unserem Lande.
7. Die Behandlung ostkundlicher Stoffgebiete erfolgt als Unterrichtsprinzip durch Eingliederung in den Erdkunde-, Geschichts- und Sozialkundeunterricht, den Deutsch- und Fremdsprachenunterricht, die Kunsterziehung, den Musikunterricht sowie in gelegentlichen fächerübergreifenden Zusammenfassungen.
Im Geschichts- und Sozialkundeunterricht ist überdies das weltweite Problem der Vertreibung und der sinnvollen Eingliederung von Vertriebenen, Flüchtlingen und Spätaussiedlern zu behandeln. Ihr kulturelles Erbe ist besonders zu würdigen. Für eine weitere friedvolle Entwicklung, nicht nur im europäischen Raume, ist die Kenntnis der Rechtsformen, die ein gedeihliches Zusammenleben von Völkern und Volksgruppen ermöglichen, ein wesentlicher Bestandteil dieser Bildungsaufgabe.

8. Die Schulaufsichtsbehörden überzeugen sich von der Pflege ostkundlicher Bildungs- und Unterrichtsinhalte. Bei der Erarbeitung der Curricula und bei der Zulassung von Lehr- und Lernmitteln wird darauf zu achten sein, daß der europäische Osten entsprechend berücksichtigt wird. Das Erfahrungswissen der Vetriebenen, Flüchtlinge und Spätaussiedler ist hierbei zu nutzen ...

Bekanntmachung über die Förderung der Kenntnisse von Ost- und Südost(mittel)europa („Ostkunde") vom 23. November 1973, Nr. III A 15–8/148 121

SEQUENZ 7

Die Darstellung der deutsch-polnischen Beziehungen nach 1945 in deutschen und polnischen Schulbüchern

Nachdem in der Sequenz 6 versucht wurde, administrative Vorgaben für Unterrichtsinhalte über die deutsch-polnischen Beziehungen und ihre Intentionen offenzulegen, soll jetzt die Beschäftigung mit konkreten Schulbuchtexten und den Chancen ihrer Veränderung im Mittelpunkt der letzten Sequenz stehen.
Die Aussagen der eigenen Schulbücher ideologiekritisch zu hinterfragen, kam den Schülern früher in der Regel nicht in den Sinn, weil nach ihren Erfahrungen und Vorstellungen von Schule Schulbücher nur „Richtiges" und „Wahres" beinhalten konnten. Diese Einstellung und das daraus ableitbare Lernverhalten, das sie verständlicherweise zur kritiklosen Übernahme von ausgewählten Inhalten und Tendenzen – bei gleichzeitiger Auslassung anderer Inhalte und anderer Tendenzen – führte, ist heute nicht mehr selbstverständlich. Auch gibt es eine Reihe von Unterrichtswerken für Geschichte, in denen die Schüler ausdrücklich aufgefordert werden, die im Buch gebotenen Texte kritisch zu „hinterfragen". Dieser Absicht dient auch die vorliegende Sequenz dadurch, daß der Sichtweise deutscher Schulbücher die Sichtweise polnischer gegenübergestellt wird.
Die Konfrontation der Schulbuchtexte, verbunden mit der Überlegung, daß polnische Schüler aufgrund der Darstellung in ihren Schulbüchern ganz anderes, ja u. U. Gegensätzliches lernen, könnte Fragen über die allgemeine Funktion von Geschichtsunterricht anregen.
Auf dem Hintergrund der in den sechs anderen Sequenzen erarbeiteten Informationen und Erkenntnisse erscheinen dann die Empfehlungen der deutschen und polnischen UNESCO-Kommissionen als eine Möglichkeit, Konfrontation abzubauen. Ihr Charakter als ein Kompromiß auf einem gemeinsam getragenen Nenner kann so deutlich werden, nicht um ihn von einem Standort vermeintlicher Wahrheit aus zu diffamieren, sondern um die Abhängigkeit von Geschichtsunterricht und Geschichtsschreibung zu demonstrieren. In dieser didaktischen Funktion – als Modell für Ausgleich, der vom gegenseitigen Respekt getragen wird, weniger als historischer Lernstoff – scheint uns die Beschäftigung mit den UNESCO-Empfehlungen besonders wertvoll.
Das Echo, das diese Empfehlungen in der Bundesrepublik hervorgerufen haben, kann den Schülern zu einer breiteren Sicht für die politische Dimension von Schulbuchrevision und den Chancen ihrer Realisierung verhelfen.

Die Materialien (M_7)

1 Auszug aus einem deutschen Schulbuch: Textstellen, in denen deutsch-polnische Beziehungen nach 1945 angesprochen werden; Erscheinungsjahr 1971
2 Auszug aus dem gleichen deutschen Schulbuch; Erscheinungsjahr 1976
3 Auszug aus einem polnischen Schulbuch: Textstellen, in denen deutsch-polnische Beziehungen nach 1945 angesprochen werden; Erscheinungsjahr 1971

4 Auszug aus dem gleichen polnischen Schulbuch; Erscheinungsjahr 1974
5 Auszüge aus den gemeinsamen „Empfehlungen" der deutschen und polnischen UNESCO-Kommissionen zur „Darstellung der Nachkriegsgeschichte in den Schulbüchern der Volksrepublik Polen und der Bundesrepublik Deutschland" (Oktober 1975)
6 Resonanz auf die Empfehlungen in Bayern (Zeitungsberichte)
7 Resonanz auf die Empfehlungen in Hessen (Ministerielle Verlautbarung)
8 Resonanz auf die Empfehlungen in Niedersachsen (Antwort auf eine kleine Anfrage im niedersächsischen Landtag)

Überlegungen zum Einsatz der Materialien

Die von uns vorgelegten deutschen (M71 und M72) und polnischen (M73 und M74) Schulbuchtexte bieten mehrere Vergleichs- und Gegenüberstellungsmöglichkeiten an. Zum einen kann die Lerngruppe die unterschiedlichen Gewichtungen und Auslassungen herausarbeiten und nach ihren jeweiligen Intentionen zu fragen versuchen. Zum anderen kann sie – da Auszüge aus dem gleichen Geschichtsbuch in einer früheren und einer späteren Auflage vorliegen – sich den Textveränderungen zwischen 1971 und 1974 bzw. 1976 widmen und diese Veränderungen in ihrer Tendenz beschreiben. Es besteht auch die Möglichkeit, ein anderes deutsches Geschichtsbuch, z.B. das in der jeweiligen Schule eingeführte, in seinen unterschiedlichen Auflagen zu vergleichen. In beiden Fällen wird die Unterschiedlichkeit in der Akzentsetzung und in der inhaltlichen Darstellung in deutschen und polnischen Schulbüchern für den Zeitraum nach 1945 nicht zu übersehen sein. Genau an dieser Stelle könnte dann – als Denkanstoß – vom Lehrer die Frage gestellt werden, welche der Darstellungen nun die „richtige" sei und – unter Einbeziehung des in Sequenz 6 Erarbeiteten – der Frage nach Grenzen, Abhängigkeiten und Interessen von Geschichtsschreibung nachgegangen werden.
Wenn nun Polen und Deutsche in ihren Schulbüchern bis heute jeweils ganz bestimmte Akzente setzten, von denen sie meinten, daß sie ihren „nationalen" Interessen entsprächen, so deutet der gemeinsam getragene Text der „Empfehlungen zur Darstellung der Nachkriegsgeschichte in den Schulbüchern der Volksrepublik Polen und der Bundesrepublik Deutschland" eine Wendung an. Auszüge aus diesen „Empfehlungen" in der Fassung vom Oktober 1975 werden als Material M75 eingebracht, wobei die Lerngruppe – so ein Vorschlag – das in den deutschen und polnischen Schulbüchern bisher kontrovers Dargestellte hier in veränderter Form wiederfinden und beurteilen sollte. Insbesondere wäre unter Hinzuziehung von Informationen aus allen Sequenzen zu prüfen, ob die Einschätzung der „Empfehlungen", wie sie amtlicherseits in der Öffentlichkeit geäußert werden (vgl. M76 bis M78), zutreffen.

Auszug aus einem deutschen Geschichtsbuch Erscheinungsjahr 1971

M71

Textstellen, in denen die deutsch-polnischen Beziehungen nach 1945 angesprochen werden:

Die „Westverschiebung" Polens und die Vertreibung der Deutschen

Auch in der polnischen Frage wurden Kompromisse geschlossen. Noch einmal versuchten die Westmächte, freie demokratische Wahlen in Polen durchzusetzen, um die Unabhängigkeit des Landes zu ermöglichen. In der *Grenzfrage* erklärten sich die Westmächte nur bereit, die östlich von Oder und Neiße gelegenen „früheren deutschen Gebiete" unter polnische Verwaltung zu stellen, während das Gebiet um Königsberg der UdSSR überlassen blieb. Eine endgültige Regelung sollte jedoch erst auf einer Friedenskonferenz erfolgen. Man vereinbarte gleichzeitig:

Die drei Regierungen erkennen nach allseitiger Überprüfung der Frage an, daß eine Umsiedlung der in Polen, der Tschechoslowakei und Ungarn verbliebenen deutschen Bevölkerung oder eines Teils der Bevölkerung nach Deutschland erfolgen muß.
(nach: Zwischen Krieg und Frieden, a.a.O., S. 85 f.).

Die *Vertreibung der deutschen Bevölkerung* war bereits im Gange; sie betraf auch die Gebiete östlich von Oder und Neiße, die innerhalb der Grenzen von 1937 lagen. Die Menschen in den deutschen Ostprovinzen hatten schon während der sowjetischen Winteroffensive 1945 in unerhörter Weise gelitten. Nationalsozialistische Gauleiter hatten die rechtzeitige Räumung verhindert, sowjetische Panzer hatten Flüchtlingstrecks überrollt, Vergewaltigungen und Morde waren geschehen. Was Deutsche unter nationalsozialistischer Führung anderen Völkern zugefügt hatten, widerfuhr in den Monaten nach der Kapitulation jenen Deutschen, die im Machtbereich der vorher unterdrückten Völker lebten. Flucht und Vertreibung von über 14 Mio. Menschen aus deutschen Provinzen oder deutschen Siedlungsgebieten in Ost- und Südosteuropa überlebten über 2 Mio. nicht.
Allein die deutschen Provinzen östlich von Oder und Neiße umfaßten ein Viertel der Gesamtfläche des Deutschen Reiches in den Grenzen von 1937 mit 9,5 Mio. Einwohnern (1939). In den sudetendeutschen Randgebieten Böhmens waren 3,1 Mio. Menschen von der Vertreibung betroffen. Seit über 700 Jahren hatten Deutsche in diesen Ländern gewohnt. Die deutsche Großmachtpolitik des 19. und 20. Jahrhunderts hatte sich gern der „nationalen Frage“ und der deutschen Minderheiten in anderen Volksgebieten bedient, sie hatte schließlich in der nationalsozialistischen Lebensraumpolitik ihren Höhepunkt gefunden. Nun suchten sich die osteuropäischen Völker auf radikale und schreckliche Weise vor Wiederholungen zu sichern. Da die UdSSR alle Gebiete aus der polnischen Teilung des Jahres 1939 behielt, dehnte sie durch die *„Westverschiebung“ Polens*, die nun erfolgte, nicht nur den unmittelbaren Machtbereich aus. Die neue Grenze an Oder und Neiße mußte Polen stärker als alles andere an die UdSSR binden; denn sie garantierte vorläufig als einzige Großmacht uneingeschränkt diese Grenze. Für die Friedensordnung der Nachkriegszeit bedeuteten diese Ereignisse eine noch nicht abzuschätzende Belastung.

Arbeitsvorschläge

1. Überprüfen Sie, wieweit sich die Ziele der UN in der Welt durchsetzten.
2. Das Potsdamer Abkommen war sehr allgemein gehalten. Welche Folgen hat das für die heutige Situation im geteilten Deutschland?
3. Vertreibung der Deutschen – Diskutieren Sie, wie sich die Frage der ehemaligen deutschen Ostgebiete heute darstellt.

...

Adenauers Ostpolitik

Mit der Gewinnung der *Souveränität* bei gleichzeitiger voller *Eingliederung in die Westverträge* im Jahre 1955 hatte Adenauer ein Hauptziel seiner Politik erreicht. Im gleichen Jahr erfolgte nach einer aufsehenerregenden Reise Adenauers nach Moskau die *Aufnahme diplomatischer Beziehungen zwischen der UdSSR und der Bundesrepublik*. Erstmalig gab es nun zwei deutsche Botschafter in einer Hauptstadt. Die unterschiedlichen Standpunkte wurden in einem deutschen einseitigen Schreiben und in einer sowjetischen Presseerklärung aufrechterhalten:

Die Aufnahme diplomatischer Beziehungen mit der Regierung der Sowjetunion bedeutet keine Änderung des Rechtsstandpunktes der Bundesregierung in bezug auf ihre Befugnis zur Vertretung des deutschen Volkes in internationalen Angelegenheiten und in bezug auf die politischen Verhältnisse in denjenigen deutschen Gebieten, die gegenwärtig außerhalb ihrer effektiven Hoheitsgewalt liegen.
(Aus dem Brief Adenauers an Ministerpräsident Bulganin vom 13. September 1955)

Die Sowjetregierung betrachtet die Deutsche Bundesrepublik als einen Teil Deutschlands. Ein anderer Teil Deutschlands ist die Deutsche Demokratische Republik.
Im Zusammenhang mit der Herstellung diplomatischer Beziehungen zwischen der Sowjetunion und der Deutschen Bundesrepublik hält es die Regierung der UdSSR für erforderlich zu erklären, daß die Frage der Grenzen Deutschlands durch das Potsdamer Abkommen gelöst worden ist und daß die Deutsche Bundesrepublik ihre Jurisdiktion auf dem Gebiet ausübt, das unter ihrer Hoheit steht.
(Aus der TASS-Erklärung vom 15. September 1955; zitiert nach: Krautkrämer, Die Bundesrepublik Deutschland. Frankfurt/Main 1970, S. 93).

Das „*Alleinvertretungsrecht*", der Anspruch der Bundesregierung, als einzige rechtmäßige deutsche Regierung zu gelten und für alle Deutschen zu sprechen, blieb auch weiterhin Grundsatz der westdeutschen Außenpolitik.

Die nach dem damaligen Staatssekretär des Auswärtigen Amtes benannte „*Hallstein-Doktrin*" drohte den Abbruch diplomatischer Beziehungen zu einem Staat an, der seinerseits die DDR anerkennt. 1957 mußte sie erstmalig gegenüber Jugoslawien angewandt werden. Die Bundesregierung hielt auch den *Rechtsanspruch auf die Grenzen von 1937* aufrecht. Regierung und Verbände der Heimatvertriebenen beriefen sich auf das Potsdamer Abkommen und auf das „Heimatrecht". Die Bundesregierung und die Verbände erklärten zwar einen Gewaltverzicht, aber Äußerungen der Verbände und Konstruktionen, die das Heimatrecht über Jahrzehnte hinweg einseitig am Leben erhalten sollten, erweckten im Ausland Mißtrauen.

Osteuropa gegenüber hatte daher die Bundesrepublik keine außenpolitische Handlungsfreiheit, auch dann nicht, als sich nach 1956 die neue polnische Führungsspitze um diplomatische Beziehungen bemühte und der polnische Außenminister *Rapacki* eine *atomwaffenfreie und kontrollierte Zone in Mitteleuropa*, bestehend aus Bundesrepublik Deutschland, DDR, Polen und ČSSR vorschlug.

Insbesondere verpflichtet sich die Bundesrepublik Deutschland, die Wiedervereinigung Deutschlands oder die Änderung der gegenwärtigen Grenzen der Bundesrepublik Deutschland nicht mit gewaltsamen Mitteln herbeizuführen und alle zwischen der Bundesrepublik und anderen Staaten gegebenenfalls entstehenden Streitfragen mit friedlichen Mitteln zu lösen.
(Erklärung der Bundesregierung anläßlich der Unterzeichnung der Pariser Verträge am 5. Oktober 1954).
Ist das Recht auf die Heimat durch Vertreibung verletzt worden, so hat jeder Betroffene Anspruch sowohl auf Rückkehr an den früheren Wohnsitz als auch darauf, daß der gesellschaftliche Verband sich in seinem angestammten Siedlungsbebiet unbehelligt aufs neue bilden und entwickeln kann ...
Die vorgezeichneten Einzelansprüche gehen von den Berechtigten auf deren Rechtsnachfolger über. Der gesellschaftliche Verband ist daher in seinem Bestand vom Wechsel der ihm angehörenden Menschen unabhängig ...
Werden in einem Gebiet, dessen Bevölkerung ganz oder teilweise vertrieben worden ist, andere Personen angesiedelt oder wird ihre Ansiedlung gefördert oder geduldet, so ist ihre Ansässigkeit dortselbst völkerrechtlich fehlerhaft. Solche Personen werden daher vom Recht auf die Heimat nicht geschützt; die ihnen zustehenden allgemeinen Menschenrechte bleiben unberührt.
(Feststellung der Völkerrechtstagung des Ausschusses für gesamtdeutsche Fragen im Bund der Vertriebenen vom 25. April 1964; zitiert nach: Krautkrämer, a.a.O., S. 144 ff.).

Die DDR hatte schon 1950 durch Verträge mit Polen und ČSR den Nachkriegsgebietsstand völkerrechtlich anerkannt.

...

Neue Ostpolitik

Das neue Kabinett bezeichnete sich als „Regierung der inneren Reformen". Ihr Wirken stand jedoch im Zeichen der *Außenpolitik*. Bereits der langjährige Außenminister der Regierung Adenauer und Erhard, *Schröder*, hatte Verhandlungen mit einzelnen Ostblock-Staaten begonnen. Die Regierung der „Großen Koaliton" nahm 1967 die diplomatischen Beziehungen zu Rumänien auf. Ostberlin blockierte jedoch zusammen mit Moskau weitere Entwicklungen, und die CDU/CSU wollte an den Grundsätzen der Adenauer-Politik gegenüber der DDR und in der Grenzfrage festhalten. Die neue Bundesregierung schloß am 12. August 1970 *mit der UdSSR und* am 7. Dezember 1970 *mit Polen Verträge* ab, die *Gewaltverzicht und Anerkennung der bestehenden Grenzen* beinhalten.

Art. 1: Die BRD und die UdSSR betrachten es als wichtiges Ziel ihrer Politik, den internationalen Frieden aufrechtzuerhalten und die Entspannung zu erreichen. Sie bekunden ihr Bestreben, die Normalisierung der Lage in Europa und die Entwicklung friedlicher Beziehungen zwischen allen europäischen Staaten zu fördern und gehen dabei von der in diesem Raum bestehenden wirklichen Lage aus.
Art. 2: Die BRD und die UdSSR werden sich ... in ihren gegenseitigen Beziehungen gemäß Art. 2 der Charta der Vereinten Nationen der Drohung mit Gewalt oder der Anwendung von Gewalt enthalten.
Art. 3: ... Sie verpflichten sich, die territoriale Integrität aller Staaten in Europa in ihren heutigen Grenzen uneingeschränkt zu achten; sie erklären, daß sie keine Gebietsansprüche gegen irgend jemand haben und solche in Zukunft auch nicht erheben werden; sie betrachten heute und künftig die Grenzen aller Staaten in Europa als unverletzlich, wie sie am Tage der Unterzeichnung dieses Vertrages verlaufen, einschließlich der Oder-Neiße-Linie, die die Westgrenze der Volksrepublik Polen bildet, und der Grenze zwischen der BRD und der DDR.
(Aus dem „Moskauer Vertrag" vom 12. August 1970; zitiert nach: „Der Tagesspiegel", Berlin, 12. August 1970).

Nach Vertragsabschluß in Moskau wies die Bundesregierung in einem einseitigen Brief darauf hin, daß es ihr politisches Ziel bleibe, „auf einen Zustand des Friedens in Europa hinzuwirken, in dem das deutsche Volk in freier Selbstbestimmung seine Einheit wiedererlangt". Die Bundesregierung, die drei Westmächte und die UdSSR bekräftigten in Noten und Erklärungen, daß die Rechte der vier Mächte in Deutschland durch diesen Vertrag nicht berührt wurden.
Um die *Ratifizierung* der beiden Verträge begann sofort eine *lebhafte innenpolitische Auseinandersetzung*.

Aus: Joachim Hoffmann: Spiegel der Zeiten. Lehr- und Arbeitsbuch für den Geschichtsunterricht, Band 4: Von der Russischen Revolution bis zur Gegenwart, Frankfurt am Main, Berlin, München 1971 (1. Auflage), S. 146 f. und 243 ff.

M72

Auszug aus dem gleichen Geschichtsbuch Erscheinungsjahr 1976

Die „Westverschiebung" Polens und die Vertreibung der Deutschen

Auch in der polnischen Frage wurden Kompromisse geschlossen. Noch einmal versuchten die Westmächte, freie demokratische Wahlen in Polen durchzusetzen, um die

Unabhängigkeit des Landes zu ermöglichen. In der *Grenzfrage* erklärten sich die Westmächte nur bereit, die östlich von Oder und Neiße gelegenen „früheren deutschen Gebiete" unter polnische Verwaltung zu stellen, während das Gebiet um Königsberg der UdSSR überlassen blieb. Eine endgültige Regelung sollte jedoch erst auf einer Friedenskonferenz erfolgen. Man vereinbarte gleichzeitig:

Die drei Regierungen erkennen nach allseitiger Überprüfung der Frage an, daß eine Umsiedlung der in Polen, der Tschechoslowakei und Ungarn verbliebenen deutschen Bevölkerung oder eines Teils dieser Bevölkerung nach Deutschland erfolgen muß.
(nach: Zwischen Krieg und Frieden, a.a.O., S. 85 f.).

Die *Vertreibung der deutschen Bevölkerung* war bereits im Gange; sie betraf auch die Gebiete östlich von Oder und Neiße, die innerhalb der Grenzen von 1937 lagen. Die Menschen in den deutschen Ostprovinzen hatten schon während der sowjetischen Winteroffensive 1945 in unerhörter Weise gelitten. Nationalsozialistische Gauleiter hatten die rechtzeitige Räumung verhindert, sowjetische Panzer hatten Flüchtlingstrecks überrollt, Vergewaltigungen und Morde waren geschehen. Was Deutsche unter nationalsozialistischer Führung anderen Völkern zugefügt hatten, widerfuhr in den Monaten nach der Kapitulation jenen Deutschen, die im Machtbereich der vorher unterdrückten Völker lebten. Flucht und Vertreibung von über 14 Mio. Menschen aus deutschen Provinzen oder deutschen Siedlungsgebieten in Ost- und Südosteuropa überlebten über 2 Mio. nicht. Allein die deutschen Provinzen östlich von Oder und Neiße umfaßten ein Viertel der Gesamtfläche des Deutschen Reiches in den Grenzen von 1937 mit 9,5 Mio. Einwohnern (1939). In den sudetendeutschen Randgebieten Böhmens waren 3,1 Mio. Menschen von der Vertreibung betroffen. Seit über 700 Jahren hatten Deutsche in diesen Ländern gewohnt. Die deutsche Großmachtpolitik des 19. und 20. Jahrhunderts hatte sich gern der „nationalen Frage" und der deutschen Minderheiten in anderen Volksgebieten bedient, sie hatte schließlich in der nationalsozialistischen Lebensraumpolitik ihren Höhepunkt gefunden. Nun suchten sich die osteuropäischen Völker auf radikale und schreckliche Weise vor Wiederholungen zu sichern. Da die UdSSR alle Gebiete aus der polnischen Teilung des Jahres 1939 behielt, dehnte sie durch die *„Westverschiebung" Polens*, die nun erfolgte, nicht nur den unmittelbaren Machtbereich aus. Die neue Grenze an Oder und Neiße mußte Polen stärker als alles andere an die UdSSR binden; denn sie garantierte vorläufig als einzige Großmacht uneingeschränkt diese Grenze. Für die Friedensordnung der Nachkriegszeit bedeuteten diese Ereignisse eine noch nicht abzuschätzende Belastung.

Arbeitsvorschläge

1. Überprüfen Sie, wieweit sich die Ziele der UN in der Welt durchsetzten.
2. Das Potsdamer Abkommen war sehr allgemein gehalten. Welche Folgen hat das für die heutige Situation im geteilten Deutschland?
3. „Der größte Teil der in den Oder-Neiße-Gebieten verbliebenen deutschen Bevölkerung wurde in den Jahren 1945 bis 1947 ausgewiesen bzw. im Rahmen des interalliierten Transferabkommens zwangsumgesiedelt ... In den von der deutschen Bevölkerung geräumten Gebieten wurde systematisch eine inzwischen dort ansässig gewordene polnische Bevölkerung angesiedelt." (Empfehlungen zur Darstellung der Nachkriegsgeschichte der deutsch-polnischen Schulbuchkommission, Oktober 1975).
   Die polnische Seite legt ausgesprochen Wert darauf, hier von „Zwangsumsiedlung" und nicht von „Vertreibung" zu sprechen. In der Bundesrepublik Deutschland sehen Kritiker der Empfehlungen darin den Versuch, schreckliche Ereignisse zu verharmlosen. Erläutern Sie diesen Konflikt aus dem politischen Zusammenhang und begründen Sie Ihre Ansicht darüber!

...

Adenauers Ostpolitik

Mit der Gewinnung der *Souveränität* bei gleichzeitiger voller *Eingliederung in die Westverträge* im Jahre 1955 hatte Adenauer ein Hauptziel seiner Politik erreicht. Im gleichen Jahr erfolgte nach einer aufsehenerregenden Reise Adenauers nach Moskau die *Aufnahme dipolmatischer Beziehungen zwischen der UdSSR und der Bundesrepublik*. Erstmalig gab es nun zwei deutsche Botschafter in einer Hauptstadt. Die unterschiedlichen Standpunkte wurden in einem deutschen einseitigen Schreiben und in einer sowjetischen Presseerklärung aufrechterhalten:

Die Aufnahme diplomatischer Beziehungen mit der Regierung der Sowjetunion bedeutet keine Änderung des Rechtsstandpunktes der Bundesregierung in bezug auf ihre Befugnis zur Vertretung des deutschen Volkes in internationalen Angelegenheiten und in bezug auf die politischen Verhältnisse in denjenigen deutschen Gebieten, die gegenwärtig außerhalb ihrer effektiven Hoheitsgewalt liegen.
(Aus dem Brief Adenauers an Ministerpräsident Bulganin vom 13. September 1955).

Die Sowjetregierung betrachtet die Deutsche Bundesrepublik als einen Teil Deutschlands. Ein anderer Teil Deutschlands ist die Deutsche Demokratische Republik.
Im Zusammenhang mit der Herstellung diplomatischer Beziehungen zwischen der Sowjetunion und der Deutschen Bundesrepublik hält es die Regierung der UdSSR für erforderlich zu erklären, daß die Frage der Grenzen Deutschlands durch das Potsdamer Abkommen gelöst worden ist und daß die Deutsche Bundesrepublik ihre Jurisdiktion auf dem Gebiet ausübt, das unter ihrer Hoheit steht.
(Aus der TASS-Erklärung vom 15. September 1955; zitiert nach: Krautkrämer, Die Bundesrepublik Deutschland. Frankfurt/Main 1970, S. 93).

Das „*Alleinvertretungsrecht*", der Anspruch der Bundesregierung, als einzige rechtmäßige deutsche Regierung zu gelten und für alle Deutschen zu sprechen, blieb auch weiterhin Grundsatz der westdeutschen Außenpolitik.

Die nach dem damaligen Staatssekretär des Auswärtigen Amtes benannte „*Hallstein-Doktrin*" drohte den Abbruch diplomatischer Beziehungen zu einem Staat an, der seinerseits die DDR anerkennt. 1957 mußte sie erstmalig gegenüber Jugoslawien angewandt werden. Die Bundesregierung hielt auch den *Rechtsanspruch auf die Grenzen von 1937* aufrecht. Regierung und Verbände der Heimatvertriebenen beriefen sich auf das Potsdamer Abkommen und auf das „Heimatrecht". Die Bundesregierung und die Verbände erklärten zwar einen Gewaltverzicht, aber Äußerungen der Verbände und Konstruktionen, die das Heimatrecht über Jahrzehnte hinweg einseitig am Leben erhalten sollten, erweckten im Ausland Mißtrauen.

Osteuropa gegenüber hatte daher die Bundesrepublik keine außenpolitische Handlungsfreiheit, auch dann nicht, als sich nach 1956 die neue polnische Führungsspitze um diplomatische Beziehungen bemühte und der polnische Außenminister *Rapacki* eine *atomwaffenfreie und kontrollierte Zone in Mitteleuropa*, bestehend aus Bundesrepublik Deutschland, DDR, Polen und ČSSR vorschlug.

Insbesondere verpflichtet sich die Bundesrepublik Deutschland, die Wiedervereinigung Deutschlands oder die Änderung der gegenwärtigen Grenzen der Bundesrepublik Deutschland nicht mit gewaltsamen Mitteln herbeizuführen und alle zwischen der Bundesrepublik und anderen Staaten gegebenenfalls entstehenden Streitfragen mit friedlichen Mitteln zu lösen.
(Erklärung der Bundesregierung anläßlich der Unterzeichnung der Pariser Verträge am 5. Oktober 1954).

Ist das Recht auf die Heimat durch Vertreibung verletzt worden, so hat jeder Betroffene Anspruch sowohl auf Rückkehr an den früheren Wohnsitz als auch darauf, daß der gesellschaftliche Verband sich in seinem angestammten Siedlungsgebiet unbehelligt aufs neue bilden und entwickeln kann …

Die vorgezeichneten Einzelansprüche gehen von den Berechtigten auf deren Rechtsnachfolger über. Der gesellschaftliche Verband ist daher in seinem Bestand vom Wechsel der ihm angehörenden Menschen unabhängig ...
Werden in einem Gebiet, dessen Bevölkerung ganz oder teilweise vertrieben worden ist, andere Personen angesiedelt oder wird ihre Ansiedlung gefördert oder geduldet, so ist ihre Ansässigkeit dortselbst völkerrechtlich fehlerhaft. Solche Personen werden daher vom Recht auf die Heimat nicht geschützt; die ihnen zustehenden allgemeinen Menschenrechte bleiben unberührt.
(Feststellung der Völkerrechtstagung des Ausschusses für gesamtdeutsche Fragen im Bund der Vertriebenen vom 25. April 1964; zitiert nach: Krautkrämer, a.a.O., S. 144 ff.).

Die DDR hatte schon 1950 durch Verträge mit Polen und der ČSR den Nachkriegsgebietsstand völkerrechtlich anerkannt.

...

Neue Ostpolitik

Das neue Kabinett bekannte sich dazu, „mehr Demokratie wagen" zu wollen und bezeichnete sich als „Regierung der inneren Reformen". Reformvorhaben in allen wichtigen gesellschaftlichen Bereichen wurden angekündigt. Ihr Wirken stand jedoch vorerst im Zeichen der Außenpolitik. Bereits der langjährige Außenminister der Regierung Adenauer und Erhard, *Schröder*, hatte Verhandlungen mit einzelnen Ostblock-Staaten begonnen. Die Regierung der „Großen Koalition" nahm 1967 die diplomatischen Beziehungen zu Rumänien auf. Ostberlin blockierte jedoch zusammen mit Moskau weitere Entwicklungen, und die CDU/CSU wollte an den Grundsätzen der Adenauer-Politik gegenüber der DDR und in der Grenzfrage festhalten. Die neue Bundesregierung schloß am 12. August 1970 *mit der UdSSR und* am 7. Dezember 1970 *mit Polen Verträge* ab, die *Gewaltverzicht und Anerkennung der bestehenden Grenzen* beinhalten.

Art. 1: Die Bundesrepublik Deutschland und die UdSSR betrachten es als wichtiges Ziel ihrer Politik, den internationalen Frieden aufrechtzuerhalten und die Entspannung zu erreichen. Sie bekunden ihr Bestreben, die Normalisierung der Lage in Europa und die Entwicklung friedlicher Beziehungen zwischen allen europäischen Staaten zu fördern und gehen dabei von der in diesem Raum bestehenden wirklichen Lage aus.
Art. 2: Die Bundesrepublik Deutschland und die UdSSR werden sich ... in ihren gegenseitigen Beziehungen gemäß Art. 2 der Charta der Vereinten Nationen der Drohung mit Gewalt oder der Anwendung von Gewalt enthalten.
Art. 3: ... Sie verpflichten sich, die territoriale Integrität aller Staaten in Europa in ihren heutigen Grenzen uneingeschränkt zu achten; sie erklären, daß sie keine Gebietsansprüche gegen irgend jemand haben und solche in Zukunft auch nicht erheben werden; sie betrachten heute und künftig die Grenzen aller Staaten in Europa als unverletzlich, wie sie am Tage der Unterzeichnung dieses Vertrages verlaufen, einschließlich der Oder-Neiße-Linie, die die Westgrenze der Volksrepublik Polen bildet, und der Grenze zwischen der Bundesrepublik Deutschland und der DDR.
(Aus dem „Moskauer Vertrag" vom 12. August 1970 ; zitiert nach: Presse- und Informationsamt der Bundesregierung. Der Vertrag vom 12. August 1970, S. 7 ff.).

Nach Vertragsunterzeichnung in Moskau wies die Bundesregierung in einem einseitigen Brief darauf hin, daß es ihr politisches Ziel bleibe, „auf einen Zustand des Friedens in Europa hinzuwirken, in dem das deutsche Volk in freier Selbstbestimmung seine Einheit wiedererlangt". Die Bundesregierung, die drei Westmächte und die UdSSR bekräftigten in Noten und Erklärungen, daß die Rechte der vier Mächte in Deutschland durch diesen Vertrag nicht berührt wurden.
Um die *Ratifizierung* ber beiden Verträge begann sofort eine *lebhafte innenpolitische Auseinandersetzung* ...

Die Regierung der UdSSR gab ihrerseits zu verstehen, das Viermächteabkommen mit den ergänzenden deutschen Vereinbarungen erst unterzeichnen zu wollen, wenn auch die Verträge der Bundesrepublik mit der UdSSR und Polen vom Deutschen Bundestag ratifiziert worden sind.

Diese Verträge dienen nicht der Versöhnung mit den Völkern, sondern der Befriedigung der Wünsche ihrer Machthaber.
Zweitens. Sie bieten keine humanitären Erleichterungen, sondern bringen zunächst eine Verschärfung der Unterdrückung.
Drittens. Die Verträge dienen nicht der Entspannung, wenn man unter „Entspannung“ die Beseitigung der Spannungsursachen versteht.
Viertens. Die Verträge bedeuten eine Festigung des sowjetischen Besitzstandes.
Fünftens. Die Verträge sind auch eine Ermutigung für die Linksradikalen, die diese Politik seit 20 Jahren in unserem Lande gefordert haben.
Sechstens. Die Verträge stehen nicht für sich allein da. Sie sind Bausteine einer sowjetischen Weststrategie.
Siebentens. Die europäische Friedensordnung sowjetischer Vorstellung steht in unauflöslichem Gegensatz zur Bildung einer westeuropäischen Politischen Gemeinschaft.
Achtens. Diese Verträge sollen nach den Vorstellungen der Sowjets die Bundesrepublik Deutschland stärker in ihr Machtsystem und dessen Zielsetzungen einbinden.
Neuntens. Diese Verträge sollen verhindern, daß sich die Entwicklung vom Dreieck zum Fünfeck in der Weltpolitik weiter vollzieht. Diese Verträge machen nicht den Frieden sicherer, sondern sie sichern den Sowjets die Rückenfreiheit in der globalen Konstellation ...
Meine politischen Freunde und ich sind der Überzeugung, daß diese Verträge in der vorliegenden Fassung, die über den militärischen Gewaltverzicht und die Bereitschaft zur Zusammenarbeit hinausgeht, einen Bruchpunkt in der deutschen Nachkriegsgeschichte bedeuten auf einer Straße, an deren Ende nur Unheil stehen kann.
(Franz Josef Strauß in der 172. Sitzung des Deutschen Bundestages vom 24. Februar 1972, zitiert nach: Bundesminister für innerdeutsche Beziehungen (Hg.) Texte zur Deutschlandpolitik. Band 10. Bonn 1972, S. 309 f.).

Ratifizierung und Neuwahlen

Die Annahme der Ostverträge im Bundestag im Mai 1972 gelang schließlich nur, weil zahlreiche Abgeordnete der CDU sich der Stimme enthielten. Die Regierungskoalition hatte inzwischen ihre Mehrheit verloren; eine Reihe von Abgeordneten der FDP und der SPD war zur CDU/CSU übergegangen. Schließlich bekam die Regierung auch für das Haushaltsgesetz keine Mehrheit zustande. Die Opposition scheiterte ihrerseits bei dem Versuch, durch ein konstruktives Mißtrauensvotum ihren Kandidaten Barzel zum Kanzler wählen zu lassen. Beide Seiten einigten sich darauf, erstmalig in der Geschichte der Bundesrepublik eine vorzeitige Auflösung des Bundestages und Neuwahlen herbeizuführen ...

Der Wahlausgang vom 19. November, der die Koalition mit gesicherter Mehrheit zurückbrachte, bestätigte auch die Billigung der Verträge durch das Volk der Bundesrepublik. Mit Ratifikation, Wahl und Grundvertrag und mit dem Antrag auf Aufnahme in die Vereinten Nationen war Ende 1972 die Umstellung der deutschen Politik gegenüber dem Osten im wesentlichen abgeschlossen ... Drei Jahre nach dem Beginn ihrer entscheidenden Phase war die neue Politik nicht mehr von Hoffnungen beflügelt, durch ihren Beitrag zur allgemeinen Entspannung einen Wandel in den kommunistischen Systemen Osteuropas in naher Zukunft herbeizuführen: Ein solcher Wandel, so wurde es nun gesehen, mochte eines Tages kommen und neue Möglichkeiten für eine gesamteuropäische Friedensordnung schaffen – aber seine Herbeiführung hing nicht entscheidend von der Politik des Westens im allgemeinen oder der Bundesrepublik im besonderen ab. Erst recht stand hinter der neuen Politik in keinem Augeblick der Wunsch nach der Entwicklung deutscher Sonderbeziehungen zu den Sowjets: Nur auf der Grundlage der sicheren politischen, militärischen und wirtschaftlichen Verankerung der Bundesrepublik im Westen hatte der Ausgleich mit dem Osten gelingen können. Nicht um die Herstellung von Sonderbeziehungen, sondern um die Befreiung von

einem jahrzehntelangen Sonderkonflikt mit dem Osten war es gegangen, und sie war im großen und ganzen gelungen. Gewiß, keine Diplomatie konnte die Fakten der Geographie und der Geschichte beseitigen: Die Lage Berlins und die gemeinsame Herkunft der Deutschen in Ost und West würden auch in Zukunft Probleme schaffen. Doch im Rahmen der neuen Ost-West-Entspannung in der Weltpolitik und in Mitteleuropa würden diese Probleme einen begrenzten Charakter haben und leichter friedlich zu lösen sein.
(R. Löwenthal, Vom Kalten Krieg zur Ostpolitik, in: Die zweite Republik, 25 Jahre Bundesrepublik Deutschland – eine Bilanz. Stuttgart 1974, S. 692).

Aus: Joachim Hoffmann: Spiegel der Zeiten. Lehr- und Arbeitsbuch für den Geschichtsunterricht, Band 4: Von der russischen Revolution bis zur Gegenwart, Frankfurt am Main, Berlin, München 1976 (6. Auflage), S. 146 f. und 249 ff.

Auszug aus einem polnischen Geschichtsbuch, Erscheinungsjahr 1971

M 73

Textstellen, in denen die deutsch-polnischen Beziehungen nach 1945 angesprochen werden:

Kapitel 39: Die Politik des deutschen Imperialismus und der Aufbau des deutschen Militarismus. Entstehung der DDR. Das Warschauer Abkommen

...

Die Politik der USA gegenüber Deutschland

Die Politik der Vereinigten Staaten gegenüber Deutschland fand in folgendem Vorgehen besonderen Ausdruck:
Im Januar 1947 führte dieses zum Zusammenschluß der amerikanischen und britischen Zone, was der erste Schritt zur Gründung eines separaten westdeutschen Staates war.
Indem die USA Beschlüsse des Potsdamer Abkommens verletzten, unternahmen sie weitere Schritte in dieser Richtung: so wurden also die im Jahre 1945 beschlossenen Aktionen eingestellt, die darauf hinausliefen, den Hitlerismus und Nationalismus in der deutschen Gesellschaft auszurotten. Auch die Urteile in den Prozessen gegen die Kriegsverbrecher des Hitlerregimes fielen immer milder aus, und nach einigen Jahren hat man die Bestrafung dieser Verbrecher fast völlig aufgegeben. Es ging nämlich um die Ausnutzung der in Westdeutschland bestehenden revanchistischen Kräfte für die Zwecke der amerikanischen Politik.
Die Behörden der britischen und amerikanischen Besatzungszone begannen wohlwollend mitanzusehen, wie sich die aus Polen und der Tschechoslowakei ausgesiedelten Deutschen in Vertriebenenverbänden organisierten, die laut die Änderung der Oder-Neiße-Grenze sowie die Abtrennung des Sudetengebietes von der Tschechoslowakei forderten.

Die Gründung der Bundesrepublik

Die Politik der westlichen Länder in der deutschen Frage führte dazu, daß im März 1948 die Arbeit des Alliierten Kontrollrates eingestellt wurde, die einheitliche Verwaltung des besetzten Deutschlands hörte praktisch auf zu bestehen. Einige Monate später wurde in den westlichen Besatzungszonen eine gesonderte Währung – die Westmark – eingeführt, und im September 1949 gründete man den Westdeutschen Staat – die Deutsche Bundesrepublik.

Diese Schritte waren eine Verletzung des Potsdamer Abkommens. Die BRD sollte alsbald der verlängerte, bewaffnete Arm der USA in Westeuropa werden, sie sollte die Rolle der „Eisernen Faust“ übernehmen, die gegen die UdSSR und die Länder des sozialistischen Lagers, darunter besonders gegen Polen, gerichtet war.

Die Remilitarisierung der Bundesrepublik

Im Mai 1955, zehn Jahre nach der Kapitulation des Hitler-Deutschlands, wurde die Deutsche Bundesrepublik in die NATO aufgenommen. Es beginnt eine schnelle Remilitarisierung dieses Landes, das in kurzer Zeit eine starke Armee – die Bundeswehr – aufstellt, die eine Bedrohung des Friedens in Europa darstellt. Die Bundeswehr knüpft an die Traditionen der Hitler-Wehrmacht an. In ihren Reihen dienen Offiziere der Hitler-Armee; so ist es zum Beispiel erlaubt, auf den Uniformen Auszeichnungen zu tragen, die für die Niederschlagung des Warschauer Aufstandes vergeben worden waren. Im Laufe der zwanzigjährigen Regierungszeit der Christlichen Demokratie in der BRD (1949–1969) hat die Regierung dieses Landes die Oder-Neiße-Grenze nicht anerkannt, deren Änderung gefordert und sowohl politisch als auch materiell die Tätigkeit revisionistischer Organisationen unterstützt.
Ende 1969 übernahm in der BRD eine Koalitionsregierung die Macht, die aus Vertretern der Sozialdemokratischen Partei und der Freien Demokratischen Partei unter der Führung von Willy Brandt bestand. Diese Regierung beschloß, mit der bisherigen Politik der BRD gegenüber den sozialistischen Ländern zu brechen, und im August 1970 wurde mit der Sowjetunion ein Abkommen über den Verzicht von Gewaltanwendung oder der Drohung von Gewaltanwendung in den gegenseitigen Beziehungen unterzeichnet.
Im Dezember desselben Jahres unterzeichnen die Regierungen Polens und der BRD ein Abkommen auf der Grundlage von Vorschlägen, die bereits im Mai 1969 von Polen unterbreitet worden waren. Hierin bestätigt die Bundesrepublik Deutschland den endgültigen Charakter der Grenze an der Oder und der Lausitzer Neiße, die 1945 in Potsdam festgelegt worden war. Dieses Abkommen enthält auch die gegenseitige Verpflichtung über den Verzicht auf Gewaltanwendung in beider Beziehungen und garantiert die territoriale Unantastbarkeit beider Länder.
Der Hauptgarant für die Sicherheit Polens ist und bleibt jedoch unser Bündnis mit der Sowjetunion und den anderen Ländern des sozialistischen Lagers . . .

Aus: Marian Wojciechowski: Geschichte für die 8. Klasse, Warschau 1971 (4. Auflage), S. 184 bis 205. – Die deutsche Übersetzung (von E. Meyer, Oldenburg) wurde mit M. Wojciechowski abgesprochen.

M74 Auszug aus dem gleichen Geschichtsbuch, Erscheinungsjahr 1974

Kapitel 39: Die Politik des amerikanischen Imperialismus nach dem 2. Weltkrieg. Die Gründung der BRD. Die Entstehung der DDR. Das Warschauer Abkommen

...

Die Politik der USA gegenüber Deutschland. Die Gründung der BRD

Die Politik der Vereinigten Staaten gegenüber Deutschland fand in folgendem Vorgehen besonderen Ausdruck:
Im Januar 1947 führte dieses zum Zusammenschluß der amerikanischen und britischen Zone, was der erste Schritt zur Gründung eines separaten westdeutschen Staates war.

Indem die USA Beschlüsse des Potsdamer Abkommens verletzten, unternahmen sie weitere Schritte in dieser Richtung: so wurden also die im Jahre 1945 beschlossenen Aktionen eingestellt, die darauf hinausliefen, den Hitlerismus und Nationalismus in der deutschen Gesellschaft auszurotten. Auch die Urteile in den Prozessen gegen die Kriegsverbrecher des Hitlerregimes fielen immer milder aus, und nach einigen Jahren hat man die Bestrafung dieser Verbrecher fast völlig aufgegeben. Es ging nämlich um die Ausnutzung der in Westdeutschland bestehenden revanchistischen Kräfte für die Zwecke der amerikanischen Politik.

Die Behörden der britischen und amerikanischen Besatzungszone begannen wohlwollend mitanzusehen, wie sich die aus Polen und der Tschechoslowakei ausgesiedelten Deutschen in Vertriebenenverbänden organisierten, die laut die Änderung der Oder-Neiße-Grenze sowie die Abtrennung des Sudetengebiets von der Tschechoslowakei forderten.

Die Politik der westlichen Länder in der deutschen Frage führte dazu, daß im März 1948 die Arbeit des Alliierten Kontrollrates eingestellt wurde, die einheitliche Verwaltung des besetzten Deutschlands hörte praktisch auf zu bestehen. Einige Monate später wurde in den westlichen Besatzungszonen eine gesonderte Währung – die Westmark – eingeführt, und im September 1949 gründete man den Westdeutschen Staat – die Deutsche Bundesrepublik.

Die Entstehung der Deutschen Demokratischen Republik

...

Im Mai 1955, zehn Jahre nach der Kapitulation des Hitler-Deutschlands, wurde die Bundesrepublik Deutschland in die NATO aufgenommen. Es begann eine schnelle Remilitarisierung dieses Landes, das in kurzer Zeit eine starke Armee – die Bundeswehr – aufstellte.

Im Laufe der zwanzigjährigen Regierungszeit der Christlichen Demokratie (1949 – 1969) hat die Regierung dieses Landes die Oder-Neiße-Grenze nicht anerkannt, deren Änderung gefordert und sowohl politisch als auch materiell die Tätigkeit revisionistischer Organisationen unterstützt.

...

Die Normalisierung der Beziehungen der BRD mit den sozialistischen Ländern

Ende 1969 übernahm in der BRD eine Koalitionsregierung die Macht, die aus Vertretern der Sozialdemokratischen Partei und der Freien Demokratischen Partei unter der Führung von Willy Brandt bestand. Diese Regierung beschloß, mit der bisherigen Politik der BRD gegenüber den sozialistischen Ländern zu brechen, und im August 1970 wurde mit der Sowjetunion ein Abkommen über den Verzicht von Gewaltanwendung oder die Drohung von Gewaltanwendung in den gegenseitigen Beziehungen unterzeichnet.

Im Dezember desselben Jahres unterzeichneten die Regierungen Polens und der BRD ein Abkommen über die Grundlagen der Normalisierung der gegenseitigen Beziehungen. Hierin bestätigt die Bundesrepublik Deutschland den endgültigen Charakter der Grenze an der Oder und der Lausitzer Neiße. Dieses Abkommen enthält auch die gegenseitige Verpflichtung über den Verzicht auf Gewaltanwendung in beider Beziehungen und garantiert die territoriale Unantastbarkeit beider Länder. Der Hauptgarant für die Sicherheit Polens ist und bleibt jedoch unser Bündnis mit der Sowjetunion und den anderen Ländern des sozialistischen Lagers.

Aus: Marian Wojciechowski: Geschichte für die 8. Klasse, Warschau 1974 (5. Auflage). – Die deutsche Übersetzung (von F. Meyer, Oldenburg) wurde mit M. Wojciechowski abgesprochen.

M75 Auszüge aus den „Empfehlungen" der deutschen und polnischen UNESCO-Kommissionen zur „Darstellung der Nachkriegsgeschichte in den Schulbüchern der Volksrepublik Polen und der Bundesrepublik Deutschland"[1]

Präambel

Gemäß den am 17. Oktober 1972 getroffenen Vereinbarungen zwischen den UNESCO-Kommissionen der Bundesrepublik Deutschland und der Volksrepublik Polen über die Zusammenarbeit auf dem Gebiet der Schulbuchrevision legt die Gemeinsame Schulbuchkommission Empfehlungen zur Darstellung der Entwicklung des Verhältnisses zwischen den beiden Ländern vom Ende des Zweiten Weltkrieges bis zur Gegenwart vor. Für die Konferenzen, die zu diesen Ergebnissen führten, war auf seiten der Bundesrepublik Deutschland das Georg-Eckert-Institut für Internationale Schulbuchforschung in Braunschweig verantwortlich. Die Empfehlungen wurden nach teilweise hart und kontrovers, aber stets offen und sachlich geführten Diskussionen von beiden Delegationen angenommen.
Die Gemeinsame Kommission hatte einen Zeitraum zu erörtern, der in extremem Maße von Konflikten und Belastungen im Verhältnis zwischen den beiden Ländern gekennzeichnet ist. Aus den politischen, gesellschaftlichen und ideologischen Unterschieden ergaben sich bei dem prinzipiellen Bemühen, zu einer gemeinsamen Bewertung zu gelangen, zusätzliche Schwierigkeiten. Die vorgelegten Empfehlungen beschreiben nicht erschöpfend die Komplexität der Beziehungen zwischen den beiden Staaten und ihre Einbettung in den weltpolitischen Rahmen. Sie beschränken sich auf Problemkreise, die für die Praxis des Schulunterrichts vorrangig sind.
Obwohl diese Empfehlungen nicht über Fragen der unmittelbaren Beziehungen zwischen der Bundesrepublik Deutschland und der Volksrepublik Polen hinausgreifen und auch viele Probleme mittelbarer Beziehungen nicht berücksichtigen konnten, ist die Gemeinsame Kommission der Auffassung, daß damit ein Beitrag zum Abbau noch bestehender Fehl- und Vorurteile zwischen beiden Völkern geleistet wird. Die Gemeinsame Kommission hofft, daß diese Empfehlungen in beiden Staaten möglichst rasch in den Schulbüchern verwirklicht und in der Unterrichtspraxis berücksichtigt werden.

Empfehlungen

1. Territoriale Veränderungen

Die Darstellung der deutsch-polnischen Grenzregelung nach dem Zweiten Weltkrieg ist im Zusammenhang der allgemeinen Territorial- und Grenzveränderungen als Ergebnis des Krieges zu betrachten. In den alliierten Kriegskonferenzen von Moskau, Teheran und Jalta spielte die Frage der polnischen Westgrenze eine bedeutende Rolle. Die unterschiedlichen Auffassungen bezüglich des Ausmaßes der neuen polnischen Westgebiete waren unter den Alliierten vor der Potsdamer Konferenz nicht beizulegen. Vor Konferenzbeginn war jedoch die staatliche Hoheitsgewalt de facto bereits den polnischen Behörden übertragen worden. Die Anerkennung der polnischen Administration durch die Westalliierten bedeutete nach deren Auffassung mit zunehmendem zeitlichen Abstand von der Konferenz noch keine völkerrechtlich definitive Anerkennung der Grenzlinie. Mit der gleichzeitigen Einigung über den Art. XIII (Transfer der deutschen Bevölkerung) und der Aufstellung eines Aufnahmeplans des Alliierten Kontrollrates in Deutschland im November 1945 wurde aber von den Alliierten selbst präjudiziert, daß es sich bei der polnischen Administration der ehemals deutschen Gebiete nicht um ein revidierbares Provisorium handeln könne.
Das Staatsgebiet Polens, das sich 1939 auf ca. 389 000 km² belaufen hatte, umfaßt in der Konsequenz der Grenzveränderungen ca. 312 000 km². Vom Territorium des ehe-

[1] Textfassung vom Oktober 1975

maligen Deutschen Reiches, 1937 mit einer Fläche von ca. 470 000 km², gingen mit den Oder-Neiße-Gebieten ca. 102 000 km² (zusätzlich ca. 2000 km² der ehemaligen Freien Stadt Danzig) an den polnischen Staat über.
Die Regierung der Deutschen Demokratischen Republik erkannte im Görlitzer Vertrag 1950 die Oder-Neiße-Linie gemäß den Potsdamer Beschlüssen als endgültige Grenze gegenüber der Volksrepublik Polen an. In der Zeit des Kalten Krieges bis zur Mitte der fünfziger Jahre verschärften sich die unterschiedlichen Auslegungen der Potsdamer Beschlüsse. Mit dem Beginn der Entspannungspolitik wuchs auf der Seite der ehemaligen Westalliierten und auch schließlich in der Bundesrepublik Deutschland die Bereitschaft zur Respektierung der bei Kriegsende geschaffenen territorialen Veränderungen.

2. *Bevölkerungsverschiebungen*

Die territorialen Veränderungen bei Ende des Zweiten Weltkrieges wurden mit umfangreichen Bevölkerungsverschiebungen verbunden. Sie zielten darauf ab, staatliche und ethnische Grenzen nach Möglichkeit in Übereinstimmung zu bringen. Die historischen Erfahrungen der Nationalitätenkonflikte und die unmittelbar vorhergegangene gewaltsame nationalsozialistische Bevölkerungs- und Besatzungspolitik spielten in diesem Zusammenhang eine erhebliche Rolle.
In den Polen gemäß den Potsdamer Beschlüssen übertragenen ehemaligen Reichsgebieten östlich von Oder und Neiße lebten 1939 ca. 8,5 Millionen Menschen. Etwa die Hälfte von ihnen, außerdem die Mehrzahl der deutschen Bevölkerung Danzigs sowie der in Polen lebenden Deutschen, wurde entweder evakuiert oder flüchtete unter großen Verlusten vor Kriegsende in die deutschen Gebiete westlich von Oder und Neiße. Der größte Teil der in den Oder-Neiße-Gebieten verbliebenen deutschen Bevölkerung wurde in den Jahren 1945 bis 1947 ausgewiesen bzw. im Rahmen des interalliierten Transferabkommens zwangsumgesiedelt. In der Folgezeit fanden noch einzelne Übersiedlungen und individuelle Ausreisen im Rahmen der Familienzusammenführung, u.a. in den Jahren 1956/57 statt.
In den von der deutschen Bevölkerung geräumten Gebieten wurde systematisch eine inzwischen dort ansässig gewordene polnische Bevölkerung angesiedelt.
In den vier Besatzungszonen Deutschlands wurden die Flüchtlinge und Zwangsumgesiedelten schon nach kurzer Zeit in die Gesellschaft integriert. Sie spielten eine große Rolle bei dem wirtschaftlichen Aufschwung in Westdeutschland. In der Bundesrepublik Deutschland wurden alle diese Gruppen unter dem Begriff „Heimatvertriebene" zusammengefaßt. Ein großer Teil von ihnen schloß sich in landsmannschaftlichen Verbänden zusammen. Der Versuch, durch eine eigene Partei (BHE) eine besondere politische Kraft zu bilden, scheiterte bereits im Jahre 1957. Sofern in diesen Gruppen, von den früheren Bundesregierungen unterstützt, ein Recht auf Heimat proklamiert wurde, werden sie in Polen als Hort des Revisionismus angesehen.
Die Bundes- und Länderregierungen förderten jedoch auf verschiedenen Wegen ihre materielle und soziale Eingliederung. Dadurch wurde vermieden, daß diese Bevölkerungsgruppe sich zu einem Element permanenter sozialer Unzufriedenheit entwickelte und daß damit auch außenpolitisch gefährlicher Sprengstoff entstand. Sie ist seit langem auch politisch in den großen Parteien und gesellschaftlichen Organisationen der Bundesrepublik Deutschland integriert.

3. *Aufbauprobleme*

Als Folge des Zweiten Weltkrieges und des Zusammenbruchs des nationalsozialistischen Regimes kam es zu einer neuen weltpolitischen Konstellation. Sie setzte den Rahmen auch für das deutsch-polnische Verhältnis. Auf polnischer Seite kam es zur

Wiederherstellung des eigenen Staates als ethnisch geschlossener Nationalstaat in neuen Grenzen, der aber der außerpolitischen Sicherung bedurfte, auf deutscher Seite zu der faktischen Auflösung des Deutschen Reiches.
Kriegsverluste und Kriegsverwüstungen stellten beide Länder vor komplizierte Aufbauprobleme. In Polen, das in besonderem Maße unter den Kriegseinwirkungen zu leiden gehabt hatte, schufen die Befreiung, das politische Übergewicht der linken Parteien und die territoriale Westverschiebung historische Voraussetzungen für die revolutionären Veränderungen seiner ökonomisch-gesellschaftlichen und politischen Struktur und dadurch andere Ansatzmöglichkeiten des politischen und wirtschaftlichen Aufbaus als in den vier Besatzungszonen Deutschlands. In den Ländern der amerikanischen, britischen und fanzösischen Besatzungszone knüpfte man an Traditionen der parlamentarischen Demokratie an.
Die Grundsätze der Alliierten hinsichtlich der Entnazifizierung, Entmilitarisierung, Demokratisierung und eines nur begrenzten und verzögerten wirtschaftlichen Aufbaues Deutschlands entsprachen den damaligen interalliierten Auffassungen zur europäischen Nachkriegsordnung und auch den polnischen Interessen. Als die drei westlichen Besatzungszonen Deutschlands in das amerikanische Wiederaufbauprogramm für Europa (Marshallplan) einbezogen wurden, sah man in Polen wie in anderen Staaten hierin eine Abkehr von den bisherigen interalliierten Grundsätzen des politisch-wirtschaftlichen Aufbaues in Europa. Aus politischen und ökonomischen Gründen intensivierte Polen seine vielseitige Kooperation vor allem mit den Ländern Osteuropas. Die unterschiedliche wirtschaftliche Entwicklung war begleitet von wachsenden politischen und ideologischen Meinungsverschiedenheiten unter den ehemaligen Kriegsalliierten, was zu einer zunehmend kontroversen Auslegung einiger Potsdamer Beschlüsse führte. Dies konnte nicht ohne Auswirkungen auf das deutsch-polnische Verhältnis bleiben.

4. Bewältigung der Vergangenheit

Überaus nachhaltig ist das deutsch-polnische Verhältnis durch die Erfahrungen mit der nationalsozialistischen Gewaltherrschaft belastet worden. Polen hat, mehr noch als andere besetzte Länder, durch die Gewaltpolitik des Hitler-Regimes schwere Verluste erlitten (vgl. Empfehlung 13 der ersten deutsch-polnischen Schulbuchkonferenz). Auch das deutsche Volk hat den Terror der nationalsozialistischen Herrschaft und die Schrecken des Krieges erlebt.
Erst nach Kriegsende jedoch wurde dem deutschen Volk das volle Ausmaß der nationalsozialistischen Verbrechen in Europa deutlich. Nachdem die Hauptverantwortlichen durch die alliierten Militärgerichte abgeurteilt worden waren, wie es in den Potsdamer Beschlüssen vorgesehen war, übertrugen die Alliierten den deutschen Behörden die Entnazifizierung der Mitglieder der NSDAP und ihrer Organisationen. Diese Maßnahmen wurden Anfang der fünfziger Jahre abgeschlossen. Erst danach setzte die grundsätzliche geistige und moralische Auseinandersetzung mit dem Nationalsozialismus im größeren Umfang ein. Die Art und Weise, wie die Auseinandersetzung mit der nationalsozialistischen Vergangenheit häufig geführt wurde, insbesondere Inkonsequenzen bei der Durchführung der Entnazifizierung und der gerichtlichen Verfolgung nationalsozialistischer Verbrechen haben die Beziehungen der Bundesrepublik Deutschland zu Polen und zu anderen Ländern in vieler Hinsicht belastet.

5. Der internationale Rahmen

Im Jahre 1949 konstituierten sich zwei deutsche Staaten mit unterschiedlicher Gesellschaftsordnung als Ergebnis des Zweiten Weltkrieges und der verschiedenen Bedingungen der Entwicklung für die drei westlichen und die sowjetische Besatzungszone:

die Bundesrepublik Deutschland und die Deutsche Demokratische Republik. Je mehr sich beide in den folgenden Jahren in die entstehenden politischen Wirtschafts- und Bündnissysteme in West und Ost eingliederten, desto stärker wirkte sich die deutsche Zweistaatlichkeit auf das deutsch-polnische Verhältnis aus.
Während sich die gesellschaftspolitischen Systeme in der Bundesrepublik Deutschland und Polen grundsätzlich unterschieden, war für Polen mit der Deutschen Demokratischen Republik ein deutscher Grenznachbar entstanden, der die Oder-Neiße-Linie als deutsch-polnische Grenze anerkannte (6. 7. 1950) und als sozialistischer Partner die weltpolitische Lage prinzipiell übereinstimmend beurteilte. Das deutsch-polnische Verhältnis wurde so auf der einen Seite durch die aktiven Beziehungen Polens zur Deutschen Demokratischen Republik, auf der anderen Seite weitgehend durch Beziehungslosigkeit zwischen der Bundesrepublik Deutschland und Polen bestimmt. Polen war vital daran interessiert, die endgültige Anerkennung der Oder-Neiße-Grenze zu erreichen. Es sah darin einen wesentlichen Beitrag zur Festigung der europäischen Sicherheit. Dagegen sah die Bundesrepublik Deutschland den Schwerpunkt ihrer Außenpolitik in der Westintegration und in der Aufrechterhaltung der Wiedervereinigungsmöglichkeiten auf der Grundlage der Prinzipien der Deutschland- und Ostpolitik. Dies bedeutete die Nichtanerkennung der Oder-Neiße-Grenze.
Daraus ergab sich, daß die politischen Beziehungen zwischen beiden Staaten faktisch ausgeklammert wurden. Das beiderseitige Verhältnis wurde durch die internationalen Spannungen zu Beginn der fünfziger Jahre und in deren Folge durch den Entschluß zum Aufbau von Streitkräften in der Bundesrepublik Deutschland im Rahmen der Westeuropäisch-Atlantischen Sicherheitsgemeinschaft (NATO-Beitritt 1955) zusätzlich erschwert. Entsprechend erfolgte die bündnispolitische und militärische Integration Polens und anderer sozialistischer Staaten im Warschauer Pakt. Zunehmende Bedrohungsvorstellungen waren die Folge.
Andererseits gab es seit 1955 auch Anzeichen für die Möglichkeit einer Änderung dieser Konstellationen. Die Erklärungen über den Verzicht auf Kriegsreparationen zum 1. 1. 1954 und über die Beendigung des Kriegszustandes mit Deutschland durch Polen im Februar 1955 sowie die Aufnahme diplomatischer Beziehungen zwischen der Bundesrepublik Deutschland und der Sowjetunion im September 1955 waren in dieser Hinsicht besonders wichtig. Polen sah jetzt weitere Perspektiven für die Festigung der europäischen Sicherheit durch die Anerkennung des territorialen und politischen Status quo in Europa, auch im Rahmen internationaler Organisationen und verbesserter zwischenstaatlicher Beziehungen (z. B. Atomwaffenfreie Zone, Angebot der Aufnahme diplomatischer Beziehungen mit der Bundesrepublik Deutschland 1957). In diesen Jahren haben auch die Westmächte gemeinsam mit der Bundesrepublik Deutschland wiederholt Vorschläge vorgelegt, die Sicherheit in Europa mit friedlichen Mitteln zu fördern und so die Konfrontation zu reduzieren.
Obwohl die Politik der Annäherung auf staatlich-diplomatischer Ebene ohne Erfolg blieb, wurde mit den kulturellen, wirtschaftlichen und zwischenmenschlichen Kontakten seit 1957 doch ein außerdiplomatisches Beziehungsfeld aktiviert.
Polen erklärte sich bereit, Maßnahmen der Familienzusammenführung einzuleiten. Diese führten in den folgenden Jahren zur Übersiedlung von mehr als 450 000 Personen. Insgesamt sind seit 1957 weit über 500 000 Personen aus Polen in die Bundesrepublik Deutschland und in die Deutsche Demokratische Republik übergesiedelt. Jedoch war eine Normalisierung des Verhältnisses zwischen der Bundesrepublik und der Volksrepublik Polen zunächst nicht zu erreichen.

6. Auf dem Wege zur Normalisierung

Anfang der sechziger Jahre wurden die wirtschaftlichen und kulturellen Kontakte erneut aktiviert. Seitdem verstärkte sich in der Bundesrepublik Deutschland das Interesse

an polnischer Kultur und an der politischen Realität des neuen Polen. In der Öffentlichkeit der Bundesrepublik Deutschland mehrten sich Stimmen und Stellungnahmen unterschiedlicher gesellschaftlicher Gruppen, die eine Verständigung mit Polen forderten. Diese beginnende Bewußtseinsveränderung fand eine zunehmend positive Resonanz in Polen.
Dies alles war für den Abbau des geschichtlich bedingten Mißtrauens zwischen Polen und Deutschen deshalb wichtig, weil sich darin eine Normalisierung in der gegenseitigen Wahrnehmung ankündigte. Gleichzeitig wurde seit dem Abschluß des Handelsvertrags und der Errichtung von Handelsmissionen im Jahre 1963 eine Intensivierung der wirtschaftlichen Beziehungen ermöglicht. Dadurch ist die Bundesrepublik inzwischen zum größten westlichen Handelspartner Polens geworden. Ungeachtet der damit erzielten Verbesserungen und der auf friedliche Verständigung abzielenden Erklärungen der damaligen Bundesregierungen (Friedensnote vom 25. März 1966, Regierungserklärung der Großen Koalition vom 13. Dezember 1966) wurde in Polen das Festhalten an der deutschlandpolitischen Rechtsauffassung als Fortsetzung revisionistischer Politik bewertet. Für Polen blieb die Anerkennung der Oder-Neiße-Grenze die Voraussetzung für die Normalisierung der zwischenstaatlichen Beziehungen.
Im Rahmen einer weltweiten Entspannungspolitik und auch vor dem Hintergrund einer neuen Einschätzung der Beziehungen zu Polen in der öffentlichen Meinung der Bundesrepublik Deutschland leitete die 1969 gebildete Bundesregierung eine neue Phase in der Politik gegenüber den sozialistischen Staaten und so auch gegenüber Polen ein. Dabei handelte die Bundesregierung nur im Namen der Bundesrepublik Deutschland. Diese Politik fand zunächst ihren Niederschlag im Moskauer Vertrag vom 12. August 1970.
Aufgrund der polnischen Vorschläge vom Mai 1969 wurden seit Februar 1970 konstruktive Verhandlungen geführt. Diese mündeten in den Warschauer Vertrag zwischen der Volksrepublik Polen und der Bundesrepublik Deutschland vom 7. Dezember 1970. Darin stellten beide Vertragspartner fest, daß die bestehende Grenzlinie, deren Verlauf in den Potsdamer Beschlüssen festgelegt ist, die wesentliche Staatsgrenze der Volksrepublik Polen bildet. Beide Staaten sichern einander „die Unverletzlichkeit ihrer bestehenden Grenzen jetzt und in Zukunft" und die „uneingeschränkte Achtung ihrer territorialen Integrität" zu. Sie erklärten, daß sie „gegeneinander keinerlei Gebietsansprüche haben und solche auch in Zukunft nicht erheben werden".
Der Warschauer Vertrag bietet Grundlagen zur Normalisierung und Verbesserung der Beziehungen zwischen der Volksrepublik Polen und der Bundesrepublik Deutschland in wesentlichen Bereichen. Beide Regierungen haben die Absicht bekräftigt, diese Zusammenarbeit im Geiste der Vereinbarungen von Helsinki vom 1. August 1975 konstruktiv weiterzuentwickeln.

Zitiert nach: Empfehlungen der 6. und 8. deutsch-polnischen Schulbuchkonferenz, hrsg. von der Deutschen UNESCO-Kommission, Köln Oktober 1975

M76

Resonanz auf die Empfehlungen in Bayern

Auszüge aus Zeitungsberichten

Abgeordneter Stein will Bayerns Schulbücher vor „historischen Unwahrheiten" bewahren

Auch er ist „für die geschichtliche Wahrheit", zum Beispiel dafür, „nicht zu verschweigen, was dem polnischen Volk angetan worden ist". Aber was sich bei den deutsch-polnischen Gesprächen von Schulbuchfachleuten abzeichnet, geht dem Münchner CSU-Abgeordneten Erwin Stein denn doch zu weit.

Dem bayerischen Kultusminister, seinem Parteifreund Hans Maier, schrieb er darum: „Das Ergebnis der Schulbuchgespräche ist unvereinbar mit unserer Verfassung und unserer politischen Auffassung.“ Die von der letzten Gesprächsrunde ausgegebenen „Empfehlungen“ hätten die polnische Position übernommen und „vertreten einseitig chauvinistische polnische Vorstellungen“. Ziel seines Briefes, so Stein im Gespräch, ist es, zu verhindern, daß als Ergebnis der deutsch-polnischen Unterhandlungen historische Unwahrheiten in bayerische Schulbücher Eingang finden.
Anlaß für den Brief sind die Resultate der Expertenrunde im Oktober. Stein kennt zwar den Text der dort entstandenen Empfehlungen nicht im Original, sondern nur aus einigen Zitaten und deren Deutung in den „Burschenschaftlichen Blättern“. Aber er glaubt schon genau zu wissen, in welche Richtung sich die Gespräche entwickeln: „Die Austreibung der deutschen Bevölkerung aus den Ostgebieten wird verniedlicht und bagatellisiert.“
Vor allem auf zwei Stellen bezieht er sich dabei. Einmal heißt es in den Empfehlungen: „Die territorialen Veränderungen bei Ende des Zweiten Weltkrieges wurden mit umfangreichen Bevölkerungsverschiebungen verbunden. Sie zielten darauf ab, staatliche und ethnische Grenzen nach Möglichkeit in Übereinstimmung zu bringen.“ Hier werde, so Stein, verschwiegen, daß die Vertreibung eine gewaltsame Annexion gewesen ist. Im zweiten Zitat ist davon die Rede, die ehemaligen Reichsgebiete seien den Polen im Potsdamer Abkommen „übertragen“ worden. Damit, sagen der Kommentator der „Burschenschaftlichen Blätter“ und sein Leser Stein, werde die Tatsache übergangen, daß die Gebiete den Polen nur zur Verwaltung übergeben worden sind. Die Zitate entsprechen dem Wortlaut der Empfehlungen. Elfriede Hillers, Wissenschaftlerin des an den Verhandlungen beteiligten „Internationalen Schulbuch-Instituts“ (Braunschweig), glaubt jedoch, die Auswahl der Zitate verfälsche die Schwerpunkte. Außerdem sei der bisherige Text nur ein Entwurf, der noch überarbeitet werde. In einem gewissen Gegensatz dazu steht freilich die Einleitung zu den Empfehlungen, wo es heißt, sie seien „verabschiedet worden“ und enthielten ein Minimum derjenigen Fakten und Zusammenhänge, die nach der Auffassung beider Delegationen in den Schulbüchern beider Staaten berücksichtigt werden sollten. Auf die Möglichkeit entscheidender Änderungen deuten solche Formulierungen wohl nicht.
Den Abgeordneten Stein ficht freilich die Ungewißheit wenig an, ob die Empfehlungen nur vorläufigen oder schon endgültigen Charakter haben. Nach seiner Ansicht handelt es sich bei dem Versuch, die Vergangenheit im Schulbuch zu bewältigen, ohnedies nur um einen „unwissenschaftlichen Kuhhandel“.

Aus: Frankfurter Rundschau vom 12. April 1975

Bayern fühlt sich ungebunden

Der bayerische CSU-Kultusminister Hans Maier ist der Ansicht, daß die bisherigen Ergebnisse der deutsch-polnischen Schulbuchgespräche den „tatsächlichen historischen Ereignissen nicht voll gerecht werden“. Maier hat darum angekündigt, Bayern werde bei der Prüfung und Zulassung von Geschichtsbüchern für den Schulgebrauch darauf achten, daß die Darstellungen mit den geschichtlichen Fakten übereinstimmten.
Maier antwortete mit dem Bescheid auf einen Brief des CSU-Landtagsabgeordneten Erwin Stein, der darüber Klage geführt hatte, daß die bisher bekanntgewordenen Resultate der Verhandlungen unvereinbar mit dem Grundgesetz und „unseren Auffassungen“ seien. Die von den deutschen und polnischen Historikern verabschiedeten „Empfehlungen“ hätten den Standpunkt der anderen Seite und „einseitig chauvinistische polnische Vorstellungen übernommen“, als es darum gegangen sei, die Besetzung der deutschen Ostgebiete und die Vertreibung der Bevölkerung darzustellen.

Die Schulbuchgespräche werden seit 1972 abwechselnd im Braunschweiger Schulbuchinstitut und in Warschau veranstaltet und sollen unter anderem die Geschichtsbücher für die Schulen beider Länder von sachlich falschen und nationalistischen Darstellungen befreien. In einem Schreiben an Stein wies Minister Mayer jetzt darauf hin, der Freistaat Bayern fühle sich an die Empfehlungen der Konferenz nicht gebunden. Die deutsche UNESCO-Kommission, die diese Verhandlungen führe, sei ein eingetragener Verein und keine Rechtspersönlichkeit im völkerrechtlichen Sinne.

Aus: Frankfurter Rundschau vom 3. Mai 1975

M7 7

Resonanz auf die Empfehlungen in Hessen

Eine ministerielle Verlautbarung

Entgegen einem Antrag der CDU-Landtagsfraktion wird der Hessische Kultusminister Hans Krollmann die Empfehlungen der 8. deutsch-polnischen Schulbuchkonferenz im Amtsblatt des Hessischen Kultusministers bekanntmachen.
In seiner Begründung erklärte Kultusminister Hans Krollmann, er halte es für ein Gebot der Stunde und für das deutsche Volk lebensnotwendig, die Aussöhnung mit den Nachbarvölkern im Osten mit allen uns gebotenen Mitteln voranzutreiben. Dies liege nicht nur im wohlverstandenen Interesse unseres Landes, es sei aufgrund der historischen Ereignisse unsere moralische Pflicht und Schuldigkeit.
Diese Klarstellung halte er für erforderlich, da die CDU in ihrer Antragsbegründung historische Wahrheiten nicht zur Kenntnis nehmen wolle, sondern eine Terminologie benutze, von der er gehofft habe, sie gehöre längst der Vergangenheit an. „Ich kann nicht sehen, weshalb die Empfehlungen der 8. deutsch-polnischen Schulbuchkonferenz ‚einseitig und verzerrend' sein sollen", erklärte Kultusminister Hans Krollmann wörtlich. Abschließend stellte Minister Krollmann klar, daß der CDU-Antrag insofern ins Leere gehe, als es sich „in des Wortes reinster Bedeutung um Empfehlungen und nicht mehr und nicht weniger" handelt.

Aus: Informationen des Hessischen Kultusministers an die Presse Nr. 20 vom 29. Januar 1976

M7 8

Resonanz auf die Empfehlungen in Niedersachsen

Antwort auf eine kleine Anfrage des Abgeordneten D. Niewerth (Drucksache 8/1565) im Niedersächsischen Landtag

Die Herausgeber von Schulbüchern sollen bei der Darstellung der Vertreibung der Deutschen aus ihrer Heimat den gesamten Text des zweiten Abschnittes der Empfehlungen der achten deutsch-polnischen Schulbuchkonferenz beachten, in dem der Vorgang der Vertreibung nach dem 2. Weltkrieg mit den Vokabeln „flüchten", „ausweisen", „zwangsumsiedeln" konkretisiert wird. Wie aus der Antwort des Niedersächsischen Kultusministers auf eine Kleine Anfrage des Abgeordneten Dr. Niewerth (CDU) hervorgeht, hält es die Landesregierung nicht für vertretbar, wenn in den Schulbüchern nur von einer „Bevölkerungsverschiebung" die Rede ist.
Der Abgeordnete hatte im einzelnen folgende Fragen gestellt:
Aufgrund der „Empfehlungen zur Darstellung der Nachkriegsgeschichte in den Schulbüchern der Volksrepublik Polen und der Bundesrepublik Deutschland" (Empfehlungen der 6. und 8. deutsch-polnischen Schulbuchkonferenz) frage ich die Landesregierung:

1. Hält sie es für vertretbar, in deutschen Schulbüchern die Massenvertreibung der Deutschen als „Bevölkerungsverschiebung" darzustellen und diese u. a. mit „Erfah-

rungen in den Nationalitätskonflikten" zu rechtfertigen (Ziff. 2 der „Empfehlungen")?
2. Wie steht sie zur Darstellung der Rechtslage Deutschlands in den Empfehlungen (Zweistaatentheorie im Gegensatz zum Grundvertragsurteil des Bundesverfassungsgerichts)?
3. Hält sie die Darstellung der deutschen Nachkriegsgeschichte und der Geschichte der deutsch-polnischen Beziehungen für ausgewogen?

Kultusminister Dr. Werner Remmers beantwortete diese Fragen wie folgt:

Zu 1.: Nein. Die Landesregierung hielte es nicht für vertretbar, wenn in den Schulbüchern die Massenvertreibung der Deutschen aus den Ostgebieten nur als „Bevölkerungsverschiebung" dargestellt und mit „Erfahrungen in den Nationalitätskonflikten" gerechtfertigt würde. Sie erwartet, daß Herausgeber von Schulbüchern bei der Darstellung der Vertreibung der Deutschen aus ihrer Heimat nicht nur den ersten Absatz, sondern den gesamten Text des zweiten Abschnittes der Empfehlungen der achten deutsch-polnischen Schulbuchkonferenz beachten. In ihm wird der angesprochene Vorgang u. a. durch die Verben „flüchten", „ausweisen", „zwangsumsiedeln" konkretisiert.

Zu 2.: Die Landesregierung bedauert, daß durch die undifferenzierte Verwendung der Begriffe „Zwei deutsche Staaten" und „Deutsche Zweistaatlichkeit" im ersten Absatz des 5. Abschnittes der Empfehlung der Eindruck entstehen kann, die Empfehlung verkenne die Besonderheit der inter-se-Beziehungen zwischen der Bundesrepublik Deutschland und der Deutschen Demokratischen Republik als Teile eines noch immer existierenden umfassenden Staates Gesamtdeutschland mit einem einheitlichen Staatsvolk.

Zu 3.: Die Landesregierung geht davon aus, daß die o. a. Empfehlung die in der Geschichtswissenschaft bestehenden kontroversen Standpunkte nicht aufzuheben, höchstens einander anzunähern vermag. Unter Berücksichtigung dieses Umstandes ist sie der Auffassung, daß sich eine allseits befriedigende Ausgewogenheit in dieser Frage nicht erzielen läßt.

Zitiert nach: Presseinformation des Niedersächsischen Kultusministers Nr. 107 vom 13. 8. 1976

III. Anhang

1. Chronologie der deutsch-polnischen Beziehungen zwischen 1939 und 1976

Ereignisse, die das deutsch-polnische Verhältnis (für den Zeitraum der Unterrichtseinheit) bestimmten bzw. beeinflußten

21. 3. 1939	In einer Unterredung zwischen dem Reichsaußenminister Ribbentrop und dem polnischen Botschafter Lipski wird deutlich, daß von beiden Seiten der Versuch, den Status Danzigs zu verändern, als Kriegsgrund betrachtet wird.
31. 3. 1939	Englisch-französische Garantieerklärung für Polen.
6. 4. 1939	Englisch-polnisches Beistandsversprechen.
24. 7. 1939	Französisch-englisch-sowjetische Übereinkunft über gegenseitigen Beistand im Falle eines Angriffs.
23. 8. 1939	Deutsch-sowjetischer Nichtangriffspakt. Ein geheimes Zusatzprotokoll legt die Interessenssphären für den Fall einer territorialen Umgestaltung in den Gebieten fest, die zum polnischen Staat gehören.
25. 8. 1939	Vertrag über gegenseitigen Beistand zwischen Großbritannien und Polen.
1. 9. 1939	Deutscher Angriff auf Polen.
3. 9. 1939	Kriegserklärungen Frankreichs und Englands an das Deutsche Reich.
17. 9. 1939	Einmarsch der Roten Armee in Polen.
28. 9. 1939	Deutsch-sowjetischer Grenz- und Freundschaftsvertrag. „Vierte Teilung" Polens zwischen Hitler und Stalin. Am gleichen Tag tritt der Präsident der Polnischen Republik Moscicki, von seinem Amt zurück. Nachfolger wird Raczkiewicz, der sich, wie die meisten polnischen Spitzenpolitiker inzwischen in Angers (Frankreich) aufhielt. Raczkiewicz ernennt am 30.9.1939 General Sikorski zum Oberbefehlshaber einer polnischen Exilarmee und zum Ministerpräsidenten. Die neue Exilregierung hat ihren Sitz in London. Als parlamentarisches Organ dient der im Dezember 1939 gebildete Nationalrat, dessen Präsident Mikolajczyk wird. Damit sind die Bedingungen für ein Weiterbestehen des polnischen Staates im völkerrechtlichen Sinne erfüllt.
5. 10. 1939	Letzter Kampf eines polnischen Großverbandes während des „Septemberfeldzugs" bei Kock.
7. 10. 1939	Der Erlaß zur „Festigung des deutschen Volkstums" überträgt dem Reichsführer SS (Himmler) die Zuständigkeit für die Schaffung neuer deutscher Siedlungsgebiete durch Umsiedlung.
8. 10. 1939	„Erlaß über die Gliederung und Verwaltung der Ostgebiete"; er regelt die Eingliederung besetzter Gebiete im Westen Polens in das Reichsgebiet.
12. 10. 1939	„Erlaß über die besetzten polnischen Gebiete"; der verbleibende Teil des vom Deutschen Reich besetzten ehemaligen polnischen Staates erhält einen Sonderstatus als „Generalgouvernement für die besetzten polnischen Gebiete": es gehört nicht zum Reichsterritorium, besitzt auch keine Protektoratseigenschaft.
15. 10./30. 10./ 3. 11. 1939	Umsiedlungsabkommen mit Estland, Lettland, Litauen und der Sowjetunion.
November 1939	Richtlinien über die Beurteilung der Volkszugehörigkeit der polnischen Bevölkerung.
25. 5. 1940	Denkschrift Himmlers über die „Behandlung der Fremdvölkischen im Osten" (vgl. M21A).
22. 6. 1940	Deutsch-französischer Waffenstillstand.
2. 10. 1940	Ausführungen Hitlers zur Behandlung der polnischen Bevölkerung (Niederschrift Bormanns; vgl. M21B).
22. 6. 1941	Deutscher Angriff auf die UdSSR.
14. 8. 1941	Atlantik Charta: gemeinsame Verlautbarungen der Vereinigten Staaten von Amerika und Großbritanniens über die Ziele ihrer Politik.

7. 12. 1941	Überfall der japanischen Luftwaffe auf die amerikanische Pazifikflotte im Hafen von Pearl Harbour.
11. 12. 1941	Das Deutsche Reich erklärt den Vereinigten Staaten von Amerika den Krieg.
5. 1. 1942	Auf dem Territorium der UdSSR wird die sogenannte Initiativgruppe der polnischen Arbeiterpartei (PPR) von Gomulka gebildet.
2. 2. 1943	Kapitulation der deutschen 6. Armee vor Stalingrad; Beginn des deutschen Rückzugs an der Ostfront.
März 1943	Der vermutlich im Frühjahr 1940 geschehene Massenmord von Tausenden polnischer Offiziere in Katyn wird international bekannt. Sikorski übernimmt – wohl zu Recht – den von deutscher Seite erhobenen Vorwurf, die Ermordung der polnischen Offiziere sei von Stalin veranlaßt worden und interveniert beim Genfer Roten Kreuz.
25. 4. 1943	Moskau bricht die diplomatischen Beziehungen zur exilpolnischen Regierung in London ab.
April 1943	Aufstand im Warschauer Getto.
8. 5. 1943	Bildung des „Verbandes polnischer Patrioten“ auf dem Territorium der UdSSR, nachdem die Sowjetunion die diplomatischen Beziehungen zur polnischen Exilregierung in London abgebrochen hat.
4. 7. 1943	Mysteriöser Tod Sikorskis bei einem Flugzeugunfall in Gibraltar. Neuer exilpolnischer Regierungschef wird Mikolajczyk, ein Repräsentant des agrar-konservativen Flügels.
28. 11. 1943 bis 1. 12. 1943	Konferenz von Teheran. Erstes Treffen der Regierungsoberhäupter der Anti-Hitler-Koalition (vgl. Ms1).
21. 7. 1944	Nach dem Überschreiten der Curzon-Linie durch die Rote Armee bildet sich das „Polnische Komitee für nationale Befreiung“ (PKWN). Beginn der Gründung einer provisorischen polnischen Regierung auf polnischem Territorium.
22. 7. 1944	Manifest des PKWN zur Befreiung des Landes (vgl. M26).
1. 8. 1944	Aufstand der polnischen Untergrundbewegung in Warschau unter General Bór (Komorowski), um die polnische Hauptstadt noch vor der Ankunft der sowjetischen Verbände zu befreien und damit die Grundlage für ein von der Sowjetunion unabhängiges Polen zu legen. Die Rote Armee erobert Praga, einen jenseits der Weichsel gelegenen Stadtteil Warschaus und wartet die Kapitulation der Aufständischen ab.
2. 10. 1944	Kapitulation der Warschauer Aufständischen.
24. 11. 1944	Mikolajczyk legt sein Amt als Ministerpräsident nieder. Neuer Premierminister der polnischen Exilregierung in London wird Tomasz Arciszewski, der einen extrem antisowjetischen Kurs steuert.
31. 12. 1944	Das PKWN wird zur provisorischen Regierung Polens umgebildet.
28. 1. 1945	Sowjetische Truppen erreichen die Oder.
4. 2. 1945 bis 11. 2. 1945	Konferenz von Jalta. Die Curzon-Linie wird als Ostgrenze Polens vereinbart (vgl. Ms2).
7. 3. 1945	Amerikanische Truppen überschreiten den Rhein bei Remagen.
21. 4. 1945	Abkommen über Freundschaft, gegenseitige Hilfe und Nachkriegszusammenarbeit zwischen Polen und der Sowjetunion.
25. 4. 1945	Sowjetische und amerikanische Truppen treffen bei Torgau an der Elbe aufeinander.
30. 4. 1945	Selbstmord Hitlers.
8. 5. 1945	Deutschland kapituliert bedingungslos.
9. 5. 1945	Inkrafttreten der Kapitulation. – Ganz Deutschland ist von Truppen der Siegermächte besetzt; der Krieg in Europa ist zu Ende.
26. 6. 1945	Gründung der UNO durch die Alliierten, China und 45 weitere Staaten auf der Grundlage einer Charta von 111 Artikeln in San Francisco. Ziele der UNO sind: die Erhaltung des Weltfriedens, der Schutz der Menschenrechte, die Besserung der wirtschaftlichen und sozialen Verhältnisse in allen Ländern der Welt, der Verzicht auf Gewaltanwendung.
28. 6. 1945	In Polen tritt die provisorische Regierung zurück, um den Weg freizumachen für

	die neue „Regierung der Nationalen Einheit“. Ihr gehören viele Vertreter der gerade abgelösten provisorischen Regierung an, aber auch Mikolajczyk (Vizepremier- und Landwirtschaftsminister) und drei seiner Anhänger aus der früheren Londoner Exilregierung.
5. 7. 1945	Die USA und Großbritannien erkennen die „Regierung der Nationalen Einheit“ diplomatisch an. Die Londoner Exilregierung verliert ihren diplomatischen Status.
28. 6. 1945	In Polen wird die provisorische Regierung der Nationalen Einheit gebildet.
17. 7. 1945 bis 2. 8. 1945	Konferenz von Potsdam. Es nehmen teil: Truman, Churchill (an seiner Stelle seit 29. Juli der neue englische Premierminister Attlee) und Stalin. Wichtige außenpolitische Vereinbarungen: der nördliche Teil Ostpreußens mit Königsberg wird unter sowjetrussische, Ostdeutschland bis zur Oder-Neiße-Linie (mit Stettin) unter polnische Verwaltung gestellt bis zur endgültigen Regelung durch einen Friedensvertrag. Billigung der Zwangsumsiedlung der deutschen Bevölkerung aus den Gebieten östlich der Oder und Neiße (vgl. M53).
22. 8. 1945	Mikolajczyk gründet in Polen die konservative Bauernpartei (PSL).
3. 1. 1946	Gesetz über die Nationalisierung der großen Industriebetriebe in Polen.
30. 6. 1946	Abstimmung über ein Referendum zur politisch-gesellschaftlichen Struktur Polens und zur Gestaltung seiner Grenzen. Für eine „Verankerung der Bodenreform und der Nationalisierung der Hauptzweige der Volkswirtschaft in der künftigen Verfassung“ stimmen 77,3%. 91,4% der befragten Polen stimmen für die Oder-Neiße-Grenze als polnischer Westgrenze bei insgesamt 85% Wahlbeteiligung (vgl. in diesem Zusammenhang M35 und M36).
16. 8. 1946	Grenzvertrag zwischen Polen und der Sowjetunion, der die polnische Ostgrenze mit geringfügigen Abweichungen auf die sogenannte Curzon-Linie festlegt.
6. 9. 1946	In Polen verfügt das Bodenreformgesetz die entschädigungslose Enteignung der landwirtschaftlichen Betriebe über 50 ha. In Stuttgart hält der amerikanische Außenminister Byrnes eine Rede, in der er die Endgültigkeit der Oder-Neiße-Grenze ausdrücklich bezweifelt.
14. 9. 1946	Im „Neuen Deutschland“ wird die polnische Westgrenze als „provisorisch“ bezeichnet (vgl. M54).
19. 1. 1947	Wahlen in Polen. Die kommunistische PPR bildet zusammen mit der sozialistischen Partei den gegen die PSL gerichteten „Demokratischen Block“. Er erhält 80,1% der Stimmen. Die Partei Mikolajczyks (PSL) gewinnt nur 10,3% (bei einer Wahlbeteiligung von insgesamt 89,9%; vgl. M36).
10. 3. 1947 bis 24. 4. 1947	Konferenz der Außenminister der Siegermächte in Moskau, die wegen der stärker werdenden ideologischen Konfrontation (Ausbruch des „Kalten Krieges“) ohne Ergebnis bleibt.
5. 6. 1947	Der USA-Außenminister Marshall kündigt in einer Rede in Harvard „großzügige Waren- und Geldlieferungen“ der USA beim Wiederaufbau der europäischen Staaten an (Marshall-Plan). Polen lehnt die Hilfe in Übereinstimmung mit der Sowjetunion mit der Begründung ab, sie sei geeignet, die Vorkriegswirtschaftsstruktur Europas durch den Nachdruck, der auf „die führende Rolle und das besondere Gewicht Deutschlands gelegt wird, unabänderlich zu einer Stärkung der Quellen des deutschen Imperialismus zu führen.“
20. 11. 1947	Mikolajczyk flieht mit amerikanischer Hilfe nach England.
16. 4. 1948	18 europäische Staaten gründen in Paris die OEEC, die „Marshallplanorganisation“. Die westlichen Besatzungszonen Deutschlands werden beteiligt.
20. 6. 1948	Währungsreform in den drei westlichen Besatzungszonen Deutschlands.
23. 6. 1948	Währungsreform in der sowjetischen Besatzungszone.
24. 6. 1948	Die UdSSR sperrt den Personen- und Güterverkehr von Westdeutschland nach Westberlin. Die Lebensmittel-, Kohle- und Stromlieferungen aus der sowjetisch besetzten Zone nach Westberlin werden eingestellt. Es beginnt die „Berliner Blockade“, während der die Stadt über eine Luftbrücke versorgt wird.
25. 1. 1949	Die UdSSR gründet mit Polen, der Tschechoslowakei, Ungarn, Bulgarien und Rumänien den „Rat für gegenseitige Wirtschaftshilfe“ (RGW bzw. COMECON).
4. 4. 1949	In Washington wird der Nordatlantikpakt geschlossen zwischen Belgien, den Niederlanden, Luxemburg, Dänemark, Großbritannien, Frankreich, Island,

Italien, Norwegen, Portugal, Kanada und den USA (NATO = North Atlantic Treaty Organisation).

23. 5. 1949 Das Grundgesetz für die Bundesrepublik Deutschland wird verabschiedet.

30. 5. 1949 Die Verfassung der Deutschen Demokratischen Republik (DDR) wird verabschiedet.

14. 8. 1949 Erstwahlen zum Deutschen Bundestag.

7. 10. 1949 Bildung der Regierung der DDR: Wilhelm Pieck wird Präsident, Otto Grotewohl Ministerpräsident. Von der Bundesregierung als rechtswidrig bezeichnet; Ablehnung diplomatischer Beziehungen durch die Bundesregierung.

15. 10. 1949 Konrad Adenauer Bundeskanzler der Bundesrepublik Deutschland.

18. 10. 1949 Aufnahme diplomatischer Beziehungen zwischen der DDR und Polen.

6. 7. 1950 Im Görlitzer Abkommen erkennt die DDR die polnische Westgrenze als endgültig an (vgl. Ms6).

18. 4. 1951 Gründung der „Montanunion" unter Einschluß der Bundesrepublik Deutschland.

26. 5. 1952 Zwischen der Bundesrepublik Deutschland und den drei Westmächten wird der Deutschlandvertrag vereinbart: er hebt das Besatzungsstatut auf.

22. 7. 1952 Neue Verfassung der Volksrepublik Polen.

17. 6. 1953 Aufstand in der DDR.

20. 10. 1953 In einer Regierungserklärung Adenauers heißt es: „Die mit der Oder-Neiße-Linie zusammenhängenden Probleme sollen nicht mit Gewalt, sondern ausschließlich auf friedlichem Weg gelöst werden."

5. 5. 1955 In den Pariser Verträgen wird die volle innere und äußere Souveränität der Bundesrepublik Deutschland bestätigt.

14. 5. 1955 Die UdSSR und die osteuropäischen Volksdemokratien schließen den „Warschauer Militärpakt".

13. 9. 1955 Adenauer vereinbart während seines Besuchs in der Sowjetunion die Aufnahme diplomatischer Beziehungen zwischen der Bundesrepublik Deutschland und der UdSSR.

20. 9. 1955 Der Vertrag über die Beziehungen zwischen der DDR und der UdSSR stellt fest, daß die DDR hinsichtlich ihrer Innen- und Außenpolitik frei sei. – Aufnahme von diplomatischen Beziehungen zwischen DDR und UdSSR.

18. 1. 1956 Gesetz über die Gründung der „Nationalen Volksarmee" in der DDR.

28. 6. 1956 Ein Arbeiteraufstand in Posen wird niedergeschlagen. Gomulka, früherer Generalsekretär der Vereinigten Polnischen Arbeiterpartei, wird wieder in seine alte Stellung eingesetzt. Er fordert ein unabhängiges Polen und die Gleichberechtigung mit der UdSSR.

7. 7. 1956 Gesetz über allgemeine Wehrpflicht in der Bundesrepublik Deutschland.

17. 12. 1956 In einem Truppenstationierungsvertrag werden die sowjetischen Truppen in Polen polnischen Gesetzen unterstellt.

25. 3. 1957 Gründung der Europäischen Wirtschaftsgemeinschaft (EWG).

14. 2. 1958 Der polnische Außenminister Rapacki legt den nach ihm benannten Plan für atomwaffenfreie Zonen in Mitteleuropa vor.

Januar 1961 Der Generalbevollmächtigte des Industriekonzerns Krupp, Berthold Beitz, reist mit Billigung Adenauers zweimal nach Warschau, um eine Intensivierung des Handelsaustausches vorzubereiten.

13. 8. 1961 Bau der Berliner Mauer im Einverständnis mit den Warschauer Paktstaaten.

7. 3. 1963 Abschluß eines Handelsvertrags zwischen Polen und der Bundesrepublik Deutschland.

5. 8. 1963 USA, UdSSR und Großbritannien unterzeichnen das Abkommen über die teilweise Beendigung von Kernwaffenversuchen.

8. 4. 1965 Der sowjetisch-polnische Freundschafts- und Beistandspakt wird erneuert; darin wird die Sicherheit der polnischen Grenze als eine der wichtigsten Voraussetzungen der europäischen Sicherheit bezeichnet.

1. 10. 1965 Denkschrift der evangelischen Kirche über die „Lage der Vertriebenen und das Verhältnis des deutschen Volkes zu seinen östlichen Nachbarn" (vgl. Ms9).

18. 11. 1965 „Botschaft der polnischen katholischen Bischöfe an ihre deutschen Amtsbrüder" mit der Aufforderung: „Versuchen wir zu vergessen! Keine Polemik, kein weiterer kalter Krieg, aber der Anfang eines Dialogs."

5. 12. 1965	Antwort der deutschen katholischen Bischöfe, die der Hoffnung Ausdruck verleiht, „daß niemals wieder der Ungeist des Hasses unsere Hände trenne".
25. 3. 1966	„Friedensnote" der Bundesrepublik Deutschland: sie enthält den Vorschlag an die osteuropäischen Staaten, Gewaltverzichtsabkommen zu schließen.
1. 12. 1967	Der Eintritt der SPD in eine Regierung der „Großen Koalition" mit Kurt Georg Kiesinger (CDU) als Kanzler und dem SPD-Vorsitzenden Willy Brandt als Außenminister. Aufnahme diplomatischer Beziehungen zu Rumänien, Vereinbarung über den Austausch von Handelsmissionen mit der ČSSR. Briefwechsel zwischen dem DDR-Ministerpräsidenten Stoph und dem Bundeskanzler. Die Bundesregierung legt der Konferenz der Nichtkernwaffenstaaten in Genf eine Resolution über die Nichtanwendung und Nichtandrohung von Gewalt, Nichteinmischung und das Recht auf Selbstverteidigung vor, die mit großer Mehrheit angenommen wird.
21. 3. 1968	Der XIII. Ordentliche Parteitag der SPD beschließt, „... die gegenwärtige polnische Westgrenze zu respektieren und anzuerkennen, bis die deutschen Grenzen in einer friedensvertraglichen Regelung ... endgültig festgelegt werden".
29. 5. 1968	Die Verabschiedung der Notstandsverfassung in der Bundesrepublik Deutschland wird von innenpolitischen Unruhen begleitet (außerparlamentarische Opposition); Beginn der Schüler- und Studentenunruhen. Im gleichen Jahr auch Studentenunruhen in Warschau.
12. 6. 1968	Entwurf des Vertrags über die Nichtverbreitung von Kernwaffen (Atomwaffensperrvertrag) von der Vollversammlung der UN gebilligt.
21. 8. 1968	Truppen des Warschauer Paktes marschieren in die ČSSR ein.
22. 10. 1969	Bildung einer Regierungskoalition aus FDP und SPD mit Bundeskanzler Brandt und Außenminister Scheel.
15. 11. 1969	Unterzeichnung einer Gewaltverzichtsnote durch Kossygin und Brandt in Moskau.
25. 11. 1969	Die Bundesregierung schlägt Polen die Aufnahme von Gesprächen vor.
28. 11. 1969	Der Kernwaffensperrvertrag wird von der Bundesrepublik unterzeichnet.
19. 3. 1970	Die Regierungschefs der beiden deutschen Staaten, Willy Brandt und Willi Stoph, treffen sich zu einem Meinungsaustausch in Erfurt.
21. 5. 1969	Beim zweiten Treffen in Kassel legt die Bundesregierung eine Liste von Vertragselementen zur Regelung der Beziehungen mit der DDR vor.
12. 8. 1970	Die UdSSR und die Bundesrepublik Deutschland unterzeichnen in Moskau einen Vertrag, in dem auf Drohung bzw. Anwendung von Gewalt verzichtet wird; der Vertrag anerkennt die Unverletzlichkeit aller europäischen Grenzen. Der Moskauer Vertrag bildet die Voraussetzung für eine vertragliche Regelung mit Polen.
7. 12. 1970	Bundeskanzler Brandt und Ministerpräsident Cyrankiewicz unterzeichnen in Warschau den „Vertrag zwischen der Bundesrepublik Deutschland und der Volksrepublik Polen über die Grundlagen der Normalisierung ihrer gegenseitigen Beziehungen". Darin wird festgestellt, daß die Oder-Neiße-Linie die westliche polnische Staatsgrenze bildet (vgl. Ms10).
14. 12. 1970	Wegen massiver Preiserhöhungen Streiks in Polen. Gomulka tritt zurück. Edvard Gierek wird neuer Partei- und Regierungschef.
3. 9. 1971	Vier-Mächte-Abkommen über Berlin zwischen den USA, der UdSSR, Großbritannien und Frankreich. Ergänzungsvereinbarungen zwischen der Bundesregierung, dem Berliner Senat und der Regierung der DDR enthalten Regelungen für den Verkehr zwischen der Bundesrepublik und Berlin sowie für den Besuch von Westberlinern in Ostberlin und in der DDR.
30. 9. 1971	Abschluß eines Postabkommens mit der DDR.
17. 12. 1971	Güter- und Verkehrsabkommen mit der DDR.
17. 5. 1972	Der Bundestag stimmt am 17. Mai den Verträgen mit der Sowjetunion und Polen zu. Die meisten Mitglieder der CSU/CDU-Fraktion enthalten sich der Stimme.
28. 6. 1972	Neuordnung der Bistümer in den ehemaligen deutschen Ostgebieten.
14. 9. 1972	Aufnahme diplomatischer Beziehungen zwischen Polen und der Bundesrepublik.

21. 12. 1972	„Vertrag über die Grundlagen der Beziehungen zwischen der Bundesrepublik Deutschland und der Deutschen Demokratischen Republik“.
18. 9. 1973	Die Bundesrepublik und die DDR werden Mitglied der UN.
11. 12. 1973	Vertrag über die gegenseitigen Beziehungen zwischen der Bundesrepublik und der ČSSR. Aufnahme diplomatischer Beziehungen zu Bulgarien und Ungarn.
1. 8. 1975	„Konferenz über Sicherheit und Zusammenarbeit in Europa“ (KSZE) in Helsinki. 43 Staaten – darunter auch Polen und die Bundesrepublik – unterzeichnen das Schlußprotokoll. Am Rande der Konferenz einigen sich Bundeskanzler Schmidt und der polnische Parteichef Gierek über ein Rentenabkommen, eine Kreditgewährung an Polen und die Erweiterung der Ausreisemöglichkeiten für Deutsche aus Polen (vgl. M13A und M13B sowie M15A–M15C).
9. 10. 1975	Unterzeichnung des deutsch-polnischen Rentenabkommens in Warschau. Polen erhält von der Bundesrepublik Deutschland 1,3 Mrd. DM als pauschale Rentenabgeltung und einen Finanzkredit von 1 Mrd. DM. In einem Protokoll erklärt die polnische Regierung, daß innerhalb von 4 Jahren 120000 bis 125000 Deutsche aus Polen ausreisen können.
12. 3. 1976	Zustimmung des Bundesrats zum Rentenabkommen mit Polen.

2. Literaturverzeichnis

Arbeitsgruppe Saarbrücker Geschichtsstudenten: Einstellungen saarländischer Schüler gegenüber Osteuropa, in: Aus Politik und Zeitgeschichte B46/74 vom 16. November 1974, S. 17–33.

Arnold, Udo: Schulbuchanalyse und deutsch-polnische Schulbuchgespräche, in: Irene Schmillen: Brandenburgisch-preußische Geschichte in Schulbüchern der Bundesrepublik Deutschland, Bonn-Bad Godesberg 1974

Aubin, Hermann: Die Ostgrenze des alten Deutschen Reiches, Darmstadt 1959

Auswärtiges Amt (Hg.): Die Auswärtige Politik der Bundesrepublik Deutschland, Köln 1972

Berndt, Günter/Reinhard Strecker (Hg.): Polen – ein Schauermärchen oder Gehirnwäsche für Generationen, Reinbek bei Hamburg 1971

Berthold, Werner u. a. (Hg.): Unbewältigte Vergangenheit. Handbuch zur Auseinandersetzung mit der westdeutschen bürgerlichen Geschichtsschreibung, (Ost-)Berlin 1970

Beumann, Helmut (Hg.): Heidenmission und Kreuzzugsgedanke in der deutschen Ostpolitik des Mittelalters, Darmstadt 1973

Biskup, Marian: Die Rolle des Deutschen Ordens in Preußen in der Geschichte Polens, in: Internationales Jahrbuch für Geschichts- und Geographieunterricht Band XVI, Braunschweig 1975

Boockmann, Hartmut/Gotthold Rhode: Thesen zur Geschichte des Deutschen Ordens, in: Internationales Jahrbuch für Geschichts- und Geographieunterricht Band XVI, Braunschweig 1975

Bracher, Karl Dietrich (Hg.): Nach 25 Jahren. Eine Deutschland-Bilanz, München 1970[2]

Buchner, Rudolf: Deutsche Geschichte im europäischen Rahmen, Darmstadt 1975

Bundesministerium für Vertriebene (Hg.): Tatsachen zum Problem der deutschen Vertriebenen und Flüchtlinge, Bonn 1966

Bundeszentrale für politische Bildung (Hg.): Deutsche und Polen (Informationen zur politischen Bildung Nr. 142/143), Bonn 1970

Deuerlein, Ernst: Die Einheit Deutschlands, Bd. I, Frankfurt/M. u. a. 1961[2]

Eckert, Georg: Einführung, in: Deutschland, Polen und der Deutsche Orden, Sonderdruck der Deutschen UNESCO-Kommission, Köln 1974

Eichholtz, Dietrich/Wolfgang Schumann (Hg.): Anatomie des Krieges. Neue Dokumente, (Ost-) Berlin 1969

Fischer, Gerhard: Staaten und Grenzen, Braunschweig 1975

Freiwald, Helmut/Gebhard Moldenhauer/Dieter Hoof/Hans Joachim Fischer: Das Deutschlandproblem in Schulbüchern der Bundesrepublik, Düsseldorf 1973

Freund, Michael: Deutsche Geschichte (Lexikon Bibliothek, Bertelsmann), Gütersloh 1965

Grüger, Heinrich: Die Geschichte der deutsch-polnischen Nachbarschaft im Unterricht der Gymnasialen Oberstufe, in: GWU 1972/3, S. 166–175

Habel, Fritz Peter/Helmut Kistler (Hg.): Die Grenze zwischen Deutschen und Polen (Reihe „kontrovers"), Bonn 1972[2]

Halecki, Oskar: Geschichte Polens, Frankfurt 1970[2]

Hausmann, Kurt-Georg: Und eine Erwiderung auf die Erwiderung, in: GWU 1972/3, S. 175–179

Hellmann, Manfred: Bemerkungen zur sozialgeschichtlichen Erforschung des Deutschen Ordens, in: Historisches Jahrbuch 80 (1961), S. 126 ff.

Hoensch, Jörg K.: Lehrbuchrevision – ein Schritt auf dem Wege zur Verständigung. Erfahrungen der ersten Deutsch-Polnischen Schulbuchkonferenz in Warschau, in: Kulturpolitische Korrespondenz Nr. 120/121 vom 15. März 1972, S. 9–12

Hoensch, Jörg K.: Präzisierung und Ausweitung der deutsch-polnischen Schulbuch-Diskussion. Das Ergebnis der zweiten Gesprächsrunde in Braunschweig, in: Kulturpolitische Korrespondenz Nr. 125/126 vom 5. Mai 1972, S. 6 f.

Hoensch, Jörg K.: Sichtbare Fortschritte nur bei den Geographen. Dritte Runde der deutsch-polnischen Schulbuchkonferenz, in: Kulturpolitische Korrespondenz Nr. 160 vom 25. April 1973, S. 9 f.

Hoensch, Jörg K.: Auf dem Wege zu akzeptablen Schulbuchvereinbarungen. Die Ergebnisse der 5. Braunschweiger Expertengespräche, in: Kulturpolitische Korrespondenz Nr. 197/198 vom 3. Mai 1974, S. 12 f.

Hoffmann, Johannes: Die Geschichte der deutsch-polnischen Nachbarschaft bis zum Zeitalter des Absolutismus in Anlehnung an die Ausstellung „Leistung und Schicksal", in: GWU 1971/5, S. 265–295

Hubatsch, Walther/Horst Jablonowski: Epochen politischer Gestaltung im nordostdeutschen Raum, Darmstadt 1968
Jacobsen, Hans-Adolf/Mieczsylaw Tomala (Hg.): Wie Polen und Deutsche einander sehen, Düsseldorf 1973
Kegel, Gerhard: Ein Vierteljahrhundert danach. Das Potsdamer Abkommen und was aus ihm geworden ist, Frankfurt 1971
Kellermann, Volkmar: Brücken nach Polen. Die deutsch-polnischen Beziehungen und die Weltmächte 1939–1973, Stuttgart 1973
Kleßmann, Christoph: Polen in deutschen Geschichtsbüchern, in: GWU 1972/12, S. 731–753
Kossmann, Oskar: Polen im Mittelalter. Beiträge zur Sozial- und Wirtschaftsgeschichte, Marburg 1931
Kulak, Zbigniew: Das Bild Polens in den westdeutschen Schulbüchern, in: Volksrepublik Polen – Bundesrepublik Deutschland. Probleme der Normalisierung gegenseitiger Beziehungen. Texte und Dokumente herausgegeben und mit Vorwort versehen von Janusz Rachocki, Poznan 1972, S. 200–221.
Lehmann, Hans G.: Die Entstehung des Oder-Neiße-Konflikts im Spannungsfeld zwischen Ost und West, in: Aus Politik und Zeitgeschichte B43/76 vom 23. Oktober 1976
Ludat, Herbert: Deutsch-slawische Frühzeit und modernes polnisches Geschichtsbewußtsein. Ausgewählte Aufsätze, Köln und Wien 1969
Maass, Johannes (Hg.): Dokumentation der deutsch-polnischen Beziehungen nach dem Zweiten Weltkrieg. Bonn u.a. 1960
Marz, Fritz: Ost-West-Einstellung Jugendlicher, in: Gegenwartskunde 1974/3, S. 301–312
Meissner, Boris: (Hg.): Die deutsche Ostpolitik 1961–1970. Kontinuität und Wandel – Dokumentation, Köln 1970
Mertineit, Walter: Die deutsch-polnische Schulbuchkommission und ihre Empfehlungen zur Zeitgeschichte, in: GWU 1976/6, S. 329–344
Meyer, Enno: Deutschland und die Deutschen in polnischen Geschichtsbüchern, in: Aus Politik und Zeitgeschichte B2/70 vom 10. Januar 1970, S. 19–30
Meyer, Enno: Deutsch-polnische Schulbuchgespräche, in: GWU 1973/1, S. 35–43
Meyer, Enno: Über die Darstellung der deutsch-polnischen Beziehungen im Geschichtsunterricht, in: Internationales Jahrbuch für Geschichtsunterricht 5, (1956), S. 225–243
Meyer, Enno: Polen in deutschen Geschichtslehrbüchern, in: Internationales Jahrbuch für Geschichtsunterricht 60 (1959), S. 106–116
Meyers, Peter: Zur Problematik der Analyse von Schulgeschichtsbüchern, in: GWU 1973/12, S. 722–739
Neumann, Rudolf J.: Polens Westarbeit. Die polnischen Kultur- und Bildungseinrichtungen in den deutschen Ostgebieten, Bremen 1966
Peternek, Günther/Rudolf Renz: Die Ostverträge des Jahres 1970 unter besonderer Berücksichtigung des deutsch-polnischen Verhältnisses, in: GWU 1974/8, S. 469–502
Polen, hrsg. v. Verlag Interpress, Warszawa 1974
Präg, Werner/Wolfgang Jacobmeyer (Hg.): Das Diensttagebuch des deutschen Generalgouverneurs in Polen 1939–1945, Stuttgart 1975
Presse- und Informationsamt der Bundesregierung (Hg.): Dokumente zur Ostpolitik, Bonn o.J. (1970)
Protzner, Wolfgang: „Ostkunde“ – Geschichte eines politisch umstrittenen Unterrichtsanliegens, in: Aus Politik und Zeitgeschichte B46/74 vom 16. November 1974, S. 3–15
Rhode, Gotthold: Ein weiterer Schritt auf einem langen Weg. Zur Vierten deutsch-polnischen Schulbuch-Konferenz in Warschau und Krakau, in: Kulturpolitische Korrespondenz Nr. 177 vom 15. Oktober 1973, S. 9–12
Rhode, Gotthold/Wolfgang Wagner (Hg.): Quellen zur Entstehung der Oder-Neiße-Linie in den diplomatischen Verhandlungen während des Zweiten Weltkrieges, Stuttgart 1956
Schieder, Theodor u.a. (Bearb.): Dokumentation der Vertreibung der Deutschen aus Ost-Mitteleuropa. Die Vertreibung der deutschen Bevölkerung aus den Gebieten östlich der Oder-Neiße, Bd. I/2 und Bd. I/3, Bonn 1954 und 1960
Schlesinger, Walter (Hg.): Die deutsche Ostsiedlung des Mittelalters als Problem der europäischen Geschichte. Reichenauvorträge 1970–1972, Sigmaringen 1975
Schüddekopf, Otto-Ernst: Zwanzig Jahre Westeuropäischer Schulgeschichtsbuchrevision 1945 – 1965. Tatsachen und Probleme, Braunschweig 1966
Stehle, Hansjakob: Deutschlands Osten – Polens Westen? Eine Dokumentation, Frankfurt 1965

Vierheller, Viktoria: Polen und die Deutschlandfrage 1939–1949, Köln 1970
Wagner, Wolfgang: Die Entstehung der Oder-Neiße-Linie in den diplomatischen Verhandlungen während des 2. Weltkrieges, Stuttgart 1964
Zernack, Klaus: Das Jahrtausend deutsch-polnische Beziehungsgeschichte als geschichtswissenschaftliches Problemfeld und Forschungsaufgabe, in: Grundfragen der geschichtlichen Beziehungen zwischen Deutschen, Polaben und Polen, Berlin o. J.

3. Empfehlungen zur Darstellung der deutsch-polnischen Beziehungen in den Schulbüchern der Bundesrepublik Deutschland und der Volksrepublik Polen[1]

Vorwort

Im Jahre 1970 haben die Präsidenten der UNESCO-Kommissionen der Bundesrepublik Deutschland und der Volksrepublik Polen auf der 16. Generalkonferenz der UNESCO in Paris die Möglichkeit eines Austausches und einer wechselseitigen Begutachtung und Verbesserung ihrer Geschichts- und Geographielehrbücher besprochen. Im Laufe des Jahres 1971 wurden diese Kontakte in Zusammenarbeit mit dem Internationalen Schulbuchinstitut in Braunschweig intensiviert.

Die UNESCO-Kommissionen beider Länder kamen überein, daß die Gespräche im Geiste der UNESCO, im Interesse der Friedenssicherung und der Verständigung beider Völker zu führen seien. Beide Kommissionen ließen sich von der Überzeugung leiten, daß der Vertrag, den die Bundesrepublik Deutschland und die Volksrepublik Polen am 7.12.1970 in Warschau abgeschlossen haben, ein günstigeres Klima für die wissenschaftliche und pädagogische Zusammenarbeit auf dem Gebiet der Schulbuchrevision geschaffen hat.

Auf Einladung der UNESCO-Kommission der Volksrepublik Polen trafen sich vom 22. bis 26. Februar 1972 in Warschau Historiker, Geographen, Pädagogen, Schulbuchexperten und -verleger aus der Bundesrepublik Deutschland und aus der Volksrepublik Polen, um in einer ersten Begegnung die methodischen und sachlichen Voraussetzungen der künftigen Zusammenarbeit zu klären und erste Empfehlungen zur Behandlung der gegenseitigen Beziehungen im Geschichts- und Geographieunterricht in beiden Ländern zu entwerfen.

Vom Februar 1972 bis Oktober 1975 haben – abwechselnd in Warschau und in Braunschweig – acht Schulbuchkonferenzen stattgefunden. Ihre hauptsächliche Aufgabe war, Empfehlungen für Schulbuchautoren und Lehrer in beiden Ländern auszuarbeiten für die Behandlung zunächst der Geschichte der deutsch-polnischen Beziehungen von den Anfängen bis zum Ende des Zweiten Weltkrieges und sodann der Periode der Beziehungen zwischen der Bundesrepublik Deutschland und der Volksrepublik Polen. Gleichzeitig wurden Empfehlungen für den Geographieunterricht entworfen.

Auf der IX. Konferenz, die vom 5. bis 7. April 1976 in Braunschweig stattgefunden hat, ist von der gemeinsamen Kommission eine redaktionelle Überarbeitung der bisherigen Empfehlungen zur Geschichte und Geographie vorgenommen worden. Die Konferenz hat diese redigierte Fassung bestätigt und beschlossen, sie in deutscher und polnischer Sprache in der Bundesrepublik Deutschland und in der Volksrepublik Polen zu veröffentlichen.

Die Vorbereitung und Durchführung der Konferenzen lag in den Händen des Instituts für Lehrprogramme des Ministeriums für Bildung und Erziehung der Volksrepublik Polen und des Internationalen Schulbuchinstituts in Braunschweig, das seit 1975 den Namen Georg-Eckert-Institut für internationale Schulbuchforschung trägt.

---

1 Der folgende Text ist eine Zusammenfassung der bisherigen Empfehlungen, die von der gemeinsamen deutsch-polnischen Kommission im April 1976 verabschiedet wurde. Derselbe Text wurde 1976 in polnischer und deutscher Sprache in Warschau veröffentlicht (Wydawnictwa Szkolne; Pedagogiczne, Warszawa 1976). Nach Mitteilung des Georg-Eckert-Instituts in Braunschweig wird dort Mitte 1977 eine redaktionell überarbeitete zweisprachige Fassung der Empfehlungen der Öffentlichkeit übergeben.

Mit der Publizierung aller Empfehlungen ist der erste, besonders fruchtbare, aber auch außerordentlich schwierige Abschnitt der Arbeiten der gemeinsamen Schulbuchkommission abgeschlossen.
Die bisherigen Empfehlungen sind in ihrem äußeren Umfang und in ihrer sachlichen Gewichtsverteilung sehr verschieden konzipiert. Darin spiegelt sich das Bemühen, das Schwergewicht der Arbeit zunächst auf diejenigen Perioden und Probleme der Geschichte des deutsch-polnischen Verhältnisses zu legen, die in den Schulbüchern auf beiden Seiten besonders anzulänglich behandelt werden. Naturgemäß ist dies an den neuralgischen Punkten des Geschichtsablaufs der Fall.
Deshalb hat die gemeinsame Kommission beschlossen, ihre Arbeit fortzusetzen, und zwar alljährlich – abwechselnd in der Bundesrepublik Deutschland und in der Volksrepublik Polen – wissenschaftliche Konferenzen abzuhalten. Diese Konferenzen sollen sich mit den wissenschaftlichen Problemen beschäftigen, deren Klärung für die fachwissenschaftliche und didaktische Vertiefung der Empfehlungen unerläßlich ist. Dabei soll auch versucht werden, die in den Schulbüchern häufig vorkommenden Vorurteile zu beseitigen und irreführende Begriffe zu korrigieren.
Die gemeinsame Kommission ist überzeugt, daß die Schul- und Unterrichtsbehörden sich bemühen werden, die der Öffentlichkeit regelmäßig bekanntgegebenen Empfehlungen sobald wie möglich in den Schulbüchern und in der Unterrichtspraxis zu berücksichtigen. Nur die Mitwirkung und das volle Engagement der Kultusbehörden können für die Arbeit der gemeinsamen Schulbuchkommission auf die Dauer den erwarteten Erfolg garantieren
Die gemeinsame Schulbuchkommission kann nunmehr den Schulbuchverlegern, -autoren und Schulbehörden die gesamten Empfehlungen zur Verfügung stellen. Sie möchte gleichzeitig den zahlreichen wissenschaftlichen Instituten, Berufsverbänden, Jugendorganisationen, Politikern und Journalisten in beiden Ländern herzlich danken, die ihre Arbeit von Anfang an aktiv unterstützt und sie in der Öffentlichkeit bekanntgemacht haben.
Dank ihrer Bemühungen haben in den Jahren 1972 bis 1976 in der Volksrepublik Polen und in der Bundesrepublik Deutschland zahlreiche wissenschaftliche und pädagogische Konferenzen, Seminare und Symposien zu den Fragen der Schulbuchrevision stattgefunden.
Die Arbeit der Kommission hat auch ein lebhaftes Echo in Aufsätzen, Meldungen und Kommentaren in wissenschaftlichen Zeitschriften und Wochenschriften, in der Tagespresse, im Rundfunk und im Fernsehen beider Länder gefunden. Es kann freilich nicht übersehen werden, daß es auch skeptische und ablehnende Stimmen gegeben hat; sie konnten aber die allgemeine Atmosphäre wohlwollender Zustimmung, die die öffentliche Meinung der Initiative der UNESCO-Kommissionen beider Länder entgegenbrachte, nicht beeinträchtigen.
Mit Befriedigung stellt die gemeinsame Kommission erste positive Auswirkungen ihrer Arbeit fest. Sie bestehen in Ergänzungen und Verbesserungen in einem Teil der Schulbücher in beiden Ländern.
Die Mitglieder der gemeinsamen Kommission geben der Hoffnung Ausdruck, daß die von ihr erarbeiteten Empfehlungen mit Hilfe der Kultusbehörden und der Unterstützung der öffentlichen Meinung in möglichst kurzer Zeit in die Schul- und Unterrichtspraxis eingeführt werden.
Die Kommission ist sich dessen bewußt, daß ihre Arbeit nicht nur für die Schul- und Unterrichtspraxis, sondern auch für die weitere Entwicklung auf dem Wege zu einem friedlichen Zusammenleben beider Länder von großer Bedeutung ist.

Empfehlungen

1. Slawen und Germanen im Altertum und frühen Mittelalter

Über die Entstehung der großen indoeuropäischen sprachlich-ethnischen Gruppen, u. a. die Germanen und Slawen, deren Urheimat und Wanderungen sowie die Ausbreitung der ostgermanischen Stämme gibt es verschiedene Hypothesen, und als solche sollten sie in den Schulbüchern gekennzeichnet werden.
Es steht fest, daß die Ostgermanen keine Vorfahren der deutschen Stämme waren. Der europäische Kulturkreis des Mittelalters ist das Ergebnis der Synthese mediterran-christlicher, germanischer und slawischer Kultur.

2. Die Entstehung der europäischen Staaten im Mittelalter

In der Zeit des Überganges vom Früh- und Hochmittelalter entfaltete sich die europäische Staatenwelt als das Ergebnis des Zerfalls des spätkarolingischen Imperiums und verschiedener Integrationsprozesse in anderen Gebieten Europas.
In dieser Zeit bildeten sich die staatlichen Institutionen in Frankreich, England, Deutschland, den skandinavischen Ländern, Polen, Böhmen, Ungarn und auf dem Boden der südslawischen Völker und der Kiewer Rus. Damals entstanden die gemeinsamen Züge der Verfassungsstrukturen und damit der Personenverband mit einer Dynastie an seiner Spitze sowie die kirchliche Organisation als Element der staatlichen Ordnung.

3. Das Kaisertum und die deutsch-polnischen Beziehungen im hohen Mittelalter

Die Institutionen des Imperiums enthielt die Konzeption von der Vorrangstellung des Kaisers. Als primus inter pares gilt er sowohl in Byzanz als auch im Westen als Oberhaupt einer symbolisch aufgefaßten Familie der Könige.
Seit Mitte des 11. Jahrhunderts begannen sich neue Vorstellungen von den zwischenstaatlichen Beziehungen zu entwickeln. Diese führten im 12. Jahrhundert zur Herausbildung der Konzeption von der staatlichen Souveränität.
Die lehnsrechtlichen Theorien von den Formen zwischenstaatlicher Beziehungen sollen ein Gegenstand weiterer Diskussionen sein. Jedenfalls bedeuteten die Lehnshuldigungen polnischer Fürsten gegenüber dem Kaiser nicht die Eingliederung Polens oder polnischer Teilfürstentümer in das deutsche Königreich. Sie waren nur die Anerkennung der kaiserlichen Prärogative.

4. Schlesien und Pommern in der Frühgeschichte Polens (X.–XIII. Jahrhundert)

In der Darstellung der Geschichte Schlesiens und Pommerns im X. bis XIII. Jh. gibt es Unterschiede in den Interpretationen der Grundfakten durch die polnische und deutsche Geschichtsschreibung; diese beruht auf zwei Prämissen:
Die deutsche Geschichtsschreibung hob die Fakten über die Beziehungen dieser Gebiete zum deutschen Königtum bzw. zum römischen Kaisertum und die Germanisierungsprozesse dieser Länder besonders hervor.
Die polnische Geschichtsschreibung hingegen betonte die Fakten, welche die Beziehungen Pommerns und Schlesiens zum polnischen Piastenstaat und die Kontinuität der ethnischen und kulturellen slawischen Komponenten betreffen, die sich in unterschiedlicher Stärke in manchen Gebietsteilen bis in die Gegenwart erhalten haben.
Die deutsche Geschichtsschreibung betrachtete die rechtlich-politischen Phänomene, die sich auf Schlesien und Pommern beziehen, vornehmlich aus der Sicht des westeuropäischen Lehnrechts. Die polnische Geschichtsschreibung hingegen deutete diese Er-

scheinungen meist mit den Kategorien des Patrimonialstaates, betrachtete die polnischen Gebiete als Eigentum der Piastendynastie und sah dabei die Lehnsbindung als zweitrangig an. Die verschiedenen Interpretationen der älteren deutschen bzw. der modernen westdeutschen und der polnischen Historiographie finden ihren Niederschlag in den voneinander abweichenden Darstellungen der Geschichte Schlesiens und Pommerns in den Lehrbüchern.

In den älteren deutschen und heutigen westdeutschen Lehrbüchern wird oft die Ansicht vertreten, daß Schlesien sich bereits im Jahre 1163 durch die Anerkennung der Lehnsabhängigkeit vom Kaisertum aus der polnischen politischen Gemeinschaft gelöst habe. Nach diesen Darstellungen sei eine schnelle Germanisierung Schlesiens und des dortigen Zweigs der Piastendynastie erfolgt. In den polnischen Büchern dagegen unterstreicht man die politische und kirchliche Bindung Schlesiens an den Patrimonialstaat der Piasten im Mittelalter. Die Trennung Schlesiens von der polnischen politischen Gemeinschaft wird auf die Jahre 1325/1348 datiert, und zwar im Zusammenhang mit dem Übergang der schlesischen Teilfürstentümer in den Hoheitsbereich der Könige von Böhmen.

In den deutschen Lehrbüchern wird die Einbeziehung Pommerns und Pommerellens in den polnischen Patrimonialstaat im allgemeinen nicht erwähnt. Dagegen unterstreicht man die frühere Lehnsabhängigkeit Pommerns vom Kaisertum und danach von Brandenburg. In den polnischen Lehrbüchern wird die Huldigung des pommerschen Fürsten Boguslaw I. gegenüber Kaiser Friedrich Barbarossa (1181) als eine Episode betrachtet. Man weist auf die Abhängigkeit Pommerns von Dänemark (1184) hin und wertet erst die Abhängigkeit von Brandenburg (1231) als Übergang dieses Gebietes in die mittelbare Reichshoheit. Man unterstreicht auch das Fortleben vieler slawischer Institutionen in diesem Gebiet, die den pommerschen Fürstentümern spezifische Züge im Vergleich zu den anderen Territorialstaaten des Reichs gegeben hatten.

Die hier skizzierten Interpretationen sollen in nächster Zukunft in einer weiterführenden wissenschaftlichen Diskussion analysiert werden.

5. Die mittelalterliche deutsche Siedlung im östlichen Mitteleuropa

Die deutsche Kolonisation im östlichen Mitteleuropa sollte als demographischer, wirtschaftlicher und sozialer Prozeß behandelt werden. Das Fortschreiten der sozialen und wirtschaftlichen Veränderungen in Oberitalien, der Provence und den Rheinlanden um die Wende vom 1. zum 2. Jahrtausend machte aus ihnen Ausstrahlungszentren neuer Arten der Produktion und des Handelns sowie neuer Rechtsformen für Stadt und Land. Alle europäischen Völker, darunter die slawischen und germanischen, schufen selbständig die Grundlagen, die ihnen die Übernahme neuer Kulturformen ermöglichten. Überall waren diese ein Faktor der Beschleunigung des wirtschaftlichen Wachstums und des Erblühens der mittelalterlichen Kultur. Die nach diesen Formen von den Herrschern und dem Grundadel auf westslawischem Gebiet gewährten Rechte und Freiheiten lockten neue Siedler aus dem Bereich des alten karolingischen Imperiums an. Diese Siedler spielten bei der wirtschaftlich-sozialen Umwandlung der westslawischen Länder vom 12. bis zum 14. Jahrhundert eine positive Rolle. Die Zahl der Siedler und der Umfang ihres Anteils an diesen Veränderungen läßt sich nicht vollständig klären. Das Übergewicht der Deutschen unter den Zuwanderern führte zur Entstehung des Terminus „deutsches Recht“ für die Umschreibung ihrer Freiheiten und Pflichten. Seit dem zweiten Viertel des 13. Jahrhunderts wurde dieses Recht auch einheimischen Siedlern gewährt. Infolgedessen war die Verbreitung des deutschen Rechts unverhältnismäßig viel größer als der Anteil der Deutschen an den wirtschaftlichen und gesellschaftlichen Veränderungen Polens im 13. und 14. Jahrhundert.

Die endgültige Bildung der deutschen Neustämme östlich der Elbe kam erst einige Jahrhunderte nach der mittelalterlichen deutschen Siedlung zum Abschluß.

6. *Polen und der Deutsche Orden*

In den polnischen Schulbüchern wird vor allem die säkular-staatliche und militärisch-expansive Rolle des Ordens hervorgehoben, in den westdeutschen seine zivilisatorische und missionarische Aufgabe betont.
Dieser Sachverhalt spiegelt zu einem guten Teil die grundsätzlich bzw. punktuell kontroverse Einschätzung des Deutschen Ordens wider, welche daher bei der Behandlung folgender wesentlicher Fakten der Ordensgeschichte zukünftig zu berücksichtigen ist:

1. Im 13. Jh. „Vorgang der Landnahme" (Rechtsgrundlagen, Eroberung des Preußenlands, Erwerb von Pommerellen);
2. „Ordensstaat" (geplante Landesherrschaft, Friede von Christburg, Missionsaufgabe);
3. Im 14. Jh. „Verhältnis zu Polen" (Pommerellen 1269–1343);
4. „Verhältnis zu Litauen";
5. „Hochmeisterstaat" (Land und Herrschaft);
6. Im 15. Jh. „Verhältnis zu Polen-Litauen" (Schlacht von Tannenberg/Grunwald – 1. Thorner Friede – 13jähriger Krieg – 2. Thorner Friede – Zerfall des Hochmeisterstaats – Städte und Adelsopposition);
7. „Nach 1466: Preußen königl. Anteils-Restordensstaat";
8. Im 16. Jh. „1525: Säkularisierung und Lehnsnahme".

Dieser Problemkomplex bedarf trotz gewisser Fortschritte, die auf der Konferenz in Thorn im September 1974 erzielt werden konnten, noch weiterer gründlicher Behandlung.

7. *Die kulturellen und konfessionellen deutsch-polnischen Beziehungen im Zeitalter der Renaissance und des Barock*

Der eigenständigen Entwicklung und Leistung der polnischen Kultur in der Renaissance und der Aufklärung sollte im Rahmen der Darstellung der Evolution des europäischen Geisteslebens durch Erwähnung in den Schulbüchern stärker als bisher Rechnung getragen werden. Hier wäre z.B. auch der Rolle von Copernicus als eines polnischen Reichsbürgers und Gelehrten von europäischem Rang zu gedenken.
Die Reformation, die sich in Polen in ihrer lutherischen Prägung Mitte des 16. Jahrhunderts entwickelt hat, kam aus Deutschland. Sie gewann vor allem Anhänger unter den Stadtbewohnern in Großpolen und in Preußen Königlichen Anteils. Unter der Herrschaft der polnischen Könige erfreuten sich diese Städte einer beachtlichen Autonomie auf dem Gebiet der städtischen Selbstverwaltung und genossen eine Reihe von Handelsprivilegien, die ihre wirtschaftliche Entwicklung ermöglichten. Mitte des 16. Jahrhunderts gewährte Sigismund II. August den Städten in Preußen Königlichen Anteils Religionsfreiheit, wodurch die Lutheraner die Möglichkeit erhielten, sowohl ihre eigenen Kirchen als auch ihre Schulen und Druckereien einzurichten.
Die im Königreich Polen herrschende nationale und religiöse Toleranz bedarf ebenso einer Berücksichtigung wie der besondere Charakter der polnischen Reformation, deren bestimmende geistig-intellektuelle Antriebe und politische Motivation vor dem Hintergrund der generellen geistlichen Erneuerung in den Schulbüchern nicht verschwiegen werden dürfen. Die Interdependenz, die von der Historiographie beider Länder erkannt worden ist, muß die bisherige Interpretation ablösen, es habe sich um einen einseitig von Westen nach Osten verlaufenden Kulturaustausch gehandelt.
Die Religionsfreiheit führte zur kulturellen Blüte in Preußen Königlichen Anteils im 16. Jahrhundert und in der ersten Hälfte des 17. Jahrhunderts. Zu dieser Zeit wirkten dort viele hervorragende Künstler, Schriftsteller und Wissenschaftler, die ihre Werke in polnischer, deutscher und lateinischer Sprache verfaßten. Besondere Anerkennung genossen sowohl in Polen als auch im Ausland vor allem die Gymnasien von Thorn und Dan-

zig. Im 17. Jahrhundert fand in Deutschland die in den Werken der Polnischen Brüder (Sozinianer) vertretene Konzeption der religiösen Toleranz weitere Verbreitung.
Aus Deutschland, aus dem von den Habsburgern beherrschten Schlesien und aus den Niederlanden strömten im 16. und 17. Jahrhundert Bürger und Bauern, die dort aus konfessionellen Gründen verfolgt worden waren, nach Polen (vor allem Lutheraner, in geringerer Zahl Mennoniten und Antitrinitarier). Sie erreichten in Großpolen und in Preußen Königlichen Anteils einen beachtlichen Wohlstand und leisteten ihren Beitrag zur wirtschaftlichen und kulturellen Entwicklung dieser Länder.
Der generelle Aufschwung dieser Gebiete wurde durch den Einfall der Schweden und Brandenburger, die Polen um die Mitte des 17. Jahrhunderts verwüsteten, unterbrochen. Der endgültige Erfolg der Gegenreformation in der Adelsrepublik bedingte die Übersiedlung von Protestanten aus Großpolen und Kleinpolen nach Danzig, Elbing, Thorn und anderen Städten Preußens Königlichen Anteils. Sie bewahrten der Republik Polen gegenüber volle Loyalität, weil die ihnen einst zugesprochene Konfessionsfreiheit und die städtische Selbstverwaltung weiterhin aufrechterhalten wurde.

8. Der polnische Staat im Zeitalter der Aufklärung

Die „polnische Kultur" der Adelsrepublik hatte ihre Ausstrahlungskraft auf die ständische Politik in ihrem Widerstand gegen die absolutistische Krongewalt in Preußen, Kurland und Livland. Umgekehrt hat das Problem einer Stärkung der Krongewalt im Reformdenken der späten Adelsrepublik – zumal unter August dem Starken – eine wichtige Rolle gespielt. Doch wurden die Chancen dafür seit dem Beginn der offenen Einmischungspolitik der großen Nachbarn (1717/21) und der Festigung ihrer Allianz in der polnischen Frage (1735) immer geringer.
Die Teilungen Polens fallen in eine Zeit, da in diesem Land, insbesondere seit dem Regierungsbeginn von Stanislaw August Poniatowski, positive Veränderungen auf dem Gebiet der Staatsordnung, der Wirtschaft, der Kultur und der sozialen Verhältnisse in Gang kamen. Besonders verdienen unter den Staatsreformen die Reformen des Sejms 1764 sowie die Reformen des Großen Sejms 1788 bis 1792, vor allem aber die Verfassung vom 3. Mai 1791 Beachtung, denn diese Reformen haben die politische Struktur der Adelspolitik in eine gut durchorganisierte konstituionelle Monarchie verwandelt.
Es muß unterstrichen werden, daß Polen während der Aufklärung einer der aktivsten Brennpunkte der europäischen Kultur war; die in Polen verwirklichten Reformen auf dem Gebiet des Schulwesens (Szkola Rycersk/Ritterschule 1765, Komisja Edukacji Narodowej/Nationale Ducations-Kommission 1773) waren Pionierleistungen.
Nach den neuesten Ergebnissen der historischen Forschung beider Seiten spielte dabei Stanislaw August Poniatowski eine große Rolle. Er war ein König von ausgeprägter politischer Individualität. Jedenfalls haben die durch russisch-preußisch-österreichische Gewaltpolitik erstickten Reformen als große politische Leistung der polnischen Aufklärung auf das politische Denken und auf liberale reformerische Ansätze in Deutschland und Europa gewirkt.

9. Preußen und die Teilung Polens

Das konsequente Streben der brandenburgischen Hohenzollern führte dazu, daß das von Polen abhängige Preußen in ihre Hände (1618) überging, und zwar als Lehen der Krone Polen. 1657 errangen die Hohenzollern im Herzogtum Preußen die Souveränität, und 1701 wurde Kurfürst Friedrich III. als Friedrich I. zum König in Preußen gekrönt. Parallel dazu liefen die Bemühungen um die Landverbindung zwischen Brandenburg und dem Herzogtum Preußen. Diese Territoriale Vereinigung erreichte Friedrich II., indem er die günstige politische Lage in Europa ausnutzte und das Zustandekommen der Ersten Teilung Polens förderte (1772). Der Teilungsvertrag war für Preu-

ßen von grundlegender politischer Bedeutung, und die Teilnahme Preußens an den folgenden Teilungen Polens war die Konsequenz zielbewußter hohenzollernscher Machtpolitik.
Bei der Behandlung der Teilungen Polens sind neben den vordergründigen politischen Motiven auch die sozialen und ökonomischen Momente sowie die strategischen Überlegungen aller Teilungsmächte zu berücksichtigen.

10. Der Kampf des polnischen Volkes um Freiheit und Unabhängigkeit

Das polnische Volk hat sich nach dem Verlust der Eigenstaatlichkeit in keinem der drei Teilungsgebiete mit der Tatsache der Teilung abgefunden; es hat vielmehr den Kampf um Freiheit und Unabhängigkeit aufgenommen.
Dieser Kampf begann mit dem Aufstand Kosciuszkos (1794) und fand mit der Aufstellung militärischer Verbände an der Seite des napoleonischen Frankreich (Polnische Legionen) seine Fortsetzung. Das Lied der Legionen „Noch ist Polen nicht verloren" wurde die Nationalhymne Polens. Ein Ergebnis der Teilnahme polnischer Legionen an den Feldzügen Napoleons war die Gründung des Herzogtums Warschau im Jahre 1807, der Keimzelle eines polnischen Staates. Das Herzogtum Warschau war ein Bestandteil des napoleonischen Staatensystems und durch die Personalunion mit dem Königreich Sachsen de facto ein Glied des Rheinbundes.
Der Wiener Kongreß hatte die polnische Frage nicht zur Zufriedenheit des polnischen Volkes gelöst. Statt ein unabhängiges Polen zu gründen, vereinigte man ein Großteil des Herzogtums Warschau mit einem Teil des ehemaligen russischen Teilungsgebietes zum Königreich Polen, in dem der Zar als polnischer König regierte. Der Westteil des Herzogtums Warschau wurde als Großherzogtum Posen mit der Krone Preußens vereinigt.
Die nächste Phase im Kampf des polnischen Volkes bildete die Gründung von zivilen und militärischen Untergrundorganisationen zunächst im Lande, dann auch in europäischen Staaten, u.a. auf dem Territorium des Deutschen Bundes, die sich die Beseitigung der auf dem Wiener Kongreß geschaffenen reaktionären Ordnung zum Ziel setzten.
Der Aufstand im Königreich Polen (Nov. 1830/Okt. 1831) brach aus, weil die russische Regierung die Verfassung von 1815 nicht einhielt und versuchte, die polnische Armee gegen revolutionäre Bewegungen in Europa (Belgien) einzusetzen. Der Novemberaufstand war einer der Faktoren, die den Sieg der französischen Julirevolution ermöglichten. Infolge der Niederwerfung des Novemberaufstandes wurde das Königreich Polen faktisch beseitigt.
Der Krakauer Aufstand 1846 und die Bewegung in Posen eröffneten den europäischen „Völkerfrühling". Zwei Jahre danach brach die Revolution im Großherzogtum Posen, in Krakau und in Galizien aus. Nach ihrer militärischen Niederwerfung verschlechterte sich die Lage der polnischen Nation und der liberalen Kräfte in Europa.
Der Widerstand gegen die Russifizierungspolitik des Zarenreiches und der Kampf um Unabhängigkeit führten erneut zum nationalen Aufstand – dem Januaraufstand 1863. Die Erhebung wurde durch die polnische Gesellschaft im Königreich Polen und in den anderen Teilungsgebieten sowie unter Mitwirkung der polnischen Emigration vorbereitet. Eine Folge der Niederlage war das Anwachsen des Terrors und der Unterdrükkung (Verhaftungen, Deportationen nach Sibirien, Konfiskationen, verstärkte Russifizierungspolitik). Die bewaffnete Erhebung hatte aber auch auf lange Sicht positive ökonomische und soziale Veränderungen zur Folge.

11. Der Einfluß des polnischen Freiheitskampfes auf Deutschland

Die polnische Frage besaß nicht nur einen nationalen, sondern auch einen internationalen Aspekt.

Die freiheitlich-liberalen Kräfte Polens und anderer Völker erstrebten gemeinsam neue gerechte soziale und politische Verhältnisse. Besonders deutlich wurde dieses Streben bei der Zusammenarbeit der liberalen und demokratischen Strömungen in Polen und Deutschland. Die ersten Symptome einer solchen Zusammenarbeit wurden bereits in den 20er Jahren des 19. Jahrhunderts spürbar, besonders unter der studentischen Jugend. Es wurden bereits damals Kontakte zwischen Studentengruppen in Warschau, Krakau, Wilna einerseits und Burschenschaften in Berlin, Breslau, Königsberg, Heidelberg und Marburg andererseits geknüpft. In Berlin und Breslau gab es sogar gemeinsame deutsch-polnische Studentenbünde.
Die Vertreter der jungen Generation in Deutschland gaben 1830 ihrer Sympathie für das kämpfende polnische Volk offen Ausdruck, sie organisierten nicht allein Solidaritätskundgebungen, sondern nahmen auch als Ärzte und Sanitäter an dem Aufstand teil. Die Aufständischen, deren Weg in die Emigration durch Deutschland führte, wurden hier herzlich empfangen. In vielen Städten entstanden Polenvereine. Sie förderten die Annäherung führender Persönlichkeiten der liberalen und demokratischen Bewegung in Polen und Deutschland, die materielle Hilfe für die polnische Bewegung und trugen nicht zuletzt zu der Popularisierung der polnischen Frage in der Dichtung (Polenlieder), Publizistik und wissenschaftlichen Literatur bei.
Die Polenfrage wurde so zu einem Kristallisationspunkt der liberalen Opposition in Deutschland. Die von den Polen propagierte Kampfparole „Für Eure Freiheit, für unsere Freiheit!" spiegelte sich u.a. in der Gründung des „Jungen Europa" wider. Die Verhaftung der führenden Persönlichkeiten der polnischen Geheimbünde in Posen 1846 und der Polenprozeß des Jahres 1847 steigerten das Interesse der öffentlichen Meinung Deutschlands an der polnischen Frage; sie förderten die revolutionäre Stimmung in Preußen. Im Jahre 1848 nahmen Polen an den revolutionären Kämpfen in Deutschland teil.
In den Jahren 1848/49 kam es zu einer Neubewegung der polnischen Frage durch die Liberalen in Deutschland. In der Polendebatte der Frankfurter Nationalversammlung entfernte sich ihre Mehrheit von ihren bisherigen propolnischen Sympathien.
Die relativ kleine demokratische Partei in der Frankfurter Nationalversammlung beharrte dagegen auf ihrer konsequenten Stellungnahme zugunsten der Rechte des polnischen Volkes auf einen freien und unabhängigen Staat. Das galt vor allem für die Anhänger der von Karl Marx redigierten „Neuen Rheinischen Zeitung".
Der Kampf für die Freiheit und für die Rechte des polnischen Volkes wurde in den 60er und 70er Jahren von der jungen deutschen Arbeiterbewegung fortgesetzt. Ihre führenden Persönlichkeiten vertraten in Reden und Schriften diesen offiziellen Standpunkt der Sozialdemokratischen Partei Deutschlands.
Die Gründung der I. Internationale ist mit der polnischen Frage eng verbunden. Die Internationale wurde 1864 in London auf einer Gedenk- und Solidaritätskundgebung für den polnischen Januar-Aufstand gegründet. Karl Marx nahm an dieser Kundgebung und an der Gründung der Internationale maßgeblich Anteil.

12. *Industrialisierung*

Bei der Behandlung der Industrialisierung im 19. Jahrhundert sollte berücksichtigt werden, daß der Aufbau der Schwerindustrie im Ruhrgebiet nur durch den Zustrom deutscher und polnischer Arbeiterbevölkerung aus den östlichen Provinzen des preußischen Staates möglich war. Dadurch erhielten einige Städte des Ruhrgebietes z.B. Bochum, Herne, Gelsenkirchen starke polnische Bevölkerungsteile. Ihre Mitwirkung am Aufbau der Industrie und am Ausbau der Städte ist erheblich.
Als ein Gegenstück sollte der Aufbau der Textilindustrie in Lodz und Umgebung behandelt werden, der in der ersten Hälfte des Jahrhunderts durch deutsche Tuchmacher und Weber aus den preußischen Ostprovinzen begonnen und z.T. durch deutsche Fa-

brikanten aus Westdeutschland fortgesetzt wurden. Dadurch hatte die polnische Industriestadt Lodz einen starken deutschen Bevölkerungsanteil, der sowohl im Bürgertum wie in der Arbeiterbewegung (SDKPiL) eine Rolle spielte.

13. Polenpolitik

Bei der Behandlung des Deutschen Kaiserreiches sollten die Polenpolitik Bismarcks und der Volkstumskampf, vor allem in den Provinzen Posen und Westpreußen, berücksichtigt werden. Bei der Polenpolitik sollte – vom Kulturkampf ausgehend – auf die verschiedenen restriktiven Maßnahmen wie die Einstellung des polnischen Unterrichts, die Ausweisung nichtpreußischer Staatsbürger sowie auf die Ansiedlungspolitik hingewiesen werden. Dabei sollte deutlich werden, daß die Polenpolitik unter Bismarcks Nachfolgern zwar Schwankungen unterlag, im ganzen aber doch eine Zurückdrängung des polnischen und eine Stärkung des deutschen Bevölkerungsanteils mit verschiedenen Mitteln anstrebte. Der Erfolg blieb jedoch aus; der deutsche Bevölkerungsanteil ging kontinuierlich zurück. In diesem Zusammenhang sollte auch die polnische Nationalbewegung in Oberschlesien behandelt werden.

14. Der Erste Weltkrieg und die deutsch-polnischen Beziehungen

Der Erste Weltkrieg war der erste große Krieg, in dem die drei Teilungsmächte sich als Feinde gegenüberstanden. Damit eröffnete sich für die Polen die Aussicht, die Freiheit und Unabhängigkeit ihres Staates wiederherzustellen. Die polnische Nationalbewegung war über den Weg, auf dem dieses Ziel erreicht werden sollte, nicht einig. Die Nationaldemokraten neigten dazu, in der gegebenen Situation mit dem Zarenreich, dem Alliierten Frankreichs, zusammenzugehen, um eine Vereinigung aller polnischen Teilungsgebiete zu erreichen. Andere Gruppen und Persönlichkeiten – darunter Pilsudki – waren der Ansicht, daß man die Freiheit Polens im Bunde mit den Mittelmächten, vor allem mit Österreich-Ungarn verwirklichen sollte, denn die k. u. k. Monarchie hatte im Zusammenhang mit dem österreichisch-ungarischen Ausgleich von 1867 Galizien eine weitgehende Autonomie zugestanden. Der linke Flügel der Arbeiterbewegung hoffte auf einen revolutionären Zusammenbruch aller Teilungsmächte.
Am 5. November 1916 proklamierten die Kaiser Franz Josef und Wilhelm II., von der militärischen Führung, besonders General Ludendorff, dazu gedrängt, feierlich ein neues Königreich Polen. Dabei dachten die Mittelmächte nicht daran, ihre von Polen bewohnten Gebiete dem vorgesehenen neuen polnischen Staat abzutreten. Vielmehr forderten einflußreiche deutsche Kreise aus strategischen Gründen die Abtrennung eines von der Ostspitze Oberschlesiens bis zum Ostrand Ostpreußens reichenden Grenzstreifens an Deutschland, aus dem sie die polnischen Bewohner auszusiedeln gedachten. Die Proklamation vom 5. November 1916 täuschte die Absicht vor, im Kampf gegen den Zarismus dem Freiheitsverlangen des polnischen Volkes entgegenzukommen. In Wahrheit sollte diese Aktion polnische Soldaten liefern und das neue Polen, über dessen künftige Grenzen nichts gesagt wurde, zu einem Teil des deutscherseits angestrebten Gürtels von Satellitenstaaten zu machen, durch dessen Schaffung Rußland möglichst weit nach Osten zurückgedrängt werden sollte. Die Proklamation fand daher beim polnischen Volk auf die Dauer keine Resonanz und erwies sich vom Standpunkt ihrer Urheber als Fehlschlag. Die Friedensschlüsse von Brest-Litowsk (1918) bestätigten die polnischen Befürchtungen.

15. Die Oktoberrevolution und Polen

Solange Rußland der Kriegskoalition der Ententemächte angehörte, scheuten sich seine westlichen Alliierten, eine verbindliche Erklärung über die vom ganzen polnischen

Volk geforderte Wiedererrichtung eines polnischen Staates abzugeben. Insofern war die Lage der Polen grundlegend anders als die der Tschechen. Während die tschechischen Exilpolitiker seit 1915 mit der Unterstützung der Ententemächte rechnen konnten, die Länder der böhmischen Krone aus dem feindlichen österreichisch-ungarischen Staatsverband auszugliedern, schufen erst die Oktoberrevolution und das Ausscheiden Rußlands aus der alliierten Kriegskoalition die Voraussetzung für die Anerkennung der nationalen Selbständigkeitsbestrebungen der Polen durch die Alliierten.

Die Oktoberrevolution war für die Wiedererstehung des polnischen Staates in doppelter Hinsicht von Bedeutung:

Die Bolschewiki und Lenin erklärten sich aufgrund ihrer prinzipiellen Nationalitätenpolitik für ein unabhängiges Polen. Diese Entscheidung hatte 1917/18 vor allem psychologisch-propagandistische Bedeutung, da Polen außerhalb des Machtbereichs der Bolschewiki lag. Nach dem „Dekret über den Frieden" des Rates der Volkskommissare und nach Abschluß des Waffenstillstandes mit dem Deutschen Reich schied Rußland endgültig aus der Entente aus. Für die Westmächte waren damit die Voraussetzungen gegeben, die Unabhängigkeitsbestrebungen der Polen, die im Westen im wesentlichen von Vertretern der Nationaldemokratie betrieben wurden, anzuerkennen und zu fördern.

Die ausdrückliche Berücksichtigung der polnischen Forderungen in den 14 Punkten Wilsons, deren Proklamation im Januar 1918 auch eine Reaktion auf die Oktoberrevolution darstellt, erklärt sich nicht zuletzt aus dieser Situation.

Nach dem Ausbruch des russischen Bürgerkrieges war keine der Bürgerkriegs-Parteien in der Lage, in Polen aktiv zu werden. Dem Versuch der Bolschewiki, in Litauen – Weißrußland (Sowjetrepublik Litbel) und in der Ukraine revolutionär die Macht zu ergreifen, war nur vorübergehend Erfolg beschieden; erst in der zweiten Hälfte des Jahres 1919 waren die Ukraine und Weißrußland im Machtbereich der Sowjetregierung. Die sogenannten Weißen Regierungen und Machthaber, die die Förderung der Entente erhielten, waren zu keinem Zeitpunkt imstande, die russische Herrschaft über Polen wiederherzustellen.

Der russische Bürgerkrieg, der in den umkämpften Gebieten östlich des Bug zeitweilig ein Machtvakuum schuf, war dagegen für die Frage der polnischen Ostgrenze, vor allem für das Problem der Zugehörigkeit der ukrainischen Territorien, von größter Bedeutung.

16. Der Zusammenbruch der Mittelmächte und die deutsch-polnischen Beziehungen

Erst der militärische Zusammenbruch der Mittelmächte und die Auswirkungen der Novemberrevolution von 1918 in Deutschland schufen die Voraussetzungen für die Proklamierung des souveränen polnischen Staates.

Die militärische Niederlage Deutschlands mit ihrer Konsequenz der Annahme von Wilsons 14 Punkten durch das Waffenstillstandsangebot schloß ein, daß das Deutsche Reich gezwungen war, die Schaffung eines unabhängigen polnischen Staates zu akzeptieren. Obwohl der Rat der Volksbeauftragten, die revolutionäre Übergangsregierung, sich dieser Einsicht nicht verschloß, bemühte er sich, die Einheit des Reiches soweit wie irgend möglich zu wahren und in diesem Sinne die territorialen Verluste so gering wie möglich zu halten.

Daher war es von großer Bedeutung für die Formulierung eines unabhängigen polnischen Staates, daß der Posener Aufstand für einen Teil der von Polen beanspruchten Gebiete vollendete Tatsachen schuf, noch ehe die Pariser Friedenskonferenz mit der Behandlung der Grenzfragen begann. Während die überwiegend von Polen beherrschten Arbeiter- und Soldaten-Räte im Posener Land den Aufstand und die Loslösung vom Deutschen Reich unterstützten, bildeten die deutschen Arbeiter- und Soldaten-Räte in den östlichen Grenzgebieten eine im allgemeinen zuverlässige Stütze der Reichsregierung.

Die polnische Delegation bei der Pariser Friedenskonferenz verlangte im Westen Polens im wesentlichen die Wiederherstellung der Grenze von 1772 sowie aus ethnischen Gründen die Eingliederung von ganz Oberschlesien und des südlichen Teils von Ostpreußen, die vor der Ersten Teilung nicht zum polnischen Staatsverband gehört hatten. Aufgrund des deutschen Einspruchs, der Unterstützung der britischen und der Bedenken der amerikanischen Regierung beschloß die Pariser Friedenskonferenz, im südlichen Ostpreußen, in Teilen Westpreußens und in Oberschlesien durch Volksabstimmungen über die künftige staatliche Zugehörigkeit dieser Gebiete entscheiden zu lassen. Gleichzeitig wurde festgelegt, in Erfüllung des 13. Punktes der Wilsonschen Proklamation für Polen den ungehinderten Zugang zur Ostsee sicherzustellen. Danzig wurde mit dem Gebiet der Weichselmündung zur Freien Stadt erklärt. Durch diese Grenzregelungen ging die Landverbindung zwischen Ostpreußen und dem übrigen deutschen Staatsgebiet verloren; ein 1920 gemäß dem Versailler Vertrag abgeschlossenes Transitabkommen regelte die Verkehrsverbindungen.

Der Versailler Vertrag bildete die völkerrechtliche Grundlage für den Bestand des polnischen Staates. Er stellte Polen in den Grenzen von 1772 im Westen weitgehend wieder her. In der deutschen Öffentlichkeit wurden die Abtretungen als untragbarer Verlust deutschen „Volksbodens" betrachtet und eine Gefährdung der deutschen Ernährungsbasis befürchtet.

Die Auseinandersetzung um die Zukunft Oberschlesiens wurde noch dadurch verschärft, daß neben den nationalen Spannungen auch wirtschaftliche Interessen (Erhaltung der oberschlesischen Montanindustrie für Deutschland) eine gewichtige Rolle spielten. Insgesamt zeigten in den Revolutionsmonaten in Deutschland nur kleine, politisch einflußlose Gruppen und einzelne Persönlichkeiten Verständnis für Haltung und Forderungen der Polen.

Dem wiedererstandenen polnischen Staat gelang es, aus ehemaligen Teilungsgebieten in kurzer Zeit ein einheitliches Wirtschafts- und Verwaltungssystem aufzubauen. Das Problem der nationalen Minderheiten sowie weitgehende soziale Differenzierungen und Spannungen erschwerten diesen Prozeß wesentlich. Im Laufe von 20 Jahren wurden wirtschaftliche Fortschritte erzielt, eine einheitliche Gesetzgebung und gut funktionierende Verwaltung geschaffen und ein reges kulturelles Leben gefördert.

17. Grenzfragen

Oberschlesien war vor der Industrialisierung ein im wesentlichen von Polen besiedeltes Agrargebiet. Die Industrialisierung bewirkte eine tiefgreifende Umgestaltung der sozialen, demographischen und ethnischen Verhältnissen, wodurch eine Zuspitzung der nationalen Gegensätze begünstigt wurde. Vor 1914 war die Mehrheit der bäuerlichen Landbevölkerung polnisch-sprachig und – wie die Arbeiter – bei allem schlesischen Regionalbewußtsein im wachsenden Maße polnisch gesinnt; dagegen waren die Großgrundbesitzer Deutsche. Teile der polnischen Bevölkerung hatten eine preußische Staatsgesinnung, die von der ethnischen Zugehörigkeit unabhängig war. Die deutsche Bevölkerung konzentrierte sich vor allem in den kleineren und mittleren Städten.

Die Industrialisierung förderte die Landflucht in Oberschlesien, Kongreßpolen sowie in anderen Landesteilen. In den rasch aufblühenden Städten des Reviers lebten Polen aus Oberschlesien und Galizien sowie Deutsche aus Schlesien und anderen Gebieten des Reichs. Der nationale Gegensatz zwischen Polen und Deutschen wurde im Revier durch soziale Spannungen noch verschärft. Die polnisch-sprachige Bevölkerung stellte die Masse der Arbeiterschaft, wogegen die leitenden Posten in der Industrie und Verwaltung meistens mit Deutschen besetzt waren. Trotz dieses nationalen und sozialen

Gegensatzes gab es zwischen Polen und Deutschen zahlreiche Gemeinsamkeiten. So fanden sich z.B. polnische und deutsche Arbeiter in den freien Gewerkschaften, in der sozialdemokratischen Partei und in den Kulturorganisationen der Arbeiterbewegung zusammen; dasselbe gilt in noch stärkerem Maß von der Zentrumspartei und katholischen Vereinen.

Obwohl die nationale Frage in der deutschen Sozialdemokratie, im Gegensatz zur österreichischen Arbeiterbewegung nur eine untergeordnete Rolle spielte, förderte die SPD polnisch-sprachige Arbeiterzeitungen, um die polnische Arbeiterschaft für ihre Ziele zu gewinnen.

Die Germanisierungspolitik förderte auch in Oberschlesien das Erwachen und die Festigung der polnischen Nationalbewegung. Oberschlesien entsandte auch polnische Abgeordnete in den Deutschen Reichstag, unter ihnen Wojciech Korfanty, der zur Symbolgestalt der polnischen Bewegung in Oberschlesien wurde.

Der Kriegsausgang und die Erneuerung eines polnischen Staates verschärften die nationalen Spannungen in Oberschlesien. Ein großer Teil der polnischen Bevölkerung erstrebte nun den Anschluß an die polnische Republik, wogegen die deutsche Bevölkerung ihre Verbundenheit mit dem Reich betonte. Viele Anhänger der Arbeiterbewegung setzten sich für einen Verbleib Oberschlesiens bei Deutschland ein. Mit der Annahme des Versailler Vertrages, der Errichtung eines interalliierten Besatzungsregimes in Oberschlesien und der Vorbereitung für die Volksabstimmung verschärften sich die nationalen Spannungen auf das Äußerste. Während der drei schlesischen Aufstände (1919/20/21), die vom polnischen Staat unterstützt wurden und vollendete Tatsachen schaffen sollten, kam es zu einer Art Kriegszustand, der die Beziehungen beider Völker nachhaltig beeinflußte.

Die nationalen Auseinandersetzungen in Oberschlesien haben nicht zuletzt zu der Entstehung und zu dem geschichtlichen Mythos eines überspitzten deutschen Nationalismus beigetragen.

Die Abstimmung im März 1921 entsprach ungefähr den genannten Gegebenheiten: die Landbevölkerung stimmte mehrheitlich für Polen, während die Städte des Industriereviers Mehrheiten für Deutschland aufwiesen. Dabei muß freilich berücksichtigt werden, daß die im Vertrag vorgesehene und vom Reich geförderte Beteiligung von Oberschlesiern aus dem Reich (ca. 200 000 der insgesamt 1 185 000 abgegebenen Stimmen) das Abstimmungsergebnis beeinflußte; es belief sich auf ca. 60 Prozent für Deutschland und 40 Prozent für Polen. Die folgende Teilung des Gebietes, auf die auch noch der dritte schlesische Aufstand einwirkte, wurde jedoch auch von anderen Gesichtspunkten bestimmt: dem Interesse an zusammenhängende Territorien mit verkehrstechnisch vertretbaren Grenzen und dem Verlangen der Alliierten nach Aufteilung des Industriegebietes auf beide Staaten. Im Ergebnis blieben also Deutsche in Polen und Polen in Deutschland. Die Teilung des Industriegebietes brachte für die Bevölkerung Erschwernisse, die durch die 15 Jahre (1922 bis 1937) für das ehemalige Abstimmungsgebiet geltende Genfer Konvention von 1922 abgemildert wurden.

Die Errichtung der Freien Stadt *Danzig* war das Ergebnis internationaler Auseinandersetzungen. Während Frankreich Danzig und die Weichselmündung Polen angliedern wollte, forderte Großbritannien die Kompromißlösung einer Freien Stadt unter Völkerbundkontrolle. Diese Regelung konnte weder die Polen noch die Deutschen befriedigen. Für die Polen war – vorwiegend aus wirtschaftlichen Gründen – der Besitz eines Hafens an der Ostsee und die Kontrolle der Weichselmündung von entscheidender Bedeutung. Die Deutschen sahen in der Abtrennung einer überwiegend von Deutschen bewohnten Stadt einen Bruch des Selbstbestimmungsrechtes der Völker. Das Problem Danzig und das des sogenannten polnischen Korridors haben nachhaltig zur Vergiftung der Atmosphäre zwischen Deutschland und Polen beigetragen.

Bei den Abstimmungen in *Ost-* und *Westpreußen* fiel entscheidend ins Gewicht, daß sich die große Mehrheit der Bevölkerung aufgrund der staatlichen Tradition und teil-

weise auch der Konfession (Masuren) trotz ethnischer und sprachlicher Unterschiede dem preußischen Staat zugehörig fühlte.
Während die alliierten Kontrollmächte in Oberschlesien eine die Polen begünstigende Haltung einnahmen, verhielten sie sich in den Abstimmungsgebieten Ost- und Westpreußens eher deutschfreundlich.
Auch der Zeitpunkt der Abstimmung im Juli 1920 während der sowjetischen Gegenoffensive, die den polnischen Staat gefährdete und schwächte, beeinflußte das Ergebnis (in beiden Gebieten über 90 Prozent der Stimmen für einen Verbleib in Preußen).

18. Das polnisch-deutsche Verhältnis in der Weimarer Republik

Das deutsch-polnische Verhältnis in der Weimarer Zeit stellt einen Tiefpunkt der beiderseitigen Beziehungen dar. Dies gilt nicht nur für den politischen, sondern auch für den wirtschaftlichen („Zollkrieg") und insbesondere für den kulturellen Bereich. Zu keinem anderen Nachbarn waren die Beziehungen in jeder Hinsicht durchgehend ähnlich schlecht wie zu Polen. Deutscherseits sind die Gründe dafür darin zu sehen, daß Polen als Exponent und Nutznießer des Versailler Vertrages erschien, dessen Revision gerade hinsichtlich der territorialen Bestimmungen gegenüber Polen von allen Parteien angestrebt wurde. Auch die deutsche Linke, die traditionellerweise Sympathien für Polen hatte, teilte diese Einstellung. Polnischerseits betrachtete man den deutschen Revisionismus als Bedrohung der Lebensfähigkeit des polnischen Staates. Darin waren sich alle politischen Kräfte Polens einig. Polnische Versuche in den Jahren 1927/28, diesen Gegensatz zu mildern, blieben angesichts dieser grundsätzlichen Diskrepanz ohne Erfolg. Dabei spielte auch die internationale Konstellation eine entscheidende Rolle. Die polnische Außenpolitik mußte sich auf das Bündnis mit Frankreich stützen, da ein funktionsfähiges Sicherheitssystem in Ostmitteleuropa nicht zustande kam. Auf die Deutschen, die von einer Einkreisungsfurcht beherrscht waren, wirkte das polnisch-französische Bündnis als eine potentielle Bedrohung, auf die Polen in ähnlicher Weise der Vertrag von Rapallo (1920). Unter diesen Voraussetzungen mußten die Verträge von Locarno von den Polen um so mehr als eine Gefahr betrachtet werden, weil Polen darin eine Ermutigung revisionistischer Tendenzen in Deutschland sah. In der Atmosphäre gegenseitigen Mißtrauens gelang auch eine befriedigende Regelung der beiderseitigen Minderheitenprobleme nicht. Nach dem Staatsstreich Pilsudskis im Mai 1926 kam es zwar zu einer zeitweiligen Entspannung des deutsch-polnischen Verhältnisses, jedoch betrachteten die demokratischen Kräfte Deutschlands das autoritäre Regime in Polen mit Vorbehalten.

19. Zu den deutsch-polnischen Beziehungen 1933 bis 1939

Während die deutsche Politik der Jahre 1930/32 in Polen als Verschärfung des revisionistischen Kurses betrachtet wurde, verbannte die polnische Regierung den Charakter des im Gefolge der Weltwirtschaftskrise aufsteigenden Nationalsozialismus und die außenpolitischen Konsequenzen der Machtergreifung Hitlers.
Bei der polnisch-deutschen Nichtangriffserklärung von 1934 handelte es sich nicht um einen „Freundschaftspakt". Die Unterzeichnung des Abkommens hat es jedoch der nationalsozialistischen Regierung erleichtert, sich als europäischen „Ordnungsfaktor" und „Friedensstifter" hinzustellen. Polen hoffte, durch diese Erklärung das Deutsche Reich an sich zu binden, um eine Annäherung Deutschlands an die Westmächte, die auf Kosten Polens gegangen wäre, zu erschweren. Ein zweites Motiv der polnischen Seite war der Versuch, durch die Nichtangriffserklärung eine stärkere Hinwendung der Sowjetunion nach Europa zu unterbinden.
Da es Hitler nicht gelang, Polen in einen Satellitenstaat zu verwandeln, war er 1939 zu

einer kriegerischen Lösung entschlossen. Die Danziger Frage war für ihn nur ein Vorwand. Polen hatte unter diesen Umständen nur die Wahl, auf seine Eigenständigkeit zu verzichten oder sich zur Wehr zu setzen.

20. Die nationalsozialistische Besatzungspolitik und der Widerstand im Zweiten Weltkrieg

Bei der Behandlung des Zweiten Weltkriegs sollten die nationalsozialistische Besatzungspolitik und ihre Konsequenzen für das polnische Volk hinreichend dargestellt werden. Es sollte deutlich werden, daß die Politik des Hitler-Regimes nicht nur die Auslöschung des polnischen Staates zum Ziel hatte, sondern daß sie auch die Ausrottung der polnischen Intelligenz und Kultur, die Unterdrückung des polnischen Volkes und die Umwandlung Polens in einen Kolonialraum anstrebte. Es sollten sowohl diese Tatsache als auch der Kampf der polnischen Streitkräfte, die den Fortbestand des polnischen Staates symbolisierten, und die Aktivität der polnischen Widerstandsbewegung, insbesondere die Erhebung des Warschauer Gettos und der Warschauer Aufstand gewürdigt werden. Es ist zu begrüßen, daß in polnischen Schulbüchern zwischen Deutschen und „Hitlerfaschisten" unterschieden wird, und es wäre zu wünschen, daß die deutsche Widerstandsbewegung, wie die polnische, als ein Glied der großen europäischen Widerstandsbewegung ausführlicher berücksichtigt wird. Zur Ergänzung der Empfehlungen 19 und 20 werden die zahlreichen schwierigen Probleme der deutsch-polnischen Beziehungen in den Jahren 1933–45 in gemeinsamen Konferenzen und Symposien von 1977 an erörtert werden.

21. Territoriale Veränderungen

Die deutsch-polnische Grenzregelung nach dem Zweiten Weltkrieg ist im Zusammenhang der allgemeinen Territorial- und Grenzveränderungen als Ergebnis des Krieges zu betrachten. In den alliierten Kriegskonferenzen von Moskau, Teheran und Jalta spielte die Frage der polnischen Westgrenze eine bedeutende Rolle. Die unterschiedlichen Auffassungen bezüglich des Ausmaßes der neuen polnischen Westgebiete waren unter den Alliierten vor der Potsdamer Konferenz nicht beizulegen. Vor Konferenzbeginn war jedoch die staatliche Hoheitsgewalt de facto bereits den polnischen Behörden übertragen worden. Die Anerkennung der polnischen Administration durch die Westalliierten bedeutete nach deren Auffassung mit zunehmendem zeitlichen Abstand von der Konferenz noch keine völkerrechtlich definitive Anerkennung der Grenzlinie. Mit der gleichzeitigen Einigung über die Art. XIII (Transfer der deutschen Bevölkerung) und der Aufstellung eines Aufnahmeplans des Alliierten Kontrollrates in Deutschland im November 1945 wurde aber von den Alliierten selbst präjudiziert, daß es sich bei der polnischen Administration der ehemals deutschen Gebiete nicht um ein revidierbares Provisorium handeln könne.
Das Staatsgebiet Polens, das sich 1939 auf ca. 389000 km² belaufen hatte, umfaßt in der Konsequenz der Grenzveränderungen ca. 312000 km². Vom Territorium des ehemaligen Deutschen Reiches, 1937 mit einer Fläche von ca. 470000 km², gingen mit den Oder-Neiße-Gebieten ca. 102000 km² (zusätzlich ca. 2000 km² der ehemaligen Freien Stadt Danzig) an den polnischen Staat über.
Die Regierung der Deutschen Demokratischen Republik erkannte im Görlitzer Vertrag 1950 die Oder-Neiße-Linie gemäß den Potsdamer Beschlüssen als endgültige Grenze gegenüber der Volksrepublik Polen an. In der Zeit des Kalten Krieges bis zur Mitte der fünfziger Jahre verschärften sich die unterschiedlichen Auslegungen der Potsdamer Beschlüsse. Mit dem Beginn der Entspannungspolitik wuchs auf der Seite der ehemaligen Westalliierten, die Bereitschaft zur Respektierung der bei Kriegsende geschaffenen territorialen Veränderungen.

22. Bevölkerungsverschiebungen

Die territorialen Veränderungen bei Ende des Zweiten Weltkrieges wurden mit umfangreichen Bevölkerungsverschiebungen verbunden. Sie zielten darauf ab, staatliche und ethnische Grenzen nach Möglichkeit in Übereinstimmung zu bringen. Die historischen Erfahrungen der Nationalitätenkonflikte und die unmittelbar vorhergegangene gewaltsame nationalsozialistische Bevölkerungs- und Besatzungspolitik spielten in diesem Zusammenhang eine erhebliche Rolle.
In den Polen gemäß den Potsdamer Beschlüssen übertragenen ehemaligen Reichsgebieten östlich von Oder und Neiße lebten 1939 ca. 8,5 Mill. Menschen. Etwa die Hälfte von ihnen, außerdem die Mehrzahl der deutschen Bevölkerung Danzigs sowie der in Polen lebenden Deutschen, wurden entweder evakuiert oder flüchteten unter großen Verlusten noch vor Kriegsende in die deutschen Gebiete westlich von Oder und Neiße. Der größte Teil der in den Oder-Neiße-Gebieten verbliebenen deutschen Bevölkerung wurde in den Jahren 1945 bis 1947 ausgewiesen bzw. im Rahmen des interalliierten Transferabkommens zwangsumgesiedelt. In der Folgezeit fanden noch einzelne Übersiedlungen und individuelle Ausreisen im Rahmen der Familienzusammenführung u. a. in den Jahren 1956/57 statt.
In den von der deutschen Bevölkerung geräumten Gebieten wurde systematisch eine inzwischen dort ansässig gewordene polnische Bevölkerung angesiedelt.
In den vier Besatzungszonen Deutschlands wurden die Flüchtlinge und Zwangsumgesiedelten schon nach kurzer Zeit in die Gesellschaft integriert. Sie spielten eine große Rolle bei dem wirtschaftlichen Aufschwung in Westdeutschland. In der Bundesrepublik Deutschland wurden alle diese Gruppen unter dem Begriff „Heimatvertriebene" zusammengefaßt. Ein großer Teil von ihnen schloß sich in landsmannschaftlichen Verbänden zusammen. Der Versuch, durch eine eigene Partei (BHE) eine besondere politische Kraft zu bilden, scheiterte bereits im Jahre 1957. Sofern in diesen Gruppen, von den früheren Bundesregierungen unterstützt, ein Recht auf Heimat proklamiert wurde, werden sie in Polen als Hort des Revisionismus angesehen.
Die Bundes- und Länderregierungen förderten jedoch auf verschiedenen Wegen ihre materielle und soziale Eingliederung. Dadurch wurde vermieden, daß diese Bevölkerungsgruppe sich zu einem Element permanenter sozialer Unzufriedenheit entwickelte und daß damit auch außenpolitisch gefährlicher Sprengstoff entstand. Sie ist seit langem auch politisch in den großen Parteien und gesellschaftlichen Organisationen der Bundesrepublik Deutschland integriert.

23. Aufbauprobleme

Als Folge des Zweiten Weltkrieges und des Zusammenbruchs des nationalsozialistischen Regimes kam es zu einer neuen weltpolitischen Konstellation. Sie setzte den Rahmen auch für das deutsch-polnische Verhältnis. Auf polnischer Seite kam es zur Wiederherstellung des eigenen Staates als ethnisch geschlossenen Nationalstaat in neuen Grenzen, der aber der außenpolitischen Sicherung bedurfte, auf deutscher Seite zu der faktischen Auflösung des Deutschen Reiches.
Kriegsverluste und Kriegsverwüstungen stellten beide Länder vor komplizierte Aufbauprobleme. In Polen, das in besonderem Maße unter den Kriegseinwirkungen zu leiden gehabt hatte, schufen die Befreiung, das politische Übergewicht der linken Parteien und die territoriale Westverschiebung historische Voraussetzungen für die revolutionären Veränderungen seiner ökonomisch-gesellschaftlichen und politischen Struktur, und dadurch andere Ansatzmöglichkeiten des politischen und wirtschaftlichen Aufbaus als in den vier Besatzungszonen Deutschlands. In den Ländern der amerikanischen, britischen und französischen Besatzungszone knüpfte man an die Traditionen der parlamentarischen Demokratie an.

Die Grundsätze der Alliierten hinsichtlich der Entnazifizierung, Entmilitarisierung, Demokratisierung und eines nur begrenzten und verzögerten wirtschaftlichen Aufbaus Deutschlands entsprechen den damaligen interalliierten Auffassungen zur europäischen Nachkriegsordnung und auch den polnischen Interessen. Als die drei westlichen Besatzungszonen Deutschlands in das amerikanische Wiederaufbauprogramm für Europa (Marshallplan) einbezogen wurden, sah man in Polen wie in anderen Staaten hierin eine Abkehr von den bisherigen interalliierten Grundsätzen des politisch-wirtschaftlichen Aufbaus in Europa. Aus politischen und ökonomischen Gründen intensivierte Polen seine vielseitige Kooperation vor allem mit den Ländern Osteuropas. Die unterschiedliche wirtschaftliche Entwicklung war begleitet von wachsenden politischen und ideologischen Meinungsverschiedenheiten unter den ehemaligen Kriegsalliierten, was zu einer zunehmend kontroversen Auslegung einiger Potsdamer Beschlüsse führte. Dies konnte nicht ohne Auswirkungen auf das deutsch-polnische Verhältnis bleiben.

24. Bewältigung der Vergangenheit

Überaus nachhaltig ist das deutsch-polnische Verhältnis durch die Erfahrungen mit der nationalsozialistischen Gewaltherrschaft belastet worden. Polen hat, mehr noch als andere besetzte Länder, durch die Gewaltpolitik des Hitler-Regims schwere Verluste erlitten (vgl. Empfehlung 13 der ersten deutsch-polnischen Schulbuchkonferenz). Auch das deutsche Volk hat den Terror der nationalsozialistischen Herrschaft und die Schrecken des Krieges erlebt.
Erst nach Kriegsende jedoch wurde dem deutschen Volk das volle Ausmaß der nationalsozialistischen Verbrechen in Europa deutlich. Nachdem die Hauptverantwortlichen durch die alliierten Militärgerichte abgeurteilt worden waren, wie es in den Potsdamer Beschlüssen vorgesehen war, übertrugen die Alliierten den deutschen Behörden die Entnazifizierung der Mitglieder der NSDAP und ihrer Organisationen. Diese Maßnahmen wurden Anfang der 50er Jahre abgeschlossen. Erst danach setzte die grundsätzliche geistige und moralische Auseinandersetzung mit dem Nationalsozialismus im größeren Umfang ein. Die Art und Weise, wie die Auseinandersetzung mit der nationalsozialistischen Vergangenheit häufig geführt wurde, insbesondere Inkonsequenzen bei der Durchführung der Entnazifizierung und der gerichtlichen Verfolgung nationalsozialistischer Verbrecher, haben die Beziehungen der Bundesrepublik Deutschland zu Polen und zu anderen Ländern in vieler Hinsicht belastet.

25. Der internationale Rahmen

Im Jahre 1949 konstituierten sich zwei deutsche Staaten mit unterschiedlicher Gesellschaftsordnung als Ergebnis des Zweiten Weltkriegs und der verschiedenen Entwicklungsbedingungen für die drei westlichen und die sowjetische Besatzungszone: die Bundesrepublik Deutschland und die Deutsche Demokratische Republik. Je mehr sich beide in den folgenden Jahren in die entstehenden politischen Wirtschafts- und Bündnissysteme in West und Ost eingliederten, desto stärker wirkte sich die deutsche Zweistaatlichkeit auf das deutsch-polnische Verhältnis aus.
Während sich die gesellschaftspolitischen Systeme in der Bundesrepublik Deutschland und Polen grundsätzlich unterschieden, war für Polen mit der Deutschen Demokratischen Republik ein deutscher Grenznachbar entstanden, der die Oder-Neiße-Linie als deutsch-polnische Grenze anerkannte (6. 7. 1950) und als sozialistischer Partner die weltpolitische Lage prinzipiell übereinstimmend beurteilte. Das deutsch-polnische Verhältnis wurde so auf der einen Seite durch die aktiven Beziehungen Polens zur Deutschen Demokratischen Republik, auf der anderen Seite weitgehend durch Beziehungslosigkeit zwischen der Bundesrepublik Deutschland und Polen bestimmt.

Polen war vital daran interessiert, die endgültige Anerkennung der Oder-Neiße-Grenze zu erreichen. Es sah darin einen wesentlichen Beitrag zur Festigung der europäischen Sicherheit. Dagegen sah die Bundesrepublik Deutschland den Schwerpunkt ihrer Außenpolitik in der Westintegration und in der Aufrechterhaltung der Wiedervereinigungsmöglichkeiten auf der Grundlage der Prinzipien der Deutschland- und Ostpolitik. Dies bedeutete die Nichtanerkennung der Oder-Neiße-Grenze.
Daraus ergab sich, daß die politischen Beziehungen zwischen beiden Staaten faktisch ausgeklammert wurden. Das beiderseitige Verhältnis wurde durch die internationalen Spannungen zu Beginn der fünfziger Jahre und in deren Folge durch den Entschluß zum Aufbau von Streitkräften in der Bundesrepublik Deutschland im Rahmen der Westeuropäisch-Atlantischen Sicherheitsgemeinschaft (NATO-Beitritt 1955) zusätzlich erschwert. Entsprechend erfolgte die bündnispolitische und militärische Integration Polens und anderer sozialistischer Staaten im Warschauer Pakt. Zunehmende Bedrohungsvorstellungen waren die Folge.
Andererseits gab es seit 1955 auch Anzeichen für die Möglichkeit einer Änderung dieser Konstellationen. Die Erklärungen über den Verzicht auf Kriegsreparationen zum 1. 1. 1954 und über die Beendigung des Kriegszustandes mit Deutschland durch Polen im Februar 1955 sowie die Aufnahme diplomatischer Beziehungen zwischen der Bundesrepublik Deutschland und der Sowjetunion im September 1955 waren in dieser Hinsicht besonders wichtig. Polen sah jetzt weitere Perspektiven für die Festigung der europäischen Sicherheit durch die Anerkennung des territorialen und politischen Status quo in Europa, auch im Rahmen internationaler Organisationen und verbesserten zwischenstaatlichen Beziehungen (z.B. Atomwaffenfreie Zone, Angebot der Aufnahme diplomatischer Beziehungen mit der Bundesrepublik Deutschland 1957). In diesen Jahren haben auch die Westmächte gemeinsam mit der Bundesrepublik Deutschland wiederholt Vorschläge vorgelegt, die Sicherheit in Europa mit friedlichen Mitteln zu fördern und so die Konfrontation zu reduzieren.
Obwohl die Politik der Annäherung auf staatlich-diplomatischer Ebene ohne Erfolg blieb, wurde mit den kulturellen, wirtschaftlichen und zwischenmenschlichen Kontakten seit 1957 doch ein außerdiplomatisches Beziehungsfeld aktiviert.
Polen erklärte sich bereit, Maßnahmen der Familienzusammenführung einzuleiten. Diese führten in den folgenden Jahren zur Übersiedlung von mehr als 450000 Personen. Insgesamt sind seit 1957 weit über 500000 Personen aus Polen in die Bundesrepublik Deutschland und in die Deutsche Demokratische Republik übergesiedelt. Jedoch war eine Normalisierung des Verhältnisses zwischen der Bundesrepublik Deutschland und der Volksrepublik Polen zunächst nicht zu erreichen.

26. *Auf dem Wege zur Normalisierung*

Anfang der sechziger Jahre wurden die wirtschaftlichen und kulturellen Kontakte erneut aktiviert. Seitdem verstärkte sich in der Bundesrepublik Deutschland das Interesse an polnischer Kultur und an der politischen Realität des neuen Polen. In der Öffentlichkeit der Bundesrepublik Deutschland mehrten sich Stimmen und Stellungnahmen unterschiedlicher gesellschaftlicher Gruppen, die eine Verständigung mit Polen forderten. Diese beginnende Bewußtseinsveränderung fand eine zunehmend positive Resonanz in Polen.
Dies alles war für den Abbau des geschichtlich bedingten Mißtrauens zwischen Polen und Deutschen deshalb wichtig, weil sich darin eine Normalisierung in der gegenseitigen Wahrnehmung ankündigte. Gleichzeitig wurde seit dem Abschluß des Handelsvertrages und der Errichtung von Handelsmissionen im Jahre 1963 eine Intensivierung der wirtschaftlichen Beziehungen ermöglicht. Dadurch ist die Bundesrepublik inzwischen zum größten westlichen Handelspartner Polens geworden. Ungeachtet der damit erzielten Verbesserungen und der auf friedliche Verständigung abzielenden Erklärungen

der damaligen Bundesregierung (Friedensnote vom 25. März 1966, Regierungserklärung der Großen Koalition vom 13. Dezember 1966) wurde in Polen das Festhalten an der deutschlandpolitischen Rechtsauffassung als Fortsetzung revisionistischer Politik bewertet. Für Polen blieb die Anerkennung der Oder-Neiße-Grenze die Voraussetzung für die Normalisierung der zwischenstaatlichen Beziehungen.
Im Rahmen einer weltweiten Entspannungspolitik und auch vor dem Hintergrund einer neuen Einschätzung der Beziehungen zu Polen in der öffentlichen Meinung der Bundesrepublik Deutschland leitete die 1969 gebildete Bundesregierung eine neue Phase in der Politik gegenüber den sozialistischen Staaten, und so auch gegenüber Polen, ein. Dabei handelte die Bundesregierung nur im Namen der Bundesrepublik Deutschland. Diese Politik fand zunächst ihren Niederschlag im Moskauer Vertrag vom 12. August 1970.
Aufgrund der polnischen Vorschläge vom Mai 1969 wurden seit Februar 1970 konstruktive Verhandlungen geführt. Diese mündeten in den Warschauer Vertrag zwischen der Volksrepublik Polen und der Bundesrepublik Deutschland vom 7. Dezember 1970. Darin stellten beide Vertragspartner fest, daß die bestehende Grenzlinie, deren Verlauf in den Potsdamer Beschlüssen festgelegt ist, die westliche Staatsgrenze der Volksrepublik Polen bildet. Beide Staaten sichern einander „die Unverletzlichkeit ihrer bestehenden Grenzen jetzt und in Zukunft" und die „uneingeschränkte Achtung ihrer territorialen Integrität" zu. Sie erklärten, daß sie „gegeneinander keinerlei Gebietsansprüche haben und solche auch in Zukunft nicht erheben werden."
Der Warschauer Vertrag bietet Grundlagen zur Normalisierung und Verbesserung der Beziehungen zwischen der Volksrepublik Polen und der Bundesrepublik Deutschland in wesentlichen Bereichen. Beide Regierungen haben die Absicht bekräftigt, diese Zusammenarbeit im Geiste der Vereinbarungen von Helsinki vom 1. August 1975 konstruktiv weiterzuentwickeln.

Geographie

Die detaillierte Analyse der Schulbücher für Geographie und der Atlanten zeigt eine Reihe von Fehlern und Ungenauigkeiten, die beide Länder betreffen. Um diese Fehler zu beseitigen, wurde es als notwendig erkannt, das Material, insbesondere das informatorische, statistische, kartographische und Abbildungsmaterial systematisch auszutauschen.
Die Geographie ist vorwiegend eine Gegenwartswissenschaft. Zur Darstellung beider Länder muß man daher von den gegenwärtigen Realitäten ausgehen. Der Geographieunterricht soll objektive Informationen vermitteln. Er soll ein wohlwollendes Interesse im Sinne eines friedlichen Zusammenlebens der Völker wecken und Mißverständnisse und Vorurteile abbauen helfen. Es wird empfohlen, den Normalisierungsprozeß zwischen den beiden Staaten dadurch zu fördern, daß die Probleme beider Länder in den Lehrbüchern und im Unterricht angemessen berücksichtigt werden.
Obwohl in den beiden Ländern unterschiedliche Gesellschafts- und Wirtschaftssysteme bestehen, ist es notwendig, die Leistungen beider Völker mit wechselseitiger Toleranz und mit Respekt zu behandeln.
Politische Fragen sollen im Geiste des Vertrages zwischen der Bundesrepublik Deutschland und der Volksrepublik Polen vom 7. Dezember 1970 behandelt werden. Wenn zum Verständnis gegenwärtiger geographischer Sachverhalte historische Erklärungen notwendig sind, so sollen sie nach dem aktuellsten Stand der wissenschaftlichen Erkenntnis gegeben werden. Historische Sachverhalte, die von der Wissenschaft unterschiedlich interpretiert werden, sollen in ihrer Problematik und unter Berücksichtigung beider Standpunkte dargestellt werden.

Hinweise zur Erarbeitung von Unterrichtsmaterial

Bei der Auswahl der in Text, Karten und Bildern dargestellten Fakten sollen sich die Autoren ihrer Verantwortung im Sinne der genannten Ziele bewußt sein. Die Auswahl der Fakten, die von der didaktischen und methodischen Zielsetzung und dem verfügbaren Raum abhängt, soll kein Anlaß zu tendenziösen und diskriminierenden Interpretationen geben.

Für die Handhabung geographischer Namen werden folgende Grundsätze empfohlen: Bei Bearbeitung von Karten und Darstellungen für den Schulgebrauch sollten Autoren und Verleger die offiziell im jeweils anderen Land verwendeten Ortsnamen berücksichtigen. Aus didaktischen Gründen kann eine zweisprachige Bezeichnung erforderlich sein. Andere geographische Namen (von Flüssen, Seen und Landschaften usw.) können ebenso zweisprachig oder nur in der Muttersprache der Schüler gebraucht werden. Namen, die auf eine gezielte Germanisierungstendenz zurückgehen, sollten nicht verwendet werden. Das Problem der geographischen Namen bedarf noch weiterer Erörterungen, wobei auch die sich entwickelnden internationalen Grundsätze berücksichtigt werden sollten.

Eine notwendige Voraussetzung für die ständige Verbesserung des Inhalts stellt der Austausch von Informationen dar. Zu diesem Zweck wird empfohlen:

a) Unterstützung der Zusammenarbeit der Verlage und Schulbuchinstitute;
b) Gegenseitige Begutachtung der Lehrbücher bzw. der Lehrbuchausschnitte, die das jeweilige Land betreffen, vor der endgültigen Drucklegung und laufend. Das sollte sowohl im Rahmen der Zusammenarbeit der Autoren und Verleger als auch unter Mitwirkung der zuständigen wissenschaftlichen Institutionen erfolgen.
c) Besonderer Nachdruck ist auf den Austausch und die Bereitstellung von Informationsmaterial (z.B. aktuelle statistische Daten, neues kartographisches Material, Erkenntnisse der wissenschaftlichen Forschung) zu legen.
d) Gewährleistung der gegenseitigen Belieferung von geeigneten Fotos, Diapositiven, Abbildungen, Karten, Plänen und Skizzen, um in den Lehrbüchern eine aktuelle Information sicherzustellen.
e) Um den Schulbuchautoren, Lektoren und Begutachtern der Verlage ihre Aufgaben zu erleichtern, sollten Studienfahrten und Studienaufenthalte in den beiden Ländern gefördert werden. Die zuständigen Verlage und wissenschaftlichen Institutionen auf dem Gebiet der Geographie und der Kartographie werden sich bemühen, diesen Initiativen ihre Unterstützung und Beratung zu gewähren.

Als Kontaktstellen wurden von den UNESCO-Kommissionen der Volksrepublik Polen und der Bundesrepublik Deutschland empfohlen:
Der Staatliche Schulbuchverlag (PZWS) und der Kartographische Verlag (PPWK) in Warschau, das Internationale Schulbuchinstitut in Braunschweig.

Hinweise zur Erarbeitung von Unterrichtseinheiten

Zur Behandlung der Geographie der Volksrepublik Polen in den Lehrbüchern der Bundesrepublik Deutschland werden folgende Problemfelder und Themen empfohlen:

1. Bevölkerungsbewegungen und ihre Ursachen – regionale und soziale Mobilität (Sekundarstufe I, Kl. 8–10; Sekundarstufe II)
   „Demographische Veränderungen in Polen nach dem Zweiten Weltkrieg – Kriegsverluste, Migrationen, Veränderungen der ethnischen Struktur, Berufsstruktur."
2. Grenzen in ihrer politischen, ökonomischen und sozialen Wirksamkeit (Sekundarstufe I, Kl. 8–10; Sekundarstufe II)
   „Polen in seinen neuen Grenzen – Veränderung des Potentials als eine der Grundlagen ökonomischen Aufbaus."

3. Sozioökonomische Systeme in ihrer spezifischen Raumwirksamkeit (Sekundarstufe I, Kl. 8–10; Sekundarstufe II)
„Die ‚sozialistische Industrialisierung' – naturräumliche, historische und ökonomische Aspekte (Instrumente, Etappen, Trends, Standortentscheidungen) am Beispiel Polen."
4. Raumordnung und Landesplanung (Sekundarstufe I, Kl. 8–10; Sekundarstufe II)
„Raumplanung in den sozialistischen Ländern: Grundlagen und Instrumente des Abbaus räumlicher Disproportionen in Polen."
5. Die sozialistische Stadt (Sekundarstufe I, Kl. 8–10; Sekundarstufe II)
„Grundlagen und Instrumente des Städtebaus und der Stadterneuerung in Polen – Funktion des Stadtzentrums, typische Elemente im Grund- und Aufriß, Ausmaß des Städtewachstums, Konzeption und Realisierungsmöglichkeiten der Stadtplanung."
6. Probleme der Landwirtschaft (Sekundarstufe I, Kl. 8–10; Sekundarstufe II)
„Formen und Funktionen des sozialistischen und privaten Sektors der Landwirtschaft in Polen."
7. Rohstoffpotential und Weltwirtschaft (Sekundarstufe I, Kl. 7–8; Sekundarstufe II, Kl. 11)
„Die Verteilung der Ressourcen und ihre Bedeutung für eine arbeitsteilige bzw. Ergänzungswirtschaft – Beispiel Polen: Kohle, Kupfer, Schwefel."

Ebenso wird empfohlen, Problemfelder und Themen zur Geographie der Bundesrepublik Deutschland in Lehrbüchern der Volksrepublik Polen während der folgenden Tagungen zu erörtern.
Die Arbeitsgruppe Geographie stellt fest, daß für eine objektive und verantwortbare Unterrichtung des Schülers durch Schulbücher und andere Medien unbedingt erforderlich ist, Fakten zu verwenden, die wissenschaftlich abgesichert sind. Die Arbeitsgruppe Geographie empfiehlt daher den Verantwortlichen, vor allem Schulbuchautoren, Lektoren bzw. Redakteuren sowie Begutachtern der Verlage, Wege zu suchen, welche die Zusammenarbeit zwischen Autoren und Wissenschaftlern gewährleisten.

Zitiert nach: Empfehlungen zur Darstellung der deutsch-polnischen Beziehungen in den Schulbüchern der Bundesrepublik Deutschland und der Volksrepublik Polen, hrsg. von der Deutschen UNESCO-Kommission, Manuskript, Köln 1976

Bildnachweis

Deutsche Presseagentur, Frankfurt/Main: Seite 41 unten.
H. E. Köhler, Herrsching: 10. Sven Simon Fotoagentur, Bonn: 18.
Entnommen aus:
Bundesministerium für Vertriebene (Hg.), Tatsachen zum Problem der deutschen Vertriebenen und Flüchtlinge; Bonn 1966: Seite 42. Gerhard Kegel, Ein Vierteljahrhundert danach. Das Potsdamer Abkommen und was aus ihm geworden ist; Verlag Marxistische Blätter, Frankfurt/Main 1971: 30. Der Spiegel 1970/47: 41 oben, 57. Der Spiegel 1970/51: 20.